2016年湖北省高校图工委基金项目：基于本科人才培养全过程的信息素养教育模式研究（项目编号：2016-ZDX-04）

Information Literacy for College Students

大学生信息素养教程

罗　源◎主编

GMSKWK

光明社科文库 GUANG MING
SHE KE WEN KU

光明日报出版社

图书在版编目（CIP）数据

大学生信息素养教程 / 罗源主编 . -- 北京：光明
日报出版社，2018.10
ISBN 978－7－5194－4710－6

Ⅰ.①大… Ⅱ.①罗… Ⅲ.①信息素养—高等学校—
教材 Ⅳ.①G254.97

中国版本图书馆 CIP 数据核字（2018）第 232484 号

大学生信息素养教程

DAXUESHENG XINXI SUYANG JIAOCHENG

主　　编：罗　源

责任编辑：李壬杰　　　　　　　责任校对：赵鸣鸣
封面设计：中联学林　　　　　　责任印制：曹　净

出版发行：光明日报出版社

地　　址：北京市西城区永安路 106 号，100050

电　　话：010－63131930（邮购）

传　　真：010－67078227，67078255

网　　址：http：//book. gmw. cn

E - mail：lirenjie@126. com

法律顾问：北京德恒律师事务所龚柳方律师

印　　刷：三河市华东印刷有限公司

装　　订：三河市华东印刷有限公司

本书如有破损、缺页、装订错误，请与本社联系调换

开　　本：170mm×240mm

字　　数：295 千字　　　　　　　印　　张：17

版　　次：2019 年 3 月第 1 版　　印　　次：2019 年 3 月第 1 次印刷

书　　号：ISBN 978－7－5194－4710－6

定　　价：65.00 元

编　委　会

前　言

数十年来,美国大学与研究图书馆协会(Association of College and Research Libraries,缩写为 ACRL)在推进高等教育信息素养中一直承担着主导作用。ACRL 于 2015 年 2 月新颁布了《高等教育信息素养框架》,指引着高校信息素养教育在新的信息生态环境下向与学科专业相融合的方向发展,ACRL 鼓励图书馆员与教师、院系或学校课程委员会、教学设计者等充分合作,从整体上来设计信息素养课程,注重学习者在整个学习历程及终身学习中信息素养的渐进式系统化培养。作为国内指导高校图书馆工作的法规性文件,教育部于 2015 年 12 月颁布的《普通高等学校图书馆规程》也明确指出:"图书馆应全面参与学校人才培养工作;加强信息素质课程体系建设,完善教育形式和内容;积极拓展服务领域,嵌入教学和科研过程。"

本书就是在这样的大背景下基于武昌首义学院人才培养和教育教学工作而产生,是在馆领导指导下图书馆教学团队多年从事信息素养教育工作的教学积累和集体智慧的结晶。本教材以本科教育全过程作为图书馆信息素养教育的切入视野,结合学校"学习产出"教育模式(Outcomes-based Education,缩写为 OBE)改革,从基础教学、专业教学、实践教学、毕业设计各教学环节入手,挖掘大学生在不同学习阶段的信息需求并给予恰当指导,从而形成系统化、递进式、渗透式信息素养教育框架和教学内容。希望对大学生自主学习和终身学习能力的培养、思辨思维的养成、在信息活动中主体作用的发挥以及共享信息开展合作的能力产生积极影响,也希望对本校人才培养目标的达成做出贡献。

与目前所看到的信息素养教育方面的教材相比,本书有如下特点:

第一,全面覆盖了大学生在本科四年各学习阶段的信息需求并适时给予指导,注重学习者在整个学习历程及终身学习中信息素养的阶段性培养,体现出层次性、阶段性和系统性。

第二,以专业需求为线索,将资源进行知识细化分析和系统梳理,形成学科资源体系,与学习者专业学习与实践活动紧密衔接,体现信息素养教育分学科培养的趋势。

第三,注重能力培养与综合素养提升。传统教材多重视信息的获取,即检索知识与技能的培养内容。本教材注重利用信息检索解决实际问题的方法指导以及终身学习能力的培养。

本书(共30余万字)由罗源负责全书的策划组织、大纲拟定、审稿及统稿,各章节撰写的具体分工情况是:

第一章:罗源

第二章:邱静静(第一~七节,除第三节)、李春媚(第三节)

第三章:周丽

第四章:李春媚

第五章:张谦

第六章:罗源(第一节)、李春媚(第二节)、邱静静(第三节)、魏家涛(第四节)、张旋子(第五节)、张谦(第六节)、杜少霞(第七节)、姜琪(第八节)

第七章:杜少霞

第八章:张旋子

在本书的编写过程中广泛吸取了国内外大量的相关研究成果,参考和引用了许多专家学者的有关著述,在此谨致以诚挚的谢意。

感谢教材编写组成员在各自繁琐的工作之余以极其认真、细致的态度撰写自己负责的部分。感谢馆领导对该教材编写工作的指导和支持。感谢樊仙桃女士为本书的出版付出的辛勤劳动。

信息技术飞速发展,信息素养教育也在不断发展和变化,受编者的学识、水平所限,内容难免有疏漏和不妥之处,恳请同行专家和广大读者批评指正。

罗　源

2018 年 7 月 23 日

目　录
CONTENTS

第一章　信息素养 ……………………………………………………………………… **1**

第一节　信息素养概述　1

第二节　信息素养标准　5

第三节　信息素养教育　14

第二章　信息检索基础知识 ………………………………………………………… **20**

第一节　信息　20

第二节　信息源　22

第三节　信息资源组织　27

第四节　信息检索语言　31

第五节　信息检索方法与途径　33

第六节　检索技术的运用　34

第七节　检索工具的选择　37

第三章　如何利用信息检索解决实际问题 ……………………………………… **51**

第一节　分析检索问题构建检索式　51

第二节　信息检索策略　54

第三节　筛选检索结果撰写检索报告　60

第四节　寻求帮助　62

第四章　新生入校阶段信息素养培养 …………………………………………… **75**

第一节　文献分类排架规则　75

第二节　纸本图书的检索利用　78

第三节　电子图书的利用　83

第五章　基础课学习阶段信息素养培养 ································· **96**

第一节　利用信息检索拓展自己的课堂　96

第二节　利用信息检索提升英语水平　102

第三节　利用信息检索提高计算机水平　106

第六章　专业课学习阶段信息素养培养 ···························· **111**

第一节　教育部学科分类目录　111

第二节　武昌首义学院所设学科专业目录　113

第三节　经济类信息素养培养　114

第四节　法学类信息素养培养　126

第五节　文学类信息素养培养　152

第六节　理学类信息素养培养　161

第七节　工学类信息素养培养　182

第八节　艺术类信息素养培养　191

第七章　本科毕业设计/论文阶段信息素养培养 ··············· **209**

第一节　毕业设计/论文的分类与基本要求　209

第二节　毕业设计/论文选题、开题　211

第三节　毕业设计/论文开题及研究阶段的资料搜集　215

第四节　毕业设计/论文的写作过程　230

第五节　学术诚信与学位论文学术不端行为检测　232

第六节　本校本科毕业设计/论文编纂格式规范与示例　238

第七节　毕业设计/论文答辩　244

第八章　信息素养与终身学习能力培养 ···························· **248**

第一节　利用信息检索备战研究生考试　249

第二节　利用信息检索掌握职场信息　251

第三节　利用信息检索解决生活问题　252

第四节　信息素养是终身学习者必备的能力　257

参考文献 ··· **258**

第一章

信息素养

第一节　信息素养概述

一、信息素养的由来

（一）早期形式:早在 17 世纪,德国大学图书馆已经开展有关于参考书、学习技巧、图书馆使用等方面的讲座,被认为是信息素养的早期形式;1876 梅尔维尔·杜威提出:图书馆员应转变为教育家,他被认为是推动信息素养发展的关键人物。

（二）首次提出:1974 年,美国信息产业协会主席保罗·车可斯基(Paul Zurkowski)向全美图书馆学与信息学委员会提交的一份报告中首先提出"信息素养"一词。

（三）广泛重视:20 世纪 70 年代开始,英国、加拿大、美国、德国、澳大利亚高校馆纷纷开展读者教育活动。20 世纪 80 年代以来,互联网的发展普及使信息素养重要性得到更为深入广泛的认同。

（四）全球发展:联合国教科文组织分别于 2003 年和 2005 年召开了以信息素养为主题的世界性大会,发布《布拉格宣言》和《亚历山大宣言》,指出信息素养和终身学习对人类发展的重要作用,促使各国政府将其纳入系统的教育计划。

二、信息素养的定义

信息素养,也称信息素质,台湾地区称为资讯素养。1974 年,美国信息产业协会主席保罗·车可斯基(Paul Zurkowski)将其定义为:"利用众多信息工具以及主要信息资源解决具体问题的技能"。1985 年,帕特里克·布雷维克将其定义为:"检索技巧、检索工具和信息资源知识的集合,是解决问题的一种形式"。1989 年,美国图书馆协会(American Library Association,AIA)在《信息素养委员会主席总报告》中将"能够充分认识到何时需要信息,并具有高效发现、检索、评价和利用所需信息的能力"的人视为具有信息素养的人。2003 年,《布拉格宣言》指出信息素养是"确定、查找、评估、组织和有效地生产、使用和交流信息来解决问题的能力"。英国图书馆与情报专家协会(Chartered Institute of Library and Information Professionals,CILIP)则提出信息素养是"知道什么时候、为什么需要信息,去哪里找到信息,而且知道如何用一种道德的方式评估、使用和交流信息"。①

信息素养是现代信息社会中人们应具备的一种知识和能力,也是一个创新型人才所应具备的基本素质。为了培养信息时代的新公民,信息素养教育已得到各国各界人士的重视,美国、英国、澳大利亚等国家的教育部门和图书馆界均开展了不同程度的信息素养教育。联合国教科文组织曾在 2003 年和 2005 年分别召开了两次专题性的世界大会,发布《布拉格宣言》和《亚历山大宣言》,指出信息素养是人们在信息社会和信息时代生存的前提条件,是终身学习的重要因素,能够帮助个体和组织实现其生存和发展的各类目标。我国在《国家中长期教育改革和发展规划纲要(2010 – 2020 年)》中也明确提出,要强化信息技术应用,鼓励学生利用信息手段主动学习、自主学习,增强运用信息技术分析解决问题的能力。当前加强我国大学生信息素养教育显得至关重要。②

三、信息素养的构成

对于生活在信息时代的大学生而言,其信息素养归纳起来包括以下四个方面:

(一)信息意识

信息意识是指对信息、信息问题的洞察力和敏感程度,是对信息的捕捉、分析、判断和吸收的自觉程度。信息意识支配着信息主体的信息行为。信息意识的强弱直接影响到信息主体的信息行为效果。看一个人有没有信息素养、有多高的信息素养,首先要看他有没有信息意识,信息意识有多强。也就是碰到一个实际问题时他能不能想到基于信息来解决问题。

(二)信息知识

信息知识是一切信息活动的基础,当代大学生应掌握开展信息活动所必须具备的基本原理、概念和方法性知识,具体包括两个方面:一是信息基础知识,主要是指信息的概念、内涵、特征,信息源的类型、特点,信息组织的理论和基本方法,

---

① 陈小玲,倪梅. 信息检索与利用[M]. 哈尔滨工程大学出版社,2016.
② 张惠芳,陈红艳. 信息检索与利用[M]. 武汉:华中科技大学出版社,2015.

信息搜索和管理的基础知识,信息分析方法和原则,信息交流的形式、类型、模式等。一是信息技术知识,包括信息技术的基本常识(如信息技术术语、各种信息技术及其特点和作用、信息技术的发展、应用及趋势),信息系统结构及工作原理、信息技术的作用与应用等。

(三)信息能力

信息能力是指人们有效利用信息知识、技术和工具获取信息、加工处理信息以及创造和交流信息的能力,也可以简单地理解为在现代信息社会,人们"运用和操作"信息知识,解决各种实际问题的能力,是信息素养最核心的组成部分。它包括对信息知识的应用、信息资源的收集整理与管理评价、信息技术及其工具的选择和使用、信息处理过程的设计等能力。

(四)信息道德

信息技术特别是网络技术的迅猛发展给人们的生活、学习和工作方式带来了根本性变革的同时也引出许多新问题。如个人信息隐私权、软件知识产权、软件使用者权益、网络信息传播、网络黑客等。针对这些信息问题出现了调整人们之间以及个人和社会之间信息关系的行为规范,这就形成了信息伦理。能不能在利用信息能力解决实际问题的过程中遵守信息伦理,体现了一个人信息道德水平的高低。

简言之,信息意识决定一个人是否能够想到用信息和信息技术来解决问题;信息知识和能力决定能不能把想到的做到、做好;信息道德决定在做的过程中能不能遵守信息道德规范、合乎信息伦理。信息知识和能力是信息素养的核心和基本内容,信息意识是信息能力的基础和前提,并渗透到信息能力的全过程。信息道德则是信息意识和信息能力正确应用的保证,它关系到信息社会的稳定和健康发展。

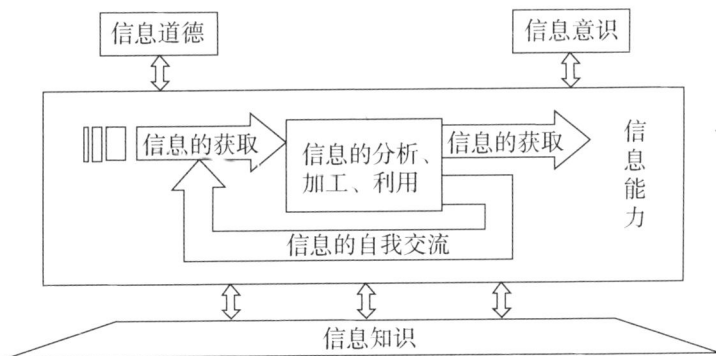

图1-1 信息素养内涵的相互关系

四、信息素养与相关术语的关系

随着信息技术的发展,许多与信息素养相关的概念或术语相继出现,同时被人们广泛使用。理解和辨析这些术语和概念,明白这些术语的相互关系,将有助于我们更好的理解信息素养的内涵。

(一)计算机素养

计算机可以说是人类最重要的信息处理工具,具备计算机常识和掌握计算机应用技能是现代社会对大学生的基本要求。具备计算机素养的人能够熟练地、有效地利用计算机及其软件完成实际工作任务,计算机素养是信息素养的重要组成部分。

(二)媒体素养

媒体素养是随着信息技术和大众传媒的发展而产生的,是人们面对声、光、电、网络等各种形式载体信息的解读、理解、批判、利用及创造、传播能力,特别在现代社会,新媒体、自媒体、流媒体、融媒体的出现,使得媒体素养显得尤为重要。

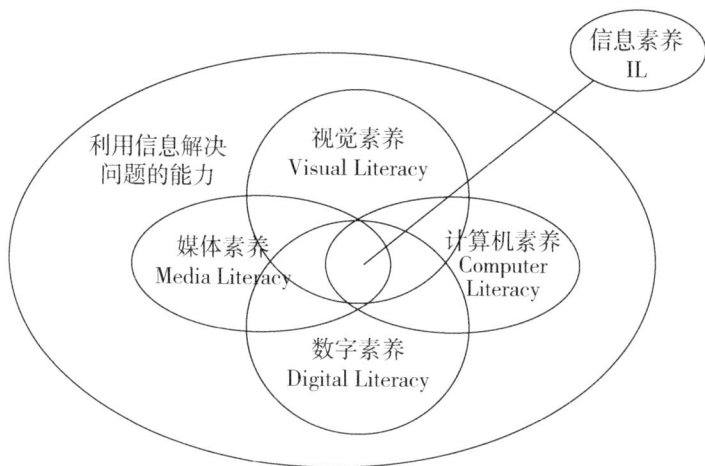

图1-2　信息素养与相关术语的关系

(三)视觉素养

视觉素养是"读图时代"人们的基本素养,具有视觉素养的人能够理解、解读图形、图像、图表、符号等视觉对象的意义,利用视觉符号进行沟通交流以及创造信息。影响视觉素养的因素是多元而复杂的,包括语境、文化、道德、审美、智力等因素。现如今,越来越多的研究成果和学术报告青睐于可视化图表的方式来呈现,因此,对于大学生而言,要注重视觉素养的培养和塑造。

（四）数字素养

数字素养一词最早出现在 20 世纪 90 年代，受制于当时信息技术的发展状况，很多学者使用"数字素养"指代"阅读及理解超文本或多媒体格式信息的能力"，更多强调理解数字信息的技术技能。《国际图联数字素养宣言》（《图书馆论坛》2017 年 11 期）提出："数字素养"指控制利用数字工具的能力。国际图联提出一个结果导向的定义，具备数字素养意味着可以在高效、有效、合理的情况下最大限度地利用科学技术，以满足个人、社会和专业领域的信息需求。美国图书馆协会发布的《数字素养工作组报告》并未给出明确的数字素养内容，但提出数字素养合格者应具备的五种能力：（1）操作数字设备的技能，即能够正确高效地使用各种数字设备的能力；（2）各种认知和技术技能，即对各种形式的数字信息进行搜索、理解、评估、创造和交流的能力；（3）进行数字交流合作的能力，即通过适当的数字设备和技能同他人进行交流和合作的能力；（4）批判性的认知能力，即能够批判性地认识技术、道德、法律、个人隐私等之间的关系；（5）参与并服务社会的能力，即利用自身的数字技能积极参与社会事务，为构建有活力的、数字化的、和谐的社区做贡献。数字素养是现代信息社会对大学生提出的新的要求。

（五）终身学习

终身学习（lifelong learning）是指社会的每一个成员为适应其社会发展及实现个体发展的需要，贯穿于人的一生，持续的学习过程。是指学习者根据自身的目标，有计划地、自觉地通过探究式学习解决一生中可能遇到的各种问题，提高生活、工作质量的过程。终身学习是现代大学生应具备的一种学习思维和学习方式，适用于所有学科、各种学习环境、各层次的教育和人生各阶段，因此，对个人自我发展和学习生活而言，终身学习能力至关重要，而终身学习能力的核心和关键因素即是信息素养。①

第二节　信息素养标准

一、信息素养评价标准概况

信息素养评价标准是一套完整、规范的体系，由行业内权威机构或学会组织专家团队共同制定，用来评估个人的信息素养水平是否达到既定要求，衡量国家、区域或行业信息素养教育是否达到既定目标。当前在信息化社会环境下，世界各

---

① 燕今伟,刘霞. 信息素质教程[M]. 武汉:武汉大学出版社,2008 年版。

国高校非常重视大学生的信息素养教育,有的甚至将其提升到国家发展战略的高度,纷纷制定了相应的信息素养评价标准。

了解国内、外信息素养评价标准,有助于大学生为自身信息素养的培养确定有效的目标,督促自己在日常的学习实践中有意识的学以致用,不断提升自身的信息素养和终身学习能力。

国外关于信息素养评价标准的研究起步较早,已形成相对成熟的通用信息素养评价体系,用以指导国家、地区、行业各层面的信息素养教育活动。详见表1-1。其中,最具代表性和影响力的评价标准有:美国大学与研究图书馆协会(Association of College and Research Libraries,简称ACRL)2000年颁布的《高等教育信息素养能力标准》、英国国家和大学图书馆协会(Society of College,National and University Libraries,简称SCONUL)提出的"高等教育信息素养七大支柱模型"和澳大利亚与新西兰信息素养学会(Australian and New Zealand Institute for Information Literacy,简称ANZIIL)出台的《澳大利亚和新西兰信息素养框架》。随着理论和实践的不断深入,美国还相继制定了区域性和学科性的标准,如《阿拉斯加信息素养标准》、《科罗拉多州信息素养评价标准》、《人类学与社会学学生的信息素养标准》、《科学与工程技术领域信息素养标准》等。

表1-1　国外通用信息素养标准汇总表①

国家	年份	名称	说明
美国	1998	学生学习的信息素养标准	美国学校图书馆员协会(AASL)和教育技术协会(AECT)发布,根据中小学学生学习的特性,从信息素养、独立学习和社会责任3个大类进行描述,包含3个大类、9项项准、29个指标,是美国最早的信息素养标准
美国	2000	高等教育信息素养能力标准	美国大学与研究图书馆协会(ACRL)发布,包含5项能力标准、22项表现指标、87项成果指标。该标准侧重于不同水平层次的高等院校学生的需要,是最有影响力的信息素养标准
	2004	科技信息素养标准	美国大学与研究图书馆协会科学技术委员会(STS)发布,包含5项标准、24项表现指标、104项成果指标,旨在培养科学、工程和技术领域的学生和研究人员的信息素养

① 何立芳,郑碧敏,彭丽文.青年学者学术信息素养 = Academic Information Literacy of Young Scholars[M].杭州:浙江大学出版社,2015.

续表

国家	年份	名称	说明
英国	1999	英国高等教育信息素养标准	英国国家与大学图书馆协会(SCONUL)发布,包含7个一级指标、17个二级指标
澳大利亚与新西兰	2001	澳大利亚与新西兰信息素养框架:原则、标准及实践	澳大利亚与新西兰的高校信息素养联合工作组(ANZIIL)发布,包含6个一级指标、19个二级指标和67个三级指标

　　在研究国外信息素养评价标准的基础上,国内学者针对中国情况,探索了构建信息素养标准的思路和方法,并提出了各种信息素质评价指标体系。2005年,北京高校图书馆学会发布了《北京地区高校信息素质能力指标体系》,这是我国第一个比较有权威的信息素养评价标准体系。2005年,中国科学技术信息研究所重点对高校学生的信息素养教育进行研究,建立了"高校学生信息素养评价指标"。2008年,教育部高校图书情报工作指导委员会信息素养教育工作组组织专家在《北京地区高校信息素质能力指标体系》的基础上进行修改,提出了《高校大学生信息素质指标体系和信息素质教育知识点》。

　　这些标准的制定为各层次、各学科人员的信息素养评价提供了依据,也为信息素养教育的规范化开展提供了指导性文件。

二、国外信息素养评价标准

(一)美国 ACRL《高等教育信息素养能力标准》

　　2000年1月18日,美国大学与研究图书馆协会(ACRL)召开了美国图书馆协会仲冬会议,会议代表分别来自全美高校的校长、副校长以及图书馆协会理事长等,会评审议并通过了《美国高等教育信息素养能力标准》,该标准由5项能力标准、22项表现指标和87项成果指标组成,侧重于信息获取、信息评价利用、信息交流、规范使用等方面的能力,比较全面地反映了信息素养的内在要求,详见表1-2。

表1-2 美国高等教育信息素养能力标准①

序号	标准维度	表现指标
标准一	能确定所需要信息的本质和范围	1. 能清晰详细地表达信息需求 2. 能确定多种类型和格式的可能的信息源 3. 考虑到获取信息的成本和效益 4. 能重新评估所需信息的性质和范围
标准二	能有效地和高效地获取信息	1. 能选择最适当的研究方法和信息检索手段获取信息 2. 能构建和实施基于有效性的信息检索策略 3. 能联机检索信息和使用各种方法 4. 能调整信息检索策略 5. 能将有关的信息资源存档
标准三	能批判地评估信息和信息源,将新的信息综合到现有的知识体系和价值观中	1. 能综合所收集信息的主要思想和观点 2. 能准确清晰地运用标准对信息和信息源进行评价 3. 能综合主要思想和观点,构建新观念 4. 能比较新旧知识差异和联系,确定新信息新增含义 5. 能判断新知识是否对个人价值观产生影响,并采取措施使二者融合 6. 能通过与其他人、学科领域专家或一线工作者的交流讨论,以理解和解释信息 7. 能确定是否修正初始的观念
标准四	能独立或作为团队的一员高效地利用信息达到特定的目的	1. 应用新的和原有的信息来规划和创造特别的作品或成果 2. 修正原先制定的工作程序 3. 有效地向他人传达作品或成果
标准五	能了解信息利用过程中的经济、法律和社会问题,并在信息存取和利用时符合伦理和法律规范的要求	1. 理解与信息和信息技术相关的伦理、法律和社会经济问题 2. 能依照相关的法律法规制度和礼仪使用信息 3. 能在传达作品或表现形式时声明引用文献的出处

(二)英国 SCONUL "信息素养评价标准七柱模型"

英国图书馆界开展信息素养教育研究由来已久,到 20 世纪 90 年代,已经呈现出跨学科发展趋势,受到科研人员的关注。现实迫切需要图书馆界提出科学合

---

① 何立芳,郑碧敏,彭丽文. 青年学者学术信息素养 = Academic Information Literacy of Young Scholars[M]. 杭州:浙江大学出版社,2015.

理的评价标准指导信息素养教育工作。1997 年英国大学与国家图书馆学会(Society of College, National and University Libraries,简称 SCONUL)开始着手研究,1999 年,SCONUL 围绕社会大环境下的"信息技能"提出了著名的"信息素养七柱模型",此模型被视为最初的标准。其后,随着时代的变迁和实践的发展,SCONUL 意识到当前已是一个非常不同的信息世界,从而更新了模型(见图 1-3),发布了"信息素养七要素新标准"(见表 1-3)。

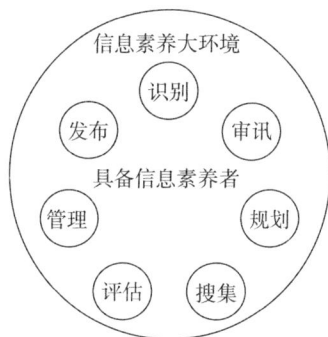

图 1-3 信息素养七要素标准模型

表 1-3 信息素养七要素新标准①

指标	应知	应会
识别	* 新信息和数据将持续产生 * 信息素养要求持续获取新信息的学习习惯 * 通过探求信息才能获得科研思路和机遇 * 对正式信息和灰色信息规模有一定概念	* 识别自身在某研究领域中缺乏的知识 * 识别自身检索需求并用简洁术语表达 * 清楚自身已具备的知识 * 清楚对信息和数据的需求度以确定检索深度和广度 * 利用参考资料辅助检索 * 自己能有效率地完成检索
审视	* 当前可获取信息的类型 * 不同类型信息(数字型、印刷型)的特点 * 有哪些参考咨询服务可用及如何获得	* 明确自身信息点 * 明确哪种类型信息最符合需要 * 明确可获取的通用或学科专用检索工具 * 明确所需信息可能的类型(数字型、印刷型) * 可以自行试用新检索工具
规划	* 检索信息所需的不同技能 * 不同检索工具的区别及优缺点 * 可使用复杂检索策略调整检索结果的深度和广度 * 积极尝试新检索工具而非依赖某些常用资源的必要性 * 根据检索结果不断调整检索词和检索策略的必要性 * 受控词和分类表的价值	* 用合适词语概括检索需求 * 用合适的关键词、限定项等制定检索策略 * 选出最合适的检索工具 * 用受控词及分类表辅助检索 * 检索技巧的应用(简单的如查索引,复杂的如数据挖掘) * 根据具体检索需求不断换用合适的检索工具

① 何立芳,郑碧敏,彭丽文. 青年学者学术信息素养 = Academic Information Literacy of Young Scholars[M]. 杭州:浙江大学出版社,2015.

续表

指标	应知	应会
搜集	*数字及印刷型信息与数据的组织方式 *图书馆提供的资源人口 *网络和电子技术是信息生产和共享的重要工具 *数据收集和数据监护方面的问题 *引文各部分的含义及其提供的信息 *文摘的作用 *免费及收费资源的区别 *网络环境的风险防范 *甄别和评估检索结果的必要性	*有效使用必要的检索工具和资源 *进行数字及印刷资源组合检索 *获取数字或印刷资源全文,阅读并下载网上资源及数据 *使用合适技能去搜集新数据 *进行信息追踪 *积极与同行分享信息 *明确信息需求是否已满足 *使用数字或印刷型帮助文档,并寻得专业人士相助
评估	*自身学习、科研环境中信息和数据的宏观情况 *不同信息源、数据源之间质量、准确度、可信度、相关性、偏重等方面的差异 *依据信息从评审到出版的流程制定自评过程 *持续收集数据的重要性 *引文在科研、学习环境中的重要性	*区分不同信息资源及其所提供的信息 *用适当的原则筛选合适的素材 *测评信息的质量、准确度、可信度、相关性、偏重 *测评数据的可信度 *批判性阅读,找出重点内容和争议之处 *根据检索结果反思检索策略 *认真比对自己与他人检索结果的异同 *懂得控制检索的规模
管理	*在信息运用及传播中的知识产权责任 *采用合适方法处理数据 *积极、合情合法地帮助他人查找及管理信息 *有条理地保存检索结果 *合情合法地存储及分享信息和数据 *专业人士(数据管理员、图书馆员等)能提供重要的建议和帮助	*使用文献管理软件 *使用合适的软件和方法管理数据 *使用合规的格式撰写参考文献 *对信息和数据的知识产权保持清醒意识 *依学术道德准则行事 *寻找数据监护机会以确保数据的再利用
发布	*区分信息概括和信息整合 *针对不同受众采用合适的撰文、发布方式 *数据可通过多种途径发布 *个人有责任存储、分享信息和数据 *个人有责任传播信息和知识 *科研成果的考评体系和出版流程 *论文权责和归属问题 *个人可凭借纸质文献和电子技术(博客、维基等)在信息创造过程中成为积极角色	*运用检索到的信息和数据解决问题 *对文档进行口头或文字的归纳总结 *将新信息融入现有的知识体系 *准确地分析并发布数据 *整合不同途径获取的信息 *使用适当的体裁和文笔进行有效沟通 *有效进行口头沟通 *选择合适的出版和传播渠道 *构建人际网络,在学术圈中提升个人知名度

(三)澳大利亚《澳大利亚和新西兰信息素养框架》

自美国大学和研究图书馆协会 2000 年批准《美国高校学生信息素质能力标

准》以后,全世界范围内掀起了信息素质教育和有关标准研究的热潮。2001 年澳大利亚高校图书馆协会(Council of Australian University Librarians,简称 CAUL)颁布了《信息素质标准(第一版)》,2004 年,澳大利亚又与新西兰合作,由澳大利亚和新西兰高校信息素养联合工作组修订形成了《澳大利亚和新西兰信息素养框架:原则、标准和实践(第二版)》,共包含 6 个标准维度、19 个指标和 67 项指标说明,如表 1-4 所示。

表 1-4 澳大利亚和新西兰信息素养框架①

序号	标准维度	说明
标准一	能确定信息需求的性质和范围	包括限定和解释信息需求,了解各处信息源的用途、范围和适用性,对信息需求的性质和范围进行再评价,利用多种信息源做出决策
标准二	能有效地、充分地存取所需信息	包括选择最恰当的工具发现信息,制定和实施有效的检索策略,利用适当的方法获得信息,不断更新信息源、信息技术、信息存取工具和检索方法
标准三	能批判地评估信息和信息查找过程	评价信息的有用性和相关性,比较从各种信息源中获得的信息,评价其权威性、有效性、及时性和观点的公正性,评价信息查找过程并对信息策略进行必要的修改
标准四	能有效地管理收集到的或自己产生的信息	包括记录所需信息,以书目形式编辑参考文献,系统地组织和管理所获得的信息
标准五	能结合以前的知识和新的理解来扩展、再组织或创造新的知识	
标准六	能了解信息获取和利用的文化、道德、经济、法律及其他社会问题,并能遵守伦理道德和法律法规	

(四)美国 ACRL《高等教育信息素养框架》

2015 年,美国大学与研究图书馆协会(The Association of College & Research Libraries,简称 ACRL)在美国图书馆协会网站发布《高等教育信息素养框架》,构建新时期高等教育信息素养教育体系,包含 6 个核心"阈概念"或"框架要素"(每一个要素又都包括一组知识技能和一组行为方式):

1. 权威的构建性与情境性(Authority Is Constructed and Contextual)

2. 信息创建的过程性(Information Creation as a Process)

3. 信息的价值属性(Information Has Value)

4. 探究式研究(Research as Inquiry)

---

① 何立芳,郑碧敏,彭丽文. 青年学者学术信息素养 = Academic Information Literacy of Young Scholars[M]. 杭州:浙江大学出版社,2015.

5. 对话式学术研究（Scholarship as Conversation）

6. 战略探索式检索（Searching as Strategic Exploration）

ACRL《框架》是目前最新的指导高校图书馆开展信息素养教育工作具有影响力的文件。它提出"阈概念"，目的是供各高校馆灵活实施。较之 ACRL2000 年颁布的《高等教育信息素养能力标准》，它增加了"探究式研究""对话式学术研究""权威的构建性与情境性"等内容，将教育的核心由知识信息的获取转移到分析利用信息解决实际问题能力的培养上，将高校信息素养教育目标延伸和聚焦到大学生适应现代社会和实现自我发展所必需的探究式学习、团队协作、沟通表达、批判思维等核心能力培养上，这些都是自主学习和终身学习能力的核心要素，也是高校图书馆信息素养教育的核心内容。

三、国内信息素养评价标准

与国外相比，我国关于信息素养评价标准的研究还处在探索阶段，尚未形成统一的国家标准或行业标准。其中较有影响力的评价体系有三种，分别是北京图书馆学会发布的"北京地区高校信息素养能力指标体系"、中国科学技术信息研究所研究制定的"高校学生信息素养评价指标"和北京高校图工委制定的"高校大学生信息素质指标体系"。

（一）北京地区高校信息素养能力指标体系

表 1-5　北京地区高校信息素养能力指标体系①

序号	标准维度	二级指标
标准一	能了解信息以及信息素质能力在现代社会中的作用、价值与力量	1. 具有强烈的信息意识 2. 了解信息素质的内涵
标准二	能确定所需信息的性质与范围	1. 识别不同的信息源并了解其特点 2. 明确地表达信息需求 3. 考虑到影响信息获取的因素
标准三	能有效地获取所需要的信息	1. 了解多种信息检索系统，并使用最恰当的信息检索系统进行信息检索 2. 组织与实施有效的检索策略 3. 根据需要利用恰当的信息服务获取信息 4. 关注常用的信息源与信息检索系统的变化

---

① 何立芳,郑碧敏,彭丽文. 青年学者学术信息素养 = Academic Information Literacy of Young Scholars[M]. 杭州:浙江大学出版社,2015.

序号	标准维度	二级指标
标准四	能正确地评价信息及其信息源,并且把选择的信息融入自身的知识体系中,重构新的知识体系	1. 应用评价标准评价信息及其信息源 2. 将选择的信息融入自身的知识体系中,重构新的知识体系
标准五	能够有效地管理、组织与交流信息	1. 有效地管理、组织信息 2. 有效地与他人交流信息
标准六	作为个人或群体的一员能够有效地利用信息来完成一项具体的任务	1. 制定一个独立或与他人合作完成具体任务的计划 2. 确定完成任务所需要的信息 3. 通过讨论、交流等方式,将获得的信息应用到完成任务的过程中 4. 提供某种形式的信息产品(例如:综述报告、学术论文、项目申请、项目汇报等)
标准七	了解与信息检索、利用相关的法律、伦理和社会经济问题,能够合理、合法地检索和利用信息	1. 了解与信息相关的伦理、法律和社会经济问题 2. 遵循在获得、存储、交流、利用信息过程中的法律和道德规范

(北京图书馆学会2005年发布,分为7个标准维度、19个二级指标和61个三级指标)

(二)中国科学技术信息研究所"高校学生信息素养评价指标"

表1-6　中科所"高校学生信息素养评价指标"①

序号	标准维度	二级指标
标准一	信息意识:是人们对信息的捕捉、分析、判断和吸收的自觉程度	1. 对信息素质概念的了解 2. 寻求查找信息帮助 3. 参加信息素质活动情况 4. 对提高信息素质方式的认识
标准二	信息能力:指获取、评价、处理、保存、传递和利用信息的能力	1. 计算机应用水平 2. 常用信息资源 3. 常用信息查找方法 4. 主要信息获取渠道 5. 科研活动能力 6. 数据库利用 7. 检索主要困难 8. 需要培训的信息技能

---

① 何立芳,郑碧敏,彭丽文. 青年学者学术信息素养 = Academic Information Literacy of Young Scholars[M]. 杭州:浙江大学出版社,2015.

续表

序号	标准维度	二级指标
标准三	信息观念与伦理:信息观念指人们对信息的看法和态度及对信息本质特征和价值的看法。信息伦理指在整个信息活动中调节信息创造者、信息服务者、信息作用者之间相互关系的行为规范的总和	1.引用他人论文的做法 2.对知识产权的态度 3.对信息服务适当收费的态度

（中国科学技术信息研究所 2005 年建立,包括 3 项一级指标和 15 项二级指标）

（三）教育部高校图工委"高校大学生信息素质指标体系"

该指标体系由教育部高校图工委组织北京地区高校专家于 2008 年研讨提出,以《北京地区高校信息素质能力指标体系》为基础进行了修改,除了部分表达上的差异,内容基本与《北京地区高校信息素质能力指标体系》一致,共包含 7 项一级指标和 17 项二级指标。

综观国内外信息素养评价标准与体系,其核心内容大致相同。主要体现在信息意识、信息获取能力、信息评价能力、信息利用和创新能力及信息伦理道德五个方面。信息能力是信息素养中的核心能力。不同之处除了语言描述上的差异,最大的不同在于标准研究制定的主体存在明显的差异。国外的评价标准和体系大多由较有威望的各类学会、协会或专业机构研究制定,并注重积极吸纳各方面的专家参与其中,从而最大限度的保证了评价体系和标准的权威性、实用性、专业性和学术性。而国内的评价标准和体系主要由一些专家学者或个别研究机构设计提出。这些专家学者充分认识到信息素养评价的必要性和重要性,其研究成果以学术论文的形式发表于某些学术刊物或研讨会上,缺乏权威指导性和普遍适用性。就连清华大学图书馆与北京航空航天大学图书馆研究制定的影响力较大的《北京地区高等教育信息素质能力指标体系》,也仅仅是地区性规范,其普及性和操作性受到局限。因此,我国有必要对信息素养的评价体系和标准给予足够的重视,并加大相关投入力度,积极推进全国性标准的制定与出台,用以指导全国信息素养教育工作,保障全民信息素养的全面提升。

第三节　信息素养教育

一、信息素养教育的目标

大学生信息素养教育贯穿于教学的全过程。对大学生而言,无论是基础课学习、专业课学习、实践环节还是毕业设计环节,都离不开信息素养教育,它贯穿于大学整个人才培养的全过程。按照美国大学与研究图书馆协会(ACRL)2015年最新发布的《高等教育信息素养框架》指导精神,结合ACRL2000年颁布的《高等教育信息素养能力标准》要求,将高校信息素养教育的目标确定为培养大学生:

- 基于信息的问题解决思路
- 基于科学的信息检索方法
- 基于过程的实践探究精神
- 受用一生的终身学习能力

在新的信息生态环境下,ACRL《框架》较之《标准》,增加了"探究式研究""对话式学术研究""权威的构建性与情境性"等内容,将高校信息素养教育目标延伸和聚焦到大学生适应现代社会和实现自我发展所必需的探究式学习、团队协作、沟通表达、批判思维等核心能力培养上,这些变化趋势在信息素养教育活动中要有所体现。

二、信息素养教育的层次

大学生信息素养培养主要为学科学习与研究服务,为终身学习能力奠定基础。大学生在校期间信息素养培养要遵循学习规律并考虑各学习阶段不同的信息需求,要通过渗透与递进的方式与学科学习和专业人才培养过程相结合,要注重学习者在整个学习历程及终身学习中信息素养的阶段性培养,体现出层次性。

如图1-4所示,初级阶段适合信息素养基础与通识教育;中级阶段侧重学科信息资源集合的搜集利用以及专业数字工具的学习使用;高级阶段则侧重培养创新能力和在学术对话中的沟通表达能力。

三、信息素养教育的途径

高校图书馆作为文献信息中心和教学服务单位,担负着提升大学生信息素养的教育职能。新生入馆教育、信息检索公共选修课、90分钟专题讲座等是图书馆用于提升大学生信息素养的常用教育形式,但不局限于此。根据学生在大学四年各学习阶段不同的信息需求特点,图书馆可采取灵活多样的形式和多种途径来实施信息素养教育。例如:

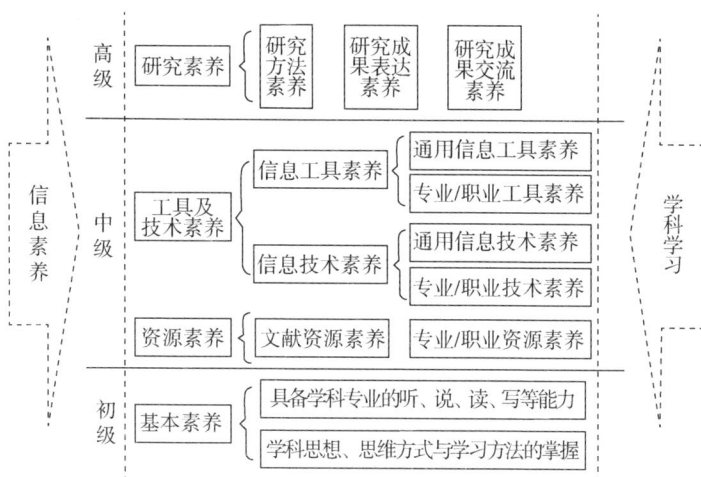

图 1-4　信息素养分层培养①

（一）新生入校阶段信息素养培养

可采用制作多媒体课件供学生自主学习 + 答题通关的方式，引导新生认识、了解图书馆；文明、合理使用图书馆；学会利用图书馆的各种资源与服务，为将来的学习生活做好准备。

（二）基础教学阶段信息素养培养

可通过《信息检索》公共选修课、专业指定选修课、每周滚动开展的 90 分钟讲座、学术搜索大赛等途径，让学生获取信息检索基础知识和技能，具备基本的信息意识、信息知识、信息技能与信息道德。

（三）专业教学阶段信息素养培养

可采用馆员 - 教师合作教学的嵌入式信息素养讲座、结合具体项目的个性化定制辅导、纳入专业人才培养计划的定向指导课程等形式，培养学生运用信息检索知识，解决复杂专业问题的能力。从对专业做更好的支撑着眼，突出对不同专业的文献支撑和方法引导，提升学生学科素养，为知识自我更新和创新能力培养奠定基础。

（四）毕业设计阶段信息素养培养

可通过面向各专业毕业生集中举办毕业论文专题讲座的方式，解决学生"如何利用信息检索确定选题""如何利用信息检索搭建论文框架""如何利用信息检索搜集素材""如何利用检索工具进行参考文献著录""如何利用信息检索规范英

---

① 何立芳，郑碧敏，彭丽文．青年学者学术信息素养 = Academic Information Literacy of Young Scholars[M]．杭州：浙江大学出版社，2015.

文摘要写作""如何合理合法引用文献与论文查重检测"等问题,让学生亲历体验应用所学检索知识、技能、工具高效完成毕业论文撰写过程。

四、OBE 教育模式对信息素养的要求

图书馆的信息素养教育要与学校总体办学目标和发展战略紧密配合。基于"学习产出"的教育模式(Outcomes-based Education,缩写为 OBE)是编者所在的武昌首义学院正在实施的一种以学生产出驱动整个教育系统运行的国际专业人才培养模式和认证体系。围绕"定义预期学习产出—实现预期学习产出—评估学习产出"这条主线展开,学生产出评估构成了教育质量持续改进的闭环。在定义预期学习产出环节,武昌首义学院针对产出评价标准,理工科参考了中国工程教育专业认证协会颁布的工程教育认证标准(2015 年 3 月修订版),人文社科类专业参考了教育部评估中心专业处拟定的普通高等学校本科专业认证通用标准(人文社科类,2015 年 11 月讨论版),两个标准均包含了"自主学习和终身学习能力"指标点,即能通过有效手段,掌握自主学习方法,具备不断学习和适应社会进步发展的能力。其基石和核心即信息素养。

ACRL《高等教育信息素养框架》(2015 年)(以下简称《框架》)是国际图书馆界最新的指导高校图书馆开展信息素养教育工作的文件。它包含六个核心"阈概念"供高校馆灵活实施。在总的教学方向上,它指引高校信息素养教育向与学科专业相融合的方向发展;在教学设计上,它鼓励图书馆员与教师、院系或学校课程委员会充分合作,从整体上规划信息素养课程;注重学习者在整个学习历程中信息素养的渐进式系统化培养。

OBE 教育和 ACRL《框架》在专业人才培养上有一个共同的教育目标,即"提升大学生自主学习和终身学习能力";在教育思想上有着共同的理念,即"合作"与"融入"。正如 ACRL《框架》实施意见所述:信息素养需要通过渐进而系统的方式融入在学生不同阶段的学术活动中。"合作"表现在教师—馆员合作,实现信息素养教育内容与学科知识相融合的目标。

如 1-5 图,在新的信息环境下,图书馆积极配合学校教育改革,探索嵌入教学过程,参与人才培养工作的信息素养教育新模式。将信息素质教育嵌入到本科人才培养全过程各阶段,从基础教学、专业教学、实践教学、毕业设计各教学环节入手,构建与应用型本科人才培养目标相适应的渗透式、递进式、系统化信息素养教育模式,使学生在毕业时具备国际专业认证体系所要求的学科素养、自主学习和终身学习能力。

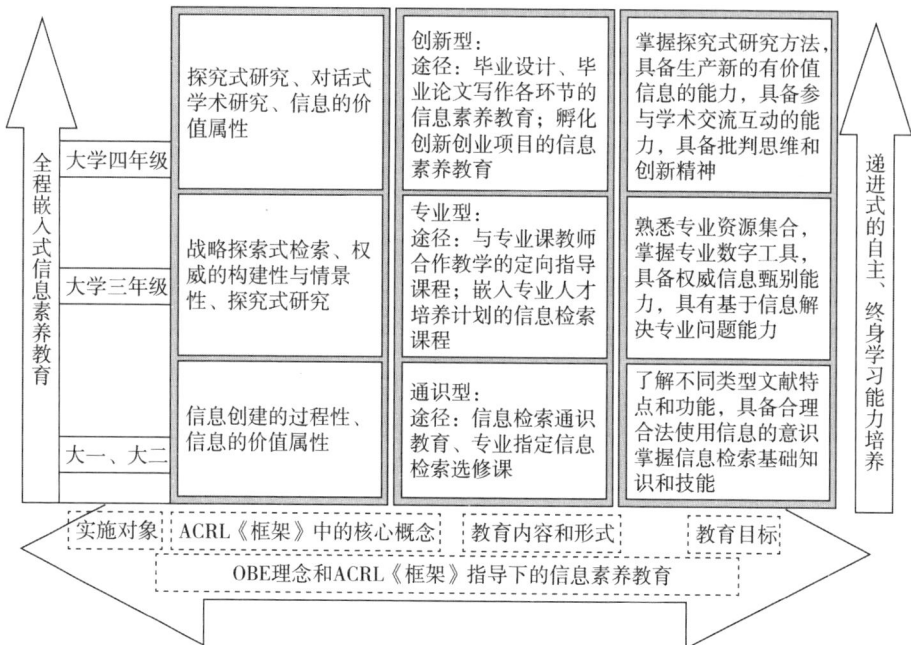

图1-5　全程嵌入式信息素养教育模型

习　题

一、简述题

1. 简述信息素养的构成?

2. 简要介绍美国大学与研究图书馆协会(ACRL)2015年颁布的《高等教育信息素养框架》核心内容,比较与2000年颁布的《美国高等教育信息素养能力标准》的异同,思考作为大学生应注重培养自己哪些方面的信息素养和综合能力?

二、思考与讨论

1. 一辈子一张文凭够用吗?

【材料一】据统计,在农业经济时代,一个人学习8年可满足终身需求;在工业经济时代,一个人学习17年大体能满足终身需求;而在知识经济时代,知识与信息总量迅猛增长,知识日新月异,据统计,一个人在学校里学到的知识仅占其一生所需知识的10%左右,而其余90%左右的知识是在以后的工作和生活中不断学习和获取的。

2. 思考信息素养与终身学习能力的关系?

【材料二】张先生,广东普宁职业技术学校的投资创办人,泰国某集团的创始人和董事长,每年为泰国赚回外汇达 300 亿铢,居泰国商人外汇收入第一位。1988 年荣获泰国蓝甘杏大学工商管理学博士,2006 年又荣获泰皇御赐泰国农业大学森林学名誉博士,还曾任泰国上议院议员、泰国总理经济顾问等显要职务。

而少年时期的张先生曾因为家境清贫,仅读了两年书便辍学了,年方弱冠便独自到泰京曼谷谋求发展。在感其自强自立精神之外,更应该看到他那种终身学习的精神,并不因为学校教育的结束而停滞不前,而是根据实际业务需求不断调整和充实自己知识结构,不断地向书本、向社会、向实践学习的那种锐意进取的举动。也正是因为他的好学、苦学、善学、边学边干的终身学习的思想,造就了他成功的事业。

第二章

信息检索基础知识

第一节　信　息

一、信息

随着现代社会文明和科技进步,信息已成为时代的重要特征,它与物质、能源一起并称为当代社会三大资源,其内涵和外延在不断扩展,渗透到了众多领域,在人类社会中发挥着重要作用。

（一）信息的定义

信息普遍存在于自然界、人类社会等领域中,对于信息的含义,迄今没有统一确切的定义。目前比较具有影响力的说法是:原指消息的传递,现指应用文字、数据或者信号等形式通过一定的传递和处理,来表现各种相互联系的客观事物在运动中所具有的特征性内容的总称。①

（二）信息的特征

信息来源于物质,而不是物质本身;信息也来源于精神世界,又不限于精神的领域。信息归根到底是物质的普遍属性,是物质运动的状态与方式。信息的物质性决定了它的一般属性,它们主要包括普遍性、客观性、无限性、抽象性、不守恒性、复制性、复用性、相对性、共享性、依附性、可传递性、可变换性、可转化性和可伪性等。下面从客观性、依附性、可传递性等方面分析信息的特征。

1. 客观性:信息不是虚无缥缈的事物,它的存在可以被人们感知、获取、传递和利用。信息是现实世界中各种事物运动与状态的反映,其存在不以人的意志为转移,信息最重要的本质特征是客观、真实。

---

① 燕今伟,刘霞主编,信息素质教程,武汉大学出版社,2008.9,第23页

2. 依附性:信息不是物质,也不是能源,但是它依附于物质及其运动之中。现在把信息的载体称为媒介或介质,例如光、电、磁、纸等。信息通过载体进行存储和传递。任何信息都依附于特定的媒体而不能独立存在和交流。载体的信息的多样性导致了信息的多态性,如文件、书刊、电讯、广播、电影、电视、录音、录像等的采用,造成信息的不同形态。

3. 可传递性:各种信息都具有通过多种传送装置与系统向外传送的特性。这是信息的特点之一。可以用电话、电报、传真、电传打字机、无线电及其电子装置等形式,把信息从一个地方传到另一个地方,突破了时间和空间的限制。

4. 可塑性:信息的可塑性指的是信息可以被接受,可以被加工,可以对其进行各种载体的转换。人类可以通过自己的各种感觉器官去感知信息,进而去识别信息的内容,并接受它。感知后的信息,可以由认识主体进行加工处理成自己所需的形式。

5. 时效性:信息不脱离信源时,是随信源状态实时变化的;当信息脱离了信源时,它就成了信源状态的记录和历史,因而它的效用可能会逐渐降低,甚至完全失去效用,这就是信息的时效性。信息的时效性要求我们及时地获取和发挥信息的效用,要求我们不断地补充和更新知识。这一性质对信息保密也很重要。

6. 共享性:一般的物质、能量资源为所有者拥有,在交换(使用)过程中实现所有(使用)权的转移时,转让方失去,受让方获得,这种交换和转移遵循一定的原则(如等价交换)。但信息可以在不同的载体间转换和传播,并且在转换和传播的过程中不会失去和消失,同一种信息可以在同一时间或不同时间为两个或两个以上的用户获得、使用。信息从一方传递给另一方后,受让方获得了信息,而转让方并没有失去信息。所以,也就有了萧伯纳的"苹果与思想"的著名论述:你有一个苹果,我有一个苹果,交换之后,双方各自还是只有一个苹果;你有一种思想,我有一种思想,交换之后,彼此就有了两种思想。正是由于信息的共享性,使全世界数十亿人能同时观看世界杯足球赛,能同时通过各种信息载体跟听网络公开课、学习大师们的学术研究成果等(如爱课程、网络公开课、国内大学名师讲堂、学术论研文、科研项目、著作等),也正是信息的这种特性,使我们所处的世界变得丰富多彩。

二、信息、知识、情报与文献

信息、知识、情报与文献,从概念的内涵上看具有本质区别,但从概念的外延上看又有相互的联系。

知识是人们在改造世界的实践中所获得的认识和经验的总和,是人的大脑通过思维重新组合的系统化的信息集合。知识来源于信息,是信息的一部分。广义的知识指人类认识客观世界及其实践经验的总结,它可以通过语言文字、各种媒体长期储存,供后人学习和借鉴。狭义的知识是指个体通过与客观外界环境相互作用所获取的各种信息及技能。

情报是为了解决一个特定的问题所需要的激活了的、活化了的特殊知识或信息。情报来源于知识,必须在特定的时间内经过及时传递,为用户所接受和利用,因此,情报具有知识性、传递性和效用性等。[①]

文献是指记录有知识的一切载体。即以文字、图像、符号、声频、视频等作为记录手段,对信息进行记录或描述,能起到存储和传播信息、情报、知识的作用的载体。文献的构成主要有三个要素:第一,有一定的知识信息;第二,有用以保存的载体;第三,知识是通过一定的记录手段和方式记录载体上的。

信息、知识、情报与文献的关系实质上存在着包含与相关转换的关系。知识来源于信息,是理性化、优化和系统化的信息;情报是解决特定问题的知识和智慧,是激活的那部分知识;文献是信息、知识、情报的载体,当文献记录的知识传递给用户,并为用户所利用时,就转化为情报。情报对于既不认识又不理解它们的人来说,只不过是一种信息。

第二节　信息源

一、信息源

"信息源"一词是由英文"Information Sources"一词翻译过来的,信息源一般指通过某种物质传出去的信息,即是信息的发源地/来源地,包括信息资源生产地和发生地、源头、根据地。

信息源是用户获取信息的来源,其含义十分宽泛,在不同的领域有不同的解释。联合国教科文组织出版的《文献术语》把信息源定义为:"个人为满足其信息需要而获得信息的来源。"

二、常见信息源及获取途径

常见的信息源有文献信息源、非文献信息源和其他信息源等。在学习或工作

---

① 李贵成,张金刚主编;李凤玲,光锐,王招富,付兵,吴长江副主编,信息素养与信息检索教程,华中科技大学出版社,2016.02,第2页

过程中,为确定信息的搜集与应用,不仅要明确不同的信息源和信息类型,还应了解这些信息的采集方法。

首先是文献信息源,目前的常见文献信息源主要有印刷型和电子型,这类文献信息源通常从图书、期刊、报纸、科技报告、学位论文、标准文献、政府出版物、电子刊物、数据库、音像制品、网络信息资源中获取。

其次是非文献信息源,属于非记录性的、以人脑或实物为载体的信息源称为非文献信息源,主要包括口头信息、实物信息和实情信息,主要特点在于不稳定性、原始性和隐蔽性,其获取方式较文献信息源更为直接,有较大的开发利用价值。

表 2 - 1　常见文献信息源类型

序号	信息源类型	举例
1	文献信息源	图书期刊、报纸、学位论文等
2	非文献信息源	实物信息、实情信息、口头信息
3	政府信息源	中央政府门户站、基础信息库、我国其他政府信息资源
4	行业协会信息源	例:中国汽车工业协会网、中国证券协会网站等
5	公益信息服务部门信息源	国图、上图、中国科学院国家科学图书馆、国家档案局、情报中心等
6	内容信息服务商信息源	商业综合/电子商务网站、搜索引擎、商业数据库
7	信息保障系统的信息源	CALIS、NSTL、CASHL、全国文化信息资源共享工程、全球数字馆等
8	个人信息源	个人学术网站、博客、专家在线咨询等

此外,还有伴随其他信息源,如政府信息源,可以从中央政府门户站或基础信息库中获取。行业协会信息源,可以从中国汽车工业协会网或中国证券协会网站中获取。信息保障系统信息源或联盟资源包括 CALIS、NSTL、CASHL、全国文化信息资源共享工程、全球数字馆等。

表 2 - 2　联盟资源列表

序号	名称	说明	获取链接
1	中国高等教育文献保障系统(CALIS)	经国务院批准的我国高等教育公共服务体系之一	www.calis.edu.cn
2	国家科技图书文献中心(NSTL)	国务院领导的批示于 2000 年 6 月 12 日组建的一个虚拟的科技文献信息服务机构	www.nstl.gov.cn/index.html

序号	名称	说明	获取链接
3	中国高校人文社科文献中心（CASHL）	教育部根据高校人文社会科学的发展和文献资源建设的需要而设立	www. cashl. edu. cn
4	高校中英文图书数字化国际合作计划（CADAL）	由中美两国计算机科学家发起，是全球数字图书馆项目的组成之一	www. cadal. zju. edu. cn
5	全国文化信息资源共享工程	政府提供公益性服务的重大文化项目	www. ndcnc. gov. cn
6	国际联机计算机图书中心（OCLC）	世界上最大的提供网络文献信息服务和研究的机构	www. oclc. org
7	Google 全球数字图书馆	数字化格式存储，本地端或远程访问	books. google. com

三、文献信息源的分类标准

信息源数量庞大，种类繁多。从不同的角度，根据不同的标准，可以将信息源划分为不同的类型。通常按照文献载体形式、出版类型、加工程度进行划分。

（一）按文献信息源的载体形式划分

1. 印刷型文献：以印刷技术为手段，用纸张记录信息内容，优点是用途广泛，便于阅读、流传，符合人们的阅读习惯，缺点是存储信息密度较低，保藏和管理需要很大的空间和人力。

2. 缩微型文献：这是以感光材料为存储介质、以缩微照相为记录手段而产生的文献形式，包括缩微平片、缩微胶等，比印刷型的体积小、存储密度高，但查阅时需借助专门的阅读器。

3. 电子出版物文献：即机读型文献和数字文献，指通过计算机存储和阅读的文献类型。它是以磁性或塑性材料为载体，以穿孔或电磁、光学字符为记录手段，通过编码和程序设计，将文字语言变成计算机可以识别的机器语言，输入计算机，阅读时再由计算机将其内容输出。它主要包括磁带、磁盘、光盘，以及种类繁多的电子出版物，如电子图书、电子期刊、电子报纸等等。

4. 声像型文献：以磁性材料或感光材料为载体，以磁记录或光学技术为记录手段直接记录声音、视频图像。如唱片、录音带、录像带、科技电影、幻灯片等。它直观、生动、栩栩如生。

（二）按文献信源的加工程度划分

1. 零次文献：指还没有正式发表的最原始的资料。又可包括两个方面：一是人们的"出你之口，入我之耳"的口头交谈；二是未经正式发表的原始资料，如医学实验记录、书信、手稿、笔记、日记等。零次文献的特点是原创性好，形式多样，曾存在收集困难，不易获得的劣势。但目前网络环境下零次文献的电子化及发布越来越方便，如私人手稿、博客、网络论坛、个人网站等。

2. 一次文献：指人们直接以自己的生产、科研、社会活动等实践经验为依据生产出来的文献，也常被称为原始文献。如期刊论文、专利文献、科技报告、会议记录、学位论文等，这些文献具有创新性、实用性和学术性等明显特征，是人们获取文献的直接目标。

3. 二次文献：将大量分散、零乱的一次文献进行整理，并按照一定的逻辑顺序和科学体系加以编排，使之有序化，以便于查找原始文献线索的文献。如目录、题录、索引、文摘等。其作用在于节省查阅原始文献的时间，提高其查找和利用率。

4. 三次文献：在一、二次文献的基础上，经过综合分析之后所编写出来的辞典、年鉴、综述、专题述评、学科年度总结、进展报告、手册、名录等文献的统称，具有综合性、浓缩性、参考性的特点。

（三）按文献信息源的出版形式划分。

1. 图书，指的是凡由出版社出版的不包括封面和封底在内的 49 页以上的印刷品，具有特定书名和著者名，编有国际标准书号，有定价并取得版权保护的出版物。其特点是内容成熟、系统。

表 2-3　图书著录标准格式

书名	信息素养与信息检索教程
责任者	李贵成, 张金刚主编; 李凤玲, 光锐, 王招富, 付兵, 吴长江副主编
出版项	华中科技大学出版社
价格	36
ISBN	978 - 7 - 5680 - 1527 - 1
索书号	G201
主题词	情报检索—高等学校—教材 信息学—高等学校—教材

2. 期刊，指采用统一名称，定期或不定期出版的汇集许多个著者论文的连续出版物。期刊上刊载的论文大多数是原始文献，包含有许多新成果、新水平、新动

向。其特点是出版周期短、报道文献速度快、内容新颖、学科广、数量大、种类多、发行及影响面广，是人们进行科学研究，交流学术思想经常利用的文献信息资源。如周刊、旬刊、半月刊、月刊、双月刊、季刊、半年刊、年刊等。

3. 报纸是指每期版式基本相同的、以报道新闻及其评论为主的一种定期出版物。它的出版周期更短，信息传递更及时。按出版发行周期分为：日报、双日报、周报等；按内容分为：时事政治类、科技类、商业类、文教类等。

4. 专利是专利制度的产物，广义上是指所有与专利有关的资料。狭义上的专利文献仅指专利说明书。特点是内容新颖、技术性强、实用性强并具有法律效力等特点。它是寓技术、法律和经济于一体的带有启发性的一种重要文献信息。

5. 标准文献是经过公认的权威当局批准的标准化工作成果，主要为有关工业产品和工程建设的质量、规格和检验方法的技术规定文件。标准文献作为一种规章性的技术文件，具有计划性、协调性、法律约束性等特点，是从事生产和建设的一个共同技术依据和准则，它可以促使产品规格化、系列化，产品质量标准化，对提高生产水平、产品质量、合理利用资源、节约原材料、推广应用研究成果、促进科技发展等有着非常重要的意义。按照使用范围划分《中华人民共和国标准化法》将我国标准分为国家标准、行业标准、地方标准、企业标准四级。按照内容特点划分为：基础标准、产品标准、方法标准、安全与环境保护标准等。

6. 学位论文是指高等院校、科研机构的毕业生为申请学士、硕士、博士等学位在导师指导下完成学术论文。学位论文的质量参差不齐，但都是就某一专题进行研究所做的总结，对问题的论述比较详细、系统，具有一定的独创性。学位论文是非卖品，一般不公开出版，仅由学位授予单位和国家指定单位收藏。

7. 会议文献，每个会议都有其特定的主题，会议文献所涉及的专业领域集中、针对性强、信息传递速度快，一些重要的研究成果或新的发现，通常首先通过会议文献向社会公布，能反映具有代表性的各种观点，有助于了解有关领域的新发现、新动向和新成就。

8. 科技报告是指某项科研成果的立项报告、中试报告、中期阶段性报告、结题报告，或鉴定报告，是关于某项研究的阶段性进展总结报告或研究成果的正式报告。①

---

① 吴红光,艾莉,张溪主编;王林霞,吴梅丽,许锦等副主编,信息检索与利用,武汉大学出版社,2015.02,第24页

四、文献信息源的选择

信息源类型繁多,适用范围各不相同,根据不同的需求,从众多的信息源中选择适用的、最佳的信息是解决问题的关键之一,因此,需要对众多信息源进行对比、分析、鉴别后,筛选出适用信息源。选择信息源有两个重要依据,一是对信息需求分析,从而明确信息需求;二是对信息源进行筛选,对于一个特定的信息需求来说,可以利用的信息源很多,但并不是面面俱到,而是尽可能选择与信息需求相关度高、针对性强、信息来源可靠、易于获取的信息源。

信息源没有优劣之分,有适用程度高低的区别,以撰写毕业论文为例,当面对多种信息源,应优先选择专业性、学术性强的信息源,再选综合性的信息源。如选择知识系统、全面的、专业性强的图书,包括专著、专业教材,深入学习专业知识,用于查证引证;选择权威、可靠、时效性强的信息源,如期刊,获取专业领域学术影响力较高的学者、专家撰写的论文,了解该领域最新的发展动态、研究成果及创新点;选择学位论文作为信息源,搭建毕业论文写作框架、借鉴研究方法;最后,选择综合性信息源,如搜索引擎(百度百科、必应、专题类网站、专业数据库等),进行补充阅读,丰富撰写素材。

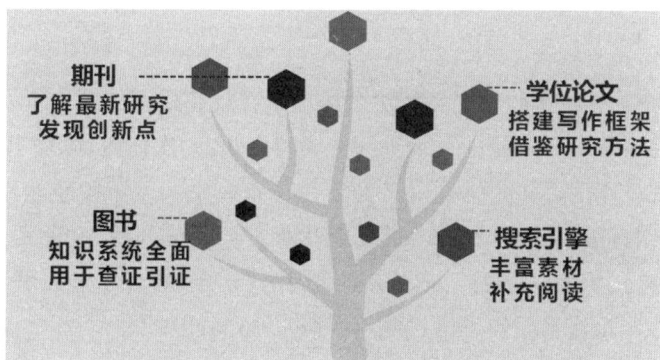

图 2－1　以毕业论文写作为例选择文献信息源

第三节　信息资源组织

一、信息资源组织的定义

信息资源组织是对信息资源对象进行收集、加工、整合、存储使之有序化、系统化的过程。组织信息的目的是为了检索信息、利用信息。

二、传统信息资源组织的方法

传统的印刷型载体的信息组织方法主要有分类法和主题法。

分类法,也叫分类标引,是指依据事物的属性或特征进行区分和聚类,并将区分的结果按照一定的次序予以组织的活动。信息资源分类的目的在于使用户更容易找到资源。最具影响的有美国的《杜威十进制图书分类法》(DDC)和《国会图书馆分类法》(LCC)、欧洲的《国际十进制分类法》(UDC)和《国际专利分类法》(IPC)等。我国目前应用最广泛的是《中国图书馆分类法》。

主题法,也叫主题标引,是对文献的内容主题及其他具有检索意义的特征进行分析、识别、提炼和归纳,然后用某种检索语言标记出来,作为信息存储与检索依据的信息处理过程。常见的主题标引方法有标题法、元词法、叙词法等。

三、信息资源的描述与揭示

为了提高信息检索效率,我们需要对信息进行描述和揭示,传统的分类标引和主题标引已经不能满足信息资源组织的需要,随着计算机技术和通信技术的发展,出现了机器可读目录(MARC)、元数据、本体及关联数据等,推动了信息资源的有效组织。

1. MARC

MARC 是一种以代码形式和特定结构记录在计算机存储载体上,可由计算机自动控制、处理和编辑输出的目录。其主要特点是:一次输入,可输出多种载体的款目,可实现合作编目和联机检索。为了使目录库中各个字段质量得到保证,有关国际组织制订了机读目录格式,如国际化标准组织颁布的《文献目录信息交换用磁带记录格式》(ISO2709)、国际图联编制的《UNIMARC 手册》、我国国家图书馆编制的《中国机读目录通讯格式使用手册》(CNMARC)。

2. 元数据

元数据(Metadata)是关于数据的有结构的数据描述,或者说是定义和描述其他数据的数据。它规定了数字化信息的组成,其基本功能是规范数据组织,便于检索和传递。根据功能的不同,元数据可划分为三种类型:知识描述型元数据、结构型元数据、存取控制型元数据。目前国际上影响最大的元数据是都柏林核心元数据(Dubin Core,DC),DC 包含三个大类十五个要素,第一大类为描述资源内容的要素,第二大类为描述知识产权的要素,第三大类为描述资源外部属性的要素,见表2-4。

表 2-4 DC 核心元素

元素名	元素的含义	实例
题名(Title)	由创建者或出版者赋予的资源的名称	Title = 土木工程施工
创作者(Creator)	创建资源内容的主要责任者	Creator = 凌平平
主题(Subject)	描述资源内容的关键词或分类号	Subject = 土木工程,工程施工
描述(Description)	资源内容的文本描述,包括文摘、目录、注释等	Description = 本书分为施工技术(上)和施工组织(下)两大篇,共 14 章。其中施工技术篇包括土方工程、基坑工程、基础工程等共 9 章内容;施工组织篇包括施工组织概论、流水施工原理、网络计划技术等共 5 章内容
出版者(Publisher)	负责使资源能够以现有形式被获得的个人、团体或系统	Publisher = 北京大学出版社
其他责任者(Contributor)	对资源做出了重要贡献但未在创建者中指明的个人或组织	Contributor = 陈泽世
日期(Date)	以现有形式出现的资源制作日期	Date = 2016 - 05
类型(Type)	有关资源内容的特征和类型,分为 Text、Image、Sound、Software、Data	Type = Text
格式(Format)	资源的数据形式和尺寸	Format = text/html
标识符(Identifier)	用来唯一标识资源的数字或字符串,如 URI、ISBN 等	Identifier = 978 - 7 - 301 - 27063 - 9
来源(Source)	有关另一资源的信息,当前资源来源于该资源	Source = 无
语种(Language)	资源内容所使用的语言	Language = 中文
关联(Relation)	该资源和其他资源之间的关系,可以是另一资源的标示符	Relation = 无
覆盖范围(Coverage)	资源内容的时空方面的特征	Coverage = China
权限(Right)	资源本身所有的或被赋予的权限信息,一般是作品版权声明和使用方面的规范	Right = 参考处

四、网络信息资源的组织方式

随着 Internet 的快速发展,网络信息资源的数量、种类、信息形态及传递方式也迅速发展,给信息的有序组织带来了挑战。网络信息资源组织可以为用户提供便于利用的、有序化的信息,其所采用的信息组织方法在继承传统信息组织方式的基础上又发展了适应网络特点的方式,具体包括文件、超文本/超媒体、数据库、搜索引擎、学科信息门户、数字图书馆等。

1. 文件

文件是一种常用的信息资源组织方式,文件组织的优点是简单方便,除了文本信息以外,还适应于存储程序、图形、图像、音频、视频等非结构化信息或多媒体信息。采用文件方式组织的网络信息资源,在传输、存储和使用过程中有很多格式,如文本文件的 . doc 格式和 . pdf 格式,图形文件的 . jpg 格式,音频文件的 . mp3 格式,视频文件的 . flv 格式等。

2. 超文本/超媒体

超文本既是一种新型的文本信息组织方式,也是一种有别于传统检索技术的新型信息获取方式。这个信息组织方式将网络上相关的文本信息存储在许多节点上,节点间以链路相连,用链将这些节点连成一个网状结构。超文本方式使用户可以从任意一个节点开始,根据网络中信息间的联系,从不同角度浏览和查询信息。

3. 数据库

数据库是按照数据结构来组织、存储和管理数据的仓库,它将要处理的数据经过合理分类和规范化处理后,以记录的形式存储在计算机中,用户通过关键词及组配查询,就可以找到所需的信息。数据库对大量的规范化的数据进行管理的技术,可分为关系数据库、非结构化数据库、数据仓库三种类型。

4. 搜索引擎

搜索引擎通过在 Internet 上提取各个网站的信息来建立自己的数据库,并向用户提供查询服务,它由信息采集软件、索引、检索三个模块组成。目前国内用得最多的是百度。搜索引擎可以定期自动搜寻有关 Web 的站点,采集各类信息资源,自动对这些资源进行标引、编制目录、摘要数据;自动将这些标引著录的数据组织到数据库;提供以 Web 为基础的检索和各种限制的信息检索,并可按照相关度或其他标准输出检索结果。

5. 学科信息门户

学科信息门户,是按照某学科用户的需求对网络中相关的信息资源进行更有针对性、更深入的揭示,有助于专业用户在本领域的资源中选择合适的信息。学科信息门户的信息组织工作主要包括采集、资源描述、审校、资源排序和提供检索服务等。

6. 数字图书馆

数字图书馆是以数字化资源为馆藏,以先进的信息处理技术和计算机设备为手段,以互联网为服务平台,以信息收集、开发、管理、存储并提供分布式、面向对象的巨型数字信息空间。数字图书馆借助海量信息存储技术,采用自动化的信息组织手段,对存放在不同结构、不同空间的资源进行筛选、索引、联合等控制,在此基础上,再在各存储空间进行互联。

第四节　信息检索语言

一、信息检索语言的定义

检索语言是文献信息存储和检索过程中共同使用的一种专门语言,用于描述检索系统信息的内部及外部特征和表达用户信息需求,是编制检索工具的依据。也就是说检索语言能简明准确描述文献信息和检索提问,应有较高的转指度,对内容相同及相关的文献信息加以集中或揭示其相关性,使大量分散的文献存储系统化、组织化,便于进行有规律的检索。

二、信息检索语言的类型

按描述文献特征的不同,检索语言可分为描述文献内容特征的检索语言和描述文献外部特征的检索语言。描述文献内容特征的检索语言包括分类语言和主题语言两种。其中主题语言又有标题词语言、关键词语言和叙词语言之分。描述文献外部特征的检索语言包括题名、著者姓名、代码等。描述信息外部特征的语言往往是显而易见的,但其特点是这些项目与信息内容没有直接关系。而作为表述文献内容特征的语言研究才是重点,也就是分类语言和主题语言的原理和使用方法。

```
                              ┌─ 分类语言
              ┌─ 描述信息内容 ─┤              ┌─ 关键词语言
              │   特征的语言   │              ├─ 单元词语言
              │              └─ 主题词语言 ──┤
              │                              ├─ 标题词语言
检索语言 ─────┤                              └─ 叙词语言
              │              ┌─ 题书/名称
              │              ├─ 作者/团体作者名
              └─ 描述信息外部 ─┤
                  特征的语言   ├─ 号码
                             └─ 其他
```

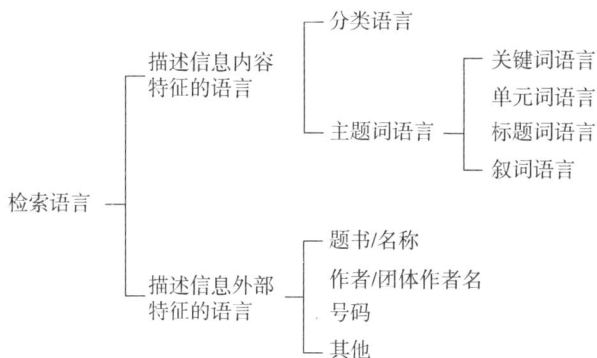

图 2 - 2　检索语言的类型

三、常用检索语言

信息检索语言有很多类型,检索语言有分类检索语言、主题检索语言等。下面主要介绍两种常用信息检索语言。

1. 分类检索语言。分类检索语言是依据一定的意识形态观点,以学科属性为基础,结合信息内容特征的一种直接体现知识分类概念的检索语言。其以文献信息的内容学科属性为对象,运用概念划分和概括的方法,按照知识、门类的逻辑次序,从总到分,从粗到细,层层进行概念划分,构成具有上位类和下位类之间隶属关系、同位类之间并列关系的概念等级体系。形成了有序的知识门类体系后,再用规范化的人工符号——字母、数字和语词表示这些类目,不同的类号和类名表示各类目的先后顺序。分类检索语言在图书、期刊论文以及其他文献信息分类中经常用到。目前国内外常用的分类检索语言有:《中国图书馆图书分类法》(简称《中图法》),《中国科学院图书馆图书分类法》(简称《科图法》),《杜威十进制分类法》(Decimal Classification)(简称《杜威法》)等。下面以《中图法》为例介绍等级体系分类语言的结构与特点。《中图法》是目前国内绝大多数图书馆和信息研究部门使用的分类法,最新版本是第 5 版。它将图书划分为马列主义、毛泽东思想、邓小平理论;哲学;社会科学;自然科学和综合性图书 5 大部类。在此基础上再分成 22 个基本大类。每个大类用一个汉语拼音字母表示,各大类再进一步按二、三、四级……类目层层展开。二级类目以下,加阿拉伯数字表示其分类号。最终形成一个等级分明、次序清晰的知识系统。中图分类部分类目及二级目录如下图所示。①

───────────────

① 包平主编,农业信息检索,东南大学出版社,2003 年 08 月第 1 版,第 11 页

　　+ A 马克思主义、列宁主义、毛泽东思想、邓小平理论

　　+ B 哲学、宗教

　　+ C 社会科学总论

　　+ D 政治、法律

　　+ E 军事

　　+ F 经济

　　　　+ F0 经济学

　　　　+ F1 世界各国经济概况、经济史、经济地理

　　　　　　+ F11 世界经济、国际经济关系

　　　　　　+ F12 中国经济

　　　　　　+ F13/17 各国经济

图 2 - 3　中图法结构示意图

2. 主题检索语言。主题检索语言又叫描述性检索语言,是能反映信息内容的主题概念的词语作为标识的一类检索语言,具有表达能力强、专指度深、查准率较高等特点。主题词语言又包括关键词语言、单元词语言、标题词语言、叙词语言等。如关键词语言,它是从文献题目、文摘或正文中提取出来的具有实质意义,能代表文献主题内容的词汇。关键词语言是自然语言,其优点是便于检索者的使用,能准确检索到含有新出现概念的文献;缺点是因为关键词往往由作者自己选定,或由计算机自动从文中抽取,因此,会因词的形式不同、拼法不同或近义词、同义词等原因造成文献分散在各种不同表述的关键词之下不能集中。

第五节　信息检索方法与途径

一、信息检索方法

　　检索方法是为实现检索目的而采取的具体操作方法,根据课题或特定的需要,运用好检索方法,可以达到省时、省力并保证检索效率的效果。信息检索方法较多,主要的信息检索方法归纳有下述几种:

　　(一)顺查法。顺查法是经过分析,确定查找的起始年代,再利用选定的检索工具由远及近地逐年查找文献的方法。它适用普查一定时间的全部文献,查全率较高,并能掌握课题的来龙去脉,了解其研究历史、研究现状和发展趋势。

　　(二)倒查法。与顺查法相反,是按照时间范围,利用选定的检索工具由近及远地逐年查找,直到查到所需文献为止。由于这种方法重点是查检近期文献,所以能获得较新的文献信息,节省检索时间。缺点是不及顺查法查全率高,容易造

成漏检。

（三）抽查法。根据检索需求，针对所属学科处于发展兴旺时期的若干年进行文献查找。用这种方法能获得一批具有代表性、反映学科发展水平的文献，而且检索效果和效率较高，前提是必须了解该学科发展的历史。

（四）追溯法。也叫追踪法，利用已知文献的指引，如已有文献后附的参考文献、有关注释、附录等，追踪查找文献。根据已知文献的指引，查找到一批相关文献；再根据相关文献的有关指引，扩大并发现新的线索，去进一步查找。如此反复追踪扩展下去，直到检索到切题的文献。用追溯法检索文献，最好利用与研究课题相关的专著与综述，因为它们所附的参考资料既多且精，在文献线索很少的情况采用此法。

（五）循环法。又称交替法或综合法，交替使用追溯法和倒查法这两种检索方法以达到优势互补，获得理想结果的一种检索方法。采用循环法的步骤，先采用前面所述方法查找出一批相关文献，然后利用这批文献的参考文献进行追溯检索，从而得到更多相关文献信息。

二、检索途径

根据文献的特征，将检索途径分为内容特征检索途径和形式特征检索途径，一般根据已知信息需求、已掌握的文献线索及检索工具的实际情况，有针对性地选择合适的检索途径。

主题词或关键词途径。指将表达文献主题内容的主题词或关键词作为标识来查找文献的途径。计算机检索系统都提供主题词和关键词检索途径，输入某一主题词或关键词，检索出文献标题、文摘或正文中包含该主题词或关键词的文献。

题名途径。根据文献的标题或名称，包括书名、刊名、篇名等来查找文献的途径。

著者途径。根据已知文献著者的名称来查找文献的途径。

其他途径。根据代码，如 ISSN、ISBN、标准号、专利号等来查找文献的途径。

第六节　检索技术的运用

一、检索技术

计算机信息检索的实质是"匹配运算"，即由检索者把检索提问变成计算机能识别的检索表达方式输入到计算机中,由计算机自动对数据库中各文档进行扫描、匹配。掌握检索技术,快速准确地构建计算机能识别的检索表达方式是进行计算机检索的重要环节。运用计算机进行文献检索,主要使用布尔逻辑检索、位置检索、截词检索、字段限制检索等基本技术。

(一)布尔逻辑检索。布尔逻辑检索是利用布尔代数中的逻辑与(and,用"＊"表示)、逻辑或(or,用"＋"表示)和逻辑非(not,用"一"表示)等算符,由计算机进行逻辑运算,以找到所需文献的方法。它是计算机检索中使用频率最高、使用面最广泛的一种技术。逻辑与(and)用来表示所连接的各个检索项的交集,有助于缩小检索范围,提高查准率。如"A and B and C"表示文献中同时含有 A、B 和 C 这三个词;逻辑或(or)用来表示所连接的各个检索项的并集,通常用来连接同义词、近义词或同一种物质的不同种叫法,有助于扩大检索范围,提高查全率。如"(A or B)and C"表示文献中含有 A 或 B 其中之一,但必须包含 C,它的检索效果等同于"(A and C)or(B and C)";逻辑非(not)用来排除文献中不希望出现的词,有助于缩小检索范围,提高查准率。如"A and B not C"表示文献中同时含有 A 和 B,但不含有 C,如下图所示。①

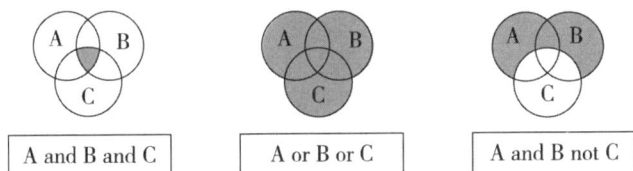

图 2-4　布迩逻辑包含关系

(二)截词检索。截词检索是指在检索中保留相同的部分,用检索式中用专门的符号(截词符)代替可变化的部分。截词就是在检索词的适当位置截断,用被截断的词的一个局部进行检索,是检索词与数据库所存储信息字符的部分一致性匹配检索。在西文检索系统中,使用截词符处理自由词,对提高查全率的效果非常显著,截词检索可以扩大检索范围。一般截词符用"？"或"＊"表示,前者通常表示有限截断,后者表示无限截断。由于西文的构词特性,在检索中经常会遇到名词的单复数形式不一致;同一个意思的词,英美拼法不一致;词干加上不同性质的前缀和后缀就可以派生出许多意义相近的词等。截词检索主要应用于西文电子资源的检索。按照截断的位置来分,截词有以下四种:后截断、前截断、中间截断、

---

① 陈荣,霍丽萍主编;朱世琴,曾媛,严素梅副主编,信息检索与案例研究,华东理工大学出版社,2015.04,第36页

前后截断。截词检索有多种不同方式,按照截断的位置来分,截词可有前截断、中截断、后截断三种类型;按照截断的字符数量来分,可分为有限截断、无限截断两种类型。

1. 前截词:前截词检索是将截词符号放置在一个字符串左方,表示其左的有限或无限个字符不影响该字符串的检索匹配。例如输入 compute,可以检索出含有 microcomputer、minicomputer 等词汇的文献。

2. 中间截词:在检索词中间加一个或几个截词符,而不是左右两侧。由于英语中有些单词的拼写方式有英式和美式之分,所以中间截词主要用于检索一些英语拼写不同的单词。例如输入 wom,可以检索出含有 woman、women 的文献;输入 organiation 可以检索出含有 organization 和 organisation 的文献。

3. 后截词:允许检索词的词尾有若于变化,例如输入 computer、可以检索出含有 computerized、computerized、computerization 的文献。

(三)精确检索。当检索词与文献中的语词完全一致时,才将相关文献作为命中记录的检索技术称为精确检索。精确检索能有效地缩小检索范围,提高查准率。常用的精确算符是英文半角的双引号或使用括号。

(四)模糊检索。"模糊检索"是与"精准检索"相对应的一个概念,顾名思义,是指搜索系统自动按照用户输入关键词的同义词进行模糊检索,从而得出较多的检索结果。使用模糊检索可以自动检索关键字的同义词,提高检索的精确性。

(五)字段检索。指限定检索词出现的字段进行检索,检索字段也称检索入口。不同的数据库的检索字段不同,它主要描述文献的内部特征与外部特征,同时也描述与文献相关的其他重要特征,比较常见的字段有题名(Title)、文摘(Abstract)、关键词(Keyword)、著者(Author)、文献来源(Source)、语种(Language)、文献类型(Doc. Type)、分类号(Classification)等。采用字段检索,系统只对限定的字段进行匹配检索,从而提高了检索效率和查准率。

二、信息检索步骤

电子信息资源检索中,不同数据库的检索方法都有着各自的特色,一般分为五个检索步骤。分析研究课题、选择检索工具或检索系统、确定检索途径和检索策略、调整检索策略、索取原始文献。具体步骤如下。

分析课题的研究目的,明确检索要求,掌握与课题有关的基本知识、名词术语及需要检索的文献范围(包括文献类型、所属学科、时间年代、语言种类等)。

根据课题分析所确定的学科范围和文献范围,选择合适的检索工具或检索系统。

　　检索途径的选择应从课题的已知条件和检索工具或检索系统的结构等方面综合考虑,如常用的检索途径主题、关键词、作者、代码和来源途径等。构建检索逻辑表达式。一般一个课题需用多个检索词表达,并且将这些检索词用一定的方法确定关系,以完整表达一个统一的检索要求。

　　在检索过程中,要根据查找的具体情况不断分析,调整检索标识和检索途径,直到达到满意的效果。

　　对检索到的文献线索进行研究和筛选。若检索系统提供了原始文献,则可以直接根据链接找到原文,若检索系统只提供了摘要,则可以根据文摘、题录等提供的文献来源,向文献收藏单位或通过文献传递获取原始文献。信息检索步骤如右图所示。

图 2-5　信息检索步骤图

第七节　检索工具的选择

一、常用数据库

　　数据库(Database)是指至少由一种文档组成,能满足特定目的或特定数据处理系统需要的数据集合,可以直观地理解为存放数据的仓库。[①] 数据库收录了大量的数据和信息,目前市场上形成了各种类型的数据库,比如集图书、期刊、学位论文、专利、标准于一身的学术型数据库,涵盖统计数据、数据动态、数据应用、数据定制、物价、物价指数等数据值数据库,以及囊括课程、考试、资讯、直播等音视频数据库等。常见的中外文数据库如下:

---

　　① 唐圣琴编著,现代农业文献信息资源检索,贵州大学出版社,2008.01,第54页

（一）国内主要的学术数据库—CNKI 中国知网

1. 概述

知网是国家知识基础设施（National Knowledge Infrastructure，NKI）的概念，由世界银行于 1998 年提出。CNKI 工程是以实现全社会知识资源传播共享与增值利用为目标的信息化建设项目，由清华大学、清华同方发起，始建于 1999 年 6 月。在党和国家领导以及教育部、中宣部、科技部、新闻出版总署、国家版权局、国家计委的大力支持下，在全国学术界、教育界、出版界、图书情报界等社会各界的密切配合和清华大学的直接领导下，CNKI 工程集团经过多年努力，采用自主开发并具有国际领先水平的数字图书馆技术，建成了世界上全文信息量规模最大的"CNKI 数字图书馆"，并正式启动建设《中国知识资源总库》及 CNKI 网格资源共享平台，通过产业化运作，为全社会知识资源高效共享提供最丰富的知识信息资源和最有效的知识传播与数字化学习平台。

2. 数据库简介

CNKI 中国知网已经发展成为集期刊、博士论文、硕士论文、会议论文、报纸、工具书、年鉴、专利、标准、国学、海外文献资源为一体的、具有国际领先水平的网络出版平台。

（1）《中国学术期刊（网络版）》是世界上最大的连续动态更新的中国学术期刊全文数据库，是"十一五"国家重大网络出版工程的子项目，是《国家"十一五"时期文化发展规划纲要》中国家"知识资源数据库"出版工程的重要组成部分。以学术、技术、政策指导、高等科普及教育类期刊为主，内容覆盖自然科学、工程技术、农业、哲学、医学、人文社会科学等各个领域。收录国内学术期刊 8 千种，全文文献总量 5000 万篇。分为十大专辑：基础科学、工程科技Ⅰ、工程科技Ⅱ、农业科技、医药卫生科技、哲学与人文科学、社会科学Ⅰ、社会科学Ⅱ、信息科技、经济与管理科学。十大专辑下分为 168 个专题。自 1915 年至今出版的期刊，部分期刊回溯至创刊。

（2）《中国硕博士学位论文全文数据库》是目前国内相关资源最完备、高质量、连续动态更新的中国优秀硕博士学位论文全文数据库，累积硕博士学位论文全文文献 300 万篇。覆盖基础科学、工程技术、农业、医学、哲学、人文、社会科学等各个领域。文献来自全国 453 家培养单位的博士学位论文和 746 家硕士培养单位的优秀硕士学位论文。

（3）《中国重要会议论文全文数据库》当中收录的文献是由国内外会议主办单位或论文汇编单位书面授权并推荐出版的重要会议论文，重点收录 1999 年以来中国科协系统及国家二级以上的学会、协会，高校、科研院所，政府机关举办的重要会议以及在国内召开的国际会议上发表的文献。其中,国际会议文献占全部文献的20%以上,全国性会议文献超过总量的70%,部分重点会议文献回溯至1953年。

(4)《中国重要报纸全文数据库》收录2000年以来中国国内重要报纸刊载的学术性、资料性文献的连续动态更新的数据库。至2012年10月,累积报纸全文文献1000多万篇,文献来源于国内公开发行的500多种重要报纸。

此外,CNKI中国知网还包括中国年鉴网络出版总库、中国经济社会发展统计数据库、中国工具书网络出版总库、建设工程预算造价与规范数据库、中国专利数据库、中国行业标准全文数据库、中国精品科普期刊文献库、中国高等教育文献总库以及专业数字图书馆、个人数字图书馆等增值服务系统和个性化知识管理系统等。

3. 检索方法

目前,任何用户可以在地址栏内输入http://www.cnki.net/,进入CNKI中国知网主页,免费访问CNKI系列数据库中的题录和摘要信息,若需要获取全文,则需要按页付费或授权方能使用。多数高校图书馆采用"镜像站点"或网上包库的方式,一般为授权IP范围内,用户无须登录或注册,即可从本校图书馆主页进入CNKI链接,直接访问并获取全文。CNKI提供多种检索方式,即简单检索、高级检索、专业检索、作者发文检索、句子检索等。

(1)简单检索,用户只需要在检索框中直接输入检索词,选择下拉框当中的字段,如篇名、关键词、摘要、篇名、作者、ISSN、全文、作者等,即可以检索,简单快捷。简单检索默认为检索"文献",属于跨库检索,包括期刊、硕博士论文、会议、报纸等多库。

图2-6　中国知网简单检索界面

(2)高级检索,其功能是在指定的范围内,按一个以上检索项表达检索式,可以实现多表达式的逻辑组配检索,查询结果精准,适用命中率要求较高的查询。在 CNKI 首页,通过单击界面右上角"高级检索"字样,可以进入高级检索界面。

图 2-7 中国知网高级检索界面

(3)专业检索,用户按照自己的需求来组合逻辑组合表达式,进行更为精确检索的功能,运用此种检索方法,要求用户熟练掌握检索技术。如图所示:

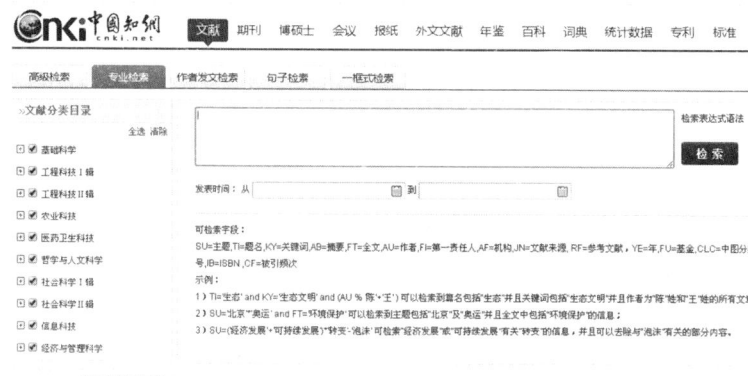

图 2-8 中国知网专业检索界面

(3)作者发文检索,在高级检索界面,单击"作者发文检索"字样,即进入作者发文检索界面,该检索方法用于检索某位作者所发表的文献,方法简单,只需要输入作者姓名和单位即可。

(4)句子检索,在高级检索界面,单击"句子检索"字样,即进入作者发文检索界面,通过输入同一句话或同一段话检索到相应的文献。

（二）EBSCO 全文数据库

EBSCO 是一个具有 60 多年历史的大型文献服务专业公司，提供期刊、文献定购及出版等服务，总部在美国，19 个国家设有分部。开发了近 100 多个在线文献数据库，涉及自然科学、社会科学、人文和艺术等多种学术领域。其中两个主要全文数据库是：Academic Search Premier 和 Business Source Premier。

Academic Search Premier（简称 ASP）——学术期刊集成全文数据库。是当今世界最大的多学科学术期刊全文数据库，其提供的许多文献是其他数据库所无法获得的。包括有关社会科学、人文科学、教育学、计算机、工程、物理、化学、语言、艺术等领域。截至 2003 年 2 月，共有 7876 种期刊，其中 3990 种期刊收录有全文，其余的提供文摘和索引。SCI 和 SSCI 收录的有 1453 种。

Business Source Premier（简称 BSP）——商业资源电子文献全文数据库。本数据库包括了管理、国际商务、经济学、经济管理、金融、会计、国际贸易、劳动人事、银行等领域。收录有 3851 种期刊，其中 3048 种期刊有全文。被 SCI 收录的有 473 种。本数据库每日更新数据。约 200 种期刊回溯到 1965 年甚至是创刊年，有些期刊可以提供过去 50 ~ 100 年的全文。在地址栏内输入 http://search. ebscohost. com/，进入 EBSCO 主页，选择相应的子库进行检索。

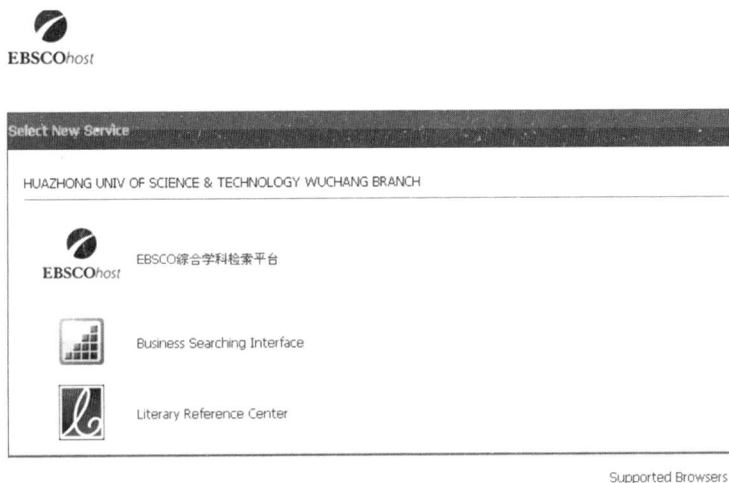

图 2 - 9　EBSCO 首界面

（三）博看人文畅销期刊数据库

博看人文畅销期刊数据库是目前全球第一中文报刊网，收录了 3000 多种 40000 多本畅销期刊杂志。博看网内容丰富，涵盖面广，每天更新 70 ~ 100 本杂志,每年可以增加 20000 本以上。新刊上线时间基本上与纸版杂志上市时间同步。所有的过刊也仍然都保存在网站上,可以采取与现刊同样的方式阅读。博看网除了有原文原貌的多媒体版,还提供电子版、语音版、下载版等多种阅读方式以满足不同读者的需求。博看期刊数据库包含了时政新闻类:《半月谈》《南风窗》《中国新闻周刊》《环球人物》《看世界》等;文摘文学类:《人民文摘》《半月选读》《北京文学》《当代》《人民文学》等;文艺体育类:《当代电影》《漫画月刊》《旅游》《足球俱乐部》《体育博览》等;管理财经类:《中国企业家》《英才》《新营销》《资本市场》《商界》等;文化艺术类:《世界博览》《文明》《人像摄影》《中华手工》《寻根》等;科学技术类:《生命世界》《科学之友》《太空探索》《世界科学》《世界发明》等;教育教学类:《中国教师》《英语广场》《疯狂英语》《就业与出国》《大学英语》等。

二、搜索引擎

搜索引擎(Search Enginer)是根据一定的策略、运用特定的计算机程序搜集网络信息,并将组织和处理后的结果显示给用户,为用户提供检索服务的系统。[①]

(一)搜索引擎概述

(1)搜索引擎的起源与发展

在 Internet 诞生初期,并没有搜索引擎,1990 年由蒙特利尔的三名学生发明了 Archie。他们想到了开发一个可以用文件名查找文件的系统,于是便有了 Archie。Archie 是一个可搜索的 FTP 文件名列表,用户必须输入精确的文件名搜索,然后 Archie 会告诉用户哪一个 FTP 地址可以下载该文件。由于 Archie 深受欢迎,受其启发,Nevada System Computing Services 大学于 1993 年开发了一个 Gopher(Gopher FAQ)搜索工具 Veronica。Jughead 是后来另一个 Gopher 搜索工具。现在这个工具主要用在国外大型图书馆的信息检索上。1994 年 4 月,斯坦福大学的两名博士生,美籍华人杨致远和 David Filo 共同创办了 Yahoo。随着访问量和收录链接数的增长,Yahoo 目录开始支持简单的数据库搜索。因为 Yahoo 的数据是手工输入的,所以不能真正被归为搜索引擎,事实上只是一个可搜索的目录。Yahoo 中收录的网站,因为都附有简介信息,所以搜索效率明显提高。Yahoo 几乎成为 20 世纪 90 年代的因特网的代名词。1995 年,一种新的搜索引擎形式出现了——元搜索引擎(Meta Search Engine)。用户只需提交一次搜索请求,由元搜索引擎负责转换处理后提交给多个预先选定的独立搜索引擎,并将从各独立搜索引擎返回的所有查询结果,集中起来处理后再返回给用户。随着网络技术的发展,中文搜索引擎的发

---

① 刘三满,申兴山主编.公安信息系统应用教程.群众出版社,2014.03.第 54 页

展速度惊人,现今,中文搜索引擎将计算机网络、人工智能、数据库、数字图书馆等技术有机结合,成为重要的检索工具之一。

(2)搜索引擎的工作原理

搜索引擎的工作原理大致可以分为抓取网页、处理网页和提供检索服务三个方面。每个独立的搜索引擎都有自己的网页抓取程序(spider),搜索引擎在工作时,这些软件定期或不定期搜索 Internet 的各个站点,抓取网页信息。接下来,利用搜索引擎抓取到网页信息后进行处理,如分析网页的词汇并提取关键词,索引文件,去除重复的网页,分析超链接等,对信息资源进行标引形成规范的索引,并加入到集中管理的索引库中,然后提供检索服务,用户则可以输入关键词进行检索,搜索引擎从索引库中找到匹配关键词或检索提问的查询结果,反馈给客户端供用户浏览。

(3)常用搜索引擎举要

1. 百度

百度是全球最大的中文搜索引擎,2000 年 1 月由李彦宏、徐勇两人创立于北京中关村,百度一直致力于让用户更便捷地获取信息,找到所求。用户通过百度主页,可以瞬间找到相关的搜索结果,这些结果来自于百度超过数百亿的中文网页数据库。"百度"二字源于中国宋朝词人辛弃疾的《青玉案》诗句:"众里寻他千百度",象征着百度对中文信息检索技术的执着追求。在地址栏内输入 https://www. baidu. com/,进入百度主页,其检索界面十分简洁,在搜索框中输入关键词,单击"百度一下",百度会自动检索出符合查询条件的全度信息,并将相关度高的优先排列在前。百度还提供其他搜索服务,进入首页单击右上角"更多产品",可以获取更多类型的服务,如搜索服务、导航服务、社区服务、移动服务、较件工具等一系列产品。

在搜索引擎的检索过程中,掌握一定的检索技巧有利用我们更精准地获取相关文献信息,一般有两种检索方法,基本检索和特色检索。

(1)基本检索。以空格表示逻辑"与",在百度查询时不需要使用符号"AND"或"+",百度会在多个以空格隔开的词语之间自动添加"+",如:"女排世界杯2011";以"-"表示逻辑"非",百度支持"-"功能,用于有目的地删除某些无关网页,但减号之前必须留一空格,如:图书馆—公共图书馆;以"|"表示逻辑"或",使用"A|B"来搜索"或者包含词语 A,或者包含词语 B"的网页,如:"毛泽东|毛主席";intitle 在网页标题中搜索,在一个或几个关键词前加"intitle:",可以限制只搜索网页标题中含有这些关键词的网页,如:"intitle:物流";site 的用法,如果知道某个站点中有自己需要找的东西,就可以把搜索范围限定在这个站点中,提高查询

效率。注意,"site:"后面跟的站点域名,不要带"http://";另外,"site:"和站点名之间,不要带空格。

(2)特色检索。百度快照,每个被收录的网页,在百度上都存有一个纯文本的备份,称为"百度快照"。百度速度较慢时,可以通过"快照"快速浏览页面内容;专业文档搜索(http://file. baidu. com),利用搜索语法"filetype:","Filetype:"后可以跟以下文件格式:DOC、XLS、PPT、PDF、RTF、ALL。其中,ALL 表示搜索所有这些文件类型,例如:查找关于网络技术的课件格式:网络技术 filetype:ppt;精确匹配——双引号和书名号,如果输入的查询词很长,百度在经过分析后,给出的搜索结果中的查询词,可能是拆分的,给查询词加上"",就可以达到这种效果,例如:搜索北京师范大学研究生院,输入"北京师范大学研究生院",获得的结果就全是符合要求的了。书名号是百度独有的一个查询语法。加上《 》的查询词,有两层特殊功能:一是《 》会出现在搜索结果中;二是被《 》扩起来的内容,不会被拆分,例如:查电影"手机",如果不加《 》,很多情况下出来的是通讯工具——手机,而加上《 》后,查询结果《手机》就都是关于电影方面的了;百度百科是一部内容开放、自由的网络百科全书,旨在创造一个涵盖所有领域知识、服务所有互联网用户的全球最大中文百科全书。

2. 必应

必应(Bing)是微软公司于 2009 年 5 月 28 日推出的全新搜索引擎服务。必应集成了多个独特功能,包括每日首页美图,与 Windows 8.1 深度融合的超级搜索功能,以及崭新的搜索结果导航模式等。用户可登录微软必应首页,打开内置于 Windows 8 操作系统的必应应用,或直接按下 Windows Phone 手机搜索按钮,均可直达必应的网页、图片、视频、词典、翻译、资讯、地图等全球信息搜索服务。

必应和首页美图必应搜索改变了传统搜索引擎首页单调的风格,通过将来自世界各地的高质量图片设置为首页背景,并加上与图片紧密相关的热点搜索提示,使用户在访问必应搜索的同时获得愉悦体验和丰富资讯。在地址栏内输入 http://cn. bing. com/,可进入必应主页。

必应与传统的搜索引擎有所不同,比如具有全球搜索、英文搜索、跨平台等特色功能。我们拥有大量具有英文搜索需求的互联网用户,但国内几乎没有搜索引擎,必应则弥补了缺少国际互联网搜索的不足,满足中国用户对全球搜索——特别是英文搜索的刚性需求;其次,必应拥有图片搜索功能,可以帮助用户找到最适合的精美图片,必应率先实现了中文输入全球搜图,用户不需要用英文进行搜索,而只需输入中文,必应自动为用户匹配英文,帮助用户发现来自全球的合适图片;必应还具有跨平台服务功能,可一站直达微软必应搜索,获取网页、图片、视频、词典、翻译、资讯、地图等全球信息搜索服务。

3. 其他搜索引擎介绍

(1)新浪搜索。2005 年新浪推出自主研发的搜索引擎,新浪搜索是目前最为领先的智慧型互动搜索引擎,也是全球首个提供自然语言搜索的中文搜索引擎,提供包括网页、新闻、知识、共享资料、地图、视频、音乐、图片、专业等全方位的搜索服务。

(2)搜狗搜索。搜狗是搜狐公司于 2004 年 8 月推出的全球首个第三代互动式中文搜索引擎。搜狗以网页搜索为核心,在音乐、图片、新闻、地图等多领域提供垂直搜索服务。通过说吧建立用户间的搜索型社区;搜狗浏览器能大幅提高上网速度;搜狗拼音输入法是当前网上最流行、用户好评率最高、功能最强大的拼音输入法。

(3)有道搜索。作为网易自主研发的全新中文搜索引擎,有道搜索致力于为互联网用户提供更快更好的中文搜索服务。它于 2006 年年底推出测试版,并于 2007 年 12 月 11 日推出正式版。目前有道搜索已推出的产品包括网页搜索、博客搜索、图片搜索、新闻搜索、音乐搜索、海量词典、桌面词典、工具栏和有道阅读。特别要指出的是有道桌面词典功能全面,不但具有常规的英汉、汉英、英英翻译功能,还能够提供普通字典里所无法收录的各类词汇的网络释义。除此之外,它特有的即时提示功能还能在查询时列出以查询词为前缀的提示词语,使查询更加方便、快捷。

三、开放资源获取

开放资源是基于非商业用途,借助网络信息技术自由参考、使用和修改的资源,如各种视频公开课、开放课件、免费学术资源等。

(一)开放文献资源

1. 开放阅读期刊联盟,是由中国高校自然科学研究会发起的,加入此联盟的中国高等自然科学学报会员承诺,期刊出版后,在网站上提供全文,免费供读者阅读,或者应读者要求,在三个工作日之内免费提供各种期刊发表过的论文。读者可以登录各会员期刊的网站,免费阅读或获取论文全文。目前,该联盟理工科类期刊 23 种、师范类期刊 8 种、医学类期刊 6 种、社会科学类期刊 2 种,其他专业类期刊 5 种。网址:http://www.cujs.com/oajs/,如图所示。

图 2-10　开放阅读期刊主页

图 2-11　中国科技论文在线主页

2. 中国科技论文在线,是在线学术期刊免费全文库国内唯一免费全文期刊库,经教育部批准,由教育部科技发展中心主办,针对科研人员普遍反映的论文发表困难,学术交流渠道窄,不利于科研成果快速、高效地转化为现实生产力而创建的科技论文网站。中国科技论文在线利用现代信息技术手段,打破传统出版物的概念,免去传统的评审、修改、编辑、印刷等程序,给科研人员提供一个方便、快捷的交流平台,提供及时发表成果和新观点的有效渠道,从而使新成果得到及时推广,科研创新思想得到及时交流。其主要栏目有首发论文、在线出版、名家精品、科技期刊等。目前已收录近千家科技期刊、逾130万篇各领域科技论文全文,全部提供给科研工作者及爱好者进行免费下载。中国科技论文在网址:http://www.paper.edu.cn/,其主页如图所示。

(二)开放课程资源

1. 慕课概述

慕课定义,简称 MOOC,MOOC 是 Massive Open Online Course 的缩写,中文意思是"大规模网络开放课程",Massive(大规模的)是指对注册人数没有限制,用户数量级过万;Open(开放的)是指任何人均可参与并且通常是免费的;Online(在线的)是指学习活动主要发生在网上;Course(课程)是指在某研究领域中的围绕一系列学习目标的结构化(Structured)内容。

MOOC 是由加拿大学者布赖恩·亚历山大(Bryan Alexander)和戴夫·科米尔(Dave Cormier)率先提出来的,以其大规模、开放、在线、免费课程资源共享的网络教学模式得到世界名校重视,风靡美国,得到国际化追捧。慕课可以说是互联网 + 与远程教育融合发展的产物,慕课即开放的课程,无论国籍、性别、学历,只要有兴趣,都可以参加学习,不受身份限制,只要能够联网,使用电脑、手机、ipad 等随时学习,不受时空限制。慕课的产生,打破了传统知识学习的边界,模糊了大学校园的概念,使知识学习变得异常容易。一般而言,慕课包括视频课程、网上阶段练习、课外作业、互动社区、线下研讨活动、考试测验等环节构成的教学过程,这些环节的设计,保障了慕课的授课效果。①

2. 国内主要慕课平台

(1)爱课程。爱课程是教育部、财政部"十二五"期间启动实施的"高等学校本科教学质量与教学改革工程"支持建设的高等教育课程资源共享平台,课程涵盖哲学、经济学、法学、教育学、文学、历史学、理学、工学等十余门学科,集中展示了"中国大学视频公开课"992 门和"中国大学资源共享课"2884 门,课程资源在不断更新。爱课程向高校师生和社会大众提供优质教育资源共享和个性化教学资

---

① 洪涛,马惠琳,卢元生等编委会名单,做自己的设计师高中学业规划必读,华语教学出版社,2016.01,第239 页

源服务,并且具有资源浏览、搜索、重组、评价、课程包的导入导出、发布、互动参与和"教""学"兼备等功能。

爱课程是高等教育优质教学资源的汇聚平台,优质资源服务的网络平台,教学资源可持续建设和运营平台。它推动了优质课程资源的广泛传播和共享,深化本科教育教学改革,推动高等教育开放,并从一定程度上满足人们的学习需求。

在地址栏内输入 http://www.icourses.cn/home/,进入主页,即可在线免费学习,如图所示:

图 2-12　爱课程主题

(2)中国大学 MOOC。是由网易与高教社"爱课程网"合作推出的大型开放式在线课程学习平台,于 2014 年 5 月上线,它联合北京大学、复旦大学、浙江大学、新加坡国立大学、微软亚洲研究院等 211 所知名高校和机构推出上千门精品大学课程,每门课程有老师设置的考核标准,当学生的最终成绩达到老师的考核分数标准,即可免费获取由学校发出主讲老师签署的合格/优秀证书(电子版),也可付费申请纸质版认证证书。获取证书,意味着学生达到了学习要求,对这门课程内容的理解和掌握达到了对应大学的要求。在地址栏内输入 http://www.icourses.cn/home/,进入主页,通过学科分类或选择相应的学校及课程,注册账号或直接选用 QQ 或微信登录,即可在线免费学习。

此外,还有伴随其他国内知名的优质慕课资源,如 MOOC 中国、网易公开课、中国教育在线、国内大学名师讲堂、北京大学公开课。获取链接如下表所示:

表 2 - 5　国内知名慕课列举

序号	名称	获取链接
1	爱课程	http://www.icourses.cn/home/
2	中国大学 MOOC	https://www.icourse163.org/
3	MOOC 中国	http://www.mooc.cn/
4	网易公开课	https://open.163.com/
5	中国教育在线	http://www.class.cn/index/open
6	国内大学名师讲堂	http://v.qq.com/zt2011/university/index.htm
7	北京大学公开课	http://opencourse.pku.edu.cn/course/opencourse/

习　　题

一、选择题

1. 人类社会的三大资源有(　　)

A. 物质、能源、信息　　　　　　　B. 特质、人力、资本

C. 特质、能源、管理　　　　　　　D. 信息、管理、人力

2. 根据国家相关标准,文献的定义是指:记录有(　　)的一切载体

A. 情报　　　　　　　　　　　　B. 信息

C. 知识　　　　　　　　　　　　D. 数据

3. 在打算开始研究一项新技术或研制一种新产品之前,最好要掌握的信息是(　　)

A. 会议论文　　　　　　　　　　B. 专利文献

C. 标准文献　　　　　　　　　　D. 科技报告

4. 根据加工尝试来划分文献,学位论文属于(　　)

A. 零次文献　　　　　　　　　　B. 一次文献

C. 二次文献　　　　　　　　　　D. 三次文献

5. 扩大检索范围的方式是(　　)

A. 使用"逻辑与"　　　　　　　　B. 使用"逻辑或"

C. 使用"逻辑非"　　　　　　　　D. 使用优先运算符

二、填空题

1. 按文献载体形式划分,文献可以分为＿＿＿＿＿、＿＿＿＿＿、＿＿＿＿＿和＿＿＿＿＿。

2. 根据文献 Heider, E. R. & D. C. Oliver. The structure of color space in naming and memory of two languages［J］. Foreign Language Teaching and Research, 1999, (3):62 67 的著录特点,可以判断,该文献是_____。

3. ISSN 号指的是_____,ISBN 号指的是_____。

4.《中国图书馆分类法》简称《中图法》,将图书分成_____大部类_____个大类,目前最新的版本是第_____版。

5. 搜索引擎中,在普通查询词后面加一个_____可以限定在网页标题中搜索相关内容。

三、简答题

1. 影响查全率和查准率的因素有哪些?

2. 如何查找有关本专业方面的文献,检索程序是什么,请写出具体的检索步骤。

3. 简述信息检索教育的基本内容。

第三章

如何利用信息检索解决实际问题

　　学习信息检索知识的根本目的是为了提高信息素养,帮助解决实际问题。通过利用信息检索语言、信息检索技术,以及信息检索策略来获得信息并利用信息。在进行信息检索时,首先要将拟检索的问题进行分析,抓取准确全面的检索词,构建完整的检索式,并选准适当的检索工具进行检索。在实际操作中,检索并非一次完成,需要根据检索结果,利用信息检索策略进行调整,以获得更全面、准确的信息结果。选择检索工具、抓取检索词、构建检索式和调整检索策略是本章学习的重点和难点。本章学习以实验操作为指导,将结合一个例题来学习完整的检索过程。

课前思考:

1. 进行信息检索时

◆ 在哪找?

◆ 怎么找?

◆ 如何选?

2. 我们常见的检索工具

◆ 常见的搜索引擎

◆ 专业的数据库资源

　　例题:检索课题"3D打印技术在建筑领域的应用与发展前景设计",并完成一份检索报告。

第一节　分析检索问题构建检索式

一、分析检索课题

分析检索课题,让检索者了解检索目的,明确检索要求,是获得满意检索结果的根本保障。对课题的分析越全面、深入,所能提供的信息需求表达才越清楚、准确。课题的分析主要包括对课题主要内容、所属学科和涉及文献类型的分析。

(一)分析课题主要内容:通过利用百度或专业学术期刊、论文,分析具体课题的主要概念,包含的内容范畴,以及课题背景知识、发展趋势等信息。

(二)分析所属学科:通过课题主要内容,利用学术搜索引擎或商业数据库检索,分析确定课题所属学科范围。

(三)分析涉及文献类型:文献类型如图书、期刊、会议、专利文献、学位论文等,不同文献类型侧重内容各不相同。

二、选择合适的检索词

检索词是表达信息需求和检索课题内容的基本元素,也是构建检索式和信息检索系统中有关数据进行匹配运算的基本单元。检索词选择正确与否,直接影响检索结果。在全面了解检索课题的问题后,应提炼主要概念、相关概念、隐藏概念和英文检索词。[①]

(一)选择和确定课题中文检索词,具体可以从以下几步思考:

1. 提取课题中必须满足的显性概念,并且是有实质性意义的词语;

2. 从熟悉的已知的文献信息入手,进行概念拆分,将其变成检索的最小单元;

3. 去除课题中意义不大且较泛指的概念词。如发展、研究、展望、现状、近况、生产工艺、应用、利用、作用、方法、影响等词。必须用时,应该与能表达主要检索特征的词一起配合使用。

4. 深入分析课题,挖掘课题中隐含的潜在概念;

5. 利用搜索引擎、主题词表,数据库功能等辅助工具查找同义词、上位词、下位词、相关词。

(二)对课题检索,不光有中文文献,同时还涉及外文文献。检索外文文献时就需要有准确的英文检索词。在实际操作中,往往一个中文词可能有几种英语表达方式,怎么确定更准备又全面的英语检索词?通常有以下几种途径和注意事宜:

1. 利用搜索引擎和网络翻译,如百度、必应、CNKI 翻译助手(专业性较强)、金山词霸、有道词典等;

2. 在相关研究中的中文期刊论文中的英文摘要及英文关键词部分中查找;

3. 同一个中文检索词的英文可能多种写法和表述,注意查全。如水利工程有

---

① 黄如花:《信息检索与利用实验教材》,武汉大学出版社,2017 年版。

hydraulic engineering、irrigation works、water conservancy project、water conservancy project、water project 等,一般在实际检索中,这些概念可以用 OR 进行联结;

4. 在英语词汇中,一个词可能有多种形态,如词的单、复数形式的不同,英美拼写方法不同、词性不同等。在实际检索时,要保证查全率,可采用截词法。即,在检索标识中保留词根相同的部分,用截词符代替可变化部分。如:computer* 可检出 computers、computering、computered、computerization;

5. 扩充英文检索词的辅助方法:外文数据库中的词表,如本馆订购的 EBSCO 外文期刊数据库有叙词表;用于查找英文检索词。

三、构建检索式

构建检索式是将已经确定的检索词用计算机系统能识别的布尔逻辑运算符、位置运算符、截词符等,按照检索需要进行准确、合理组配,构建出检索式,进行检索。

构建检索式时,需要明确三点:一是能全面且准确地反映信息需求的内容;二是要结合具体数据库的索引体系、用词和匹配规则。因为不同的数据库,可供检索的字段不一定相同,利用不同的检索字段的检索结果也不尽相同。所以只有准确表达信息需求的检索式,才能从数据库中检索出符合需要的结果,才能把需要的信息尽可能全地检索出来;三是要熟悉检索运算符的运用,前面章节有系统学习,主要包括逻辑运算符(AND、OR、NOT)、截词符(*,?)、字段限制检索(一般各数据库都有此功能,具体包括对学科范围、文献类型、年代、是否获取全文等限制;英文数据库一般还包括对是否有同行评审等的限定)。关于检索结果的各种限定条件,不同的数据库有不同的内容。

在实际操作中,构建检索式一般可遵循以下方式:

1. 对于同类或并列概念的词,采用逻辑"或"(OR/"+")组配,要尽量选全同义词、近义词、上下位词等进行组合。例如:检索课题"企业知识产权研究",为防止漏检,其中"企业"可考虑同义词,检索式可写成"企业 OR 集团 OR 公司";"知识产权"可考虑其下位词,检索式可写成"知识产权 OR 专利权 OR 商标权 OR 著作权 OR 名称权"。

2. 对于有交叉关系的概念,用逻辑"与"(AND/*)组配,需注意要夫掉与课题无关的概念组配,可避免因限制过严而漏检。

3. 考虑关于截词符、字段限制检索的运用,可提高检索效率,使检索结果更符合自己的需要。

4. 使用多种检索运算符的组配。如检索课题中含有"网络营销"的资料,可列检索式:TI =(Web OR WWW)AND market * 。

第二节　信息检索策略

一、确定信息源,选择检索工具

(一)确定信息源

联合国教科文组织出版的《文献术语》定义为:个人为满足其信息需要而获得信息的来源,称为"信息源"。一切产生、生产、贮存、加工、传播信息的源泉都可以看作是信息源。

"信息源"是由英文"Information Sources"一词翻译过来的。本节的"信息源"指通过某种物质传出去的信息,即是信息的发源地或来源地,也包括信息资源生产地和发生地、源头、根据地等。

信息源内涵丰富,它不仅包括各种信息载体,也包括各种信息机构;不仅包括传统印刷型文献资料,也包括现代电子图书报刊;不仅包括各种信息储存和信息传递机构,也包括各种信息生产机构。

在进行信息检索的过程中,信息源的获取途径一般包括图书馆订购的商业数据库(如百链、超星发现系统等)和学术搜索引擎(如百度学术搜索,Microsoft Academic Search 微软学术搜索)。例如:用百度学术检索课题中有"一带一路、人才培养"的信息源(图 3 - 1),可确定信息源,中文信息来源于中国知网、维普;外文信息来源于 EBSCO。

(二)选择合适的检索工具

当分析完检索需求后,结合检索要求和检索目的,需要选择合适的检索工具,它关系是否能全面、快速、准确地查询文献资源。

目前信息检索工具包括搜索引擎、商业数据库、机构知识库、数字资源共享工程提供的丰富信息,如中国高等教育文献保障系统(CALIS)、政府网站和开放存取(OA)资源等。

在选择检索工具时,可根据以下几个原则来选择:

1. 结合课题的要求和目的。如需要某一课题系统、详尽的信息,比如撰写学位论文或申报研究课题、科技查新等,这类检索需要了解课题的历史、现状及发展,检索要求全面,其覆盖的年份也较长。在选择检索工具时,可首选一些收录年份较长的综合型和专业型数据库,如中国知网(CNKI)、维普期刊、EBSCO 等;如需要检索某一课题的最新信息,可首选一些更新及时的学术期刊库;如检索课题属于理工科类,还可以选择专利数据库。

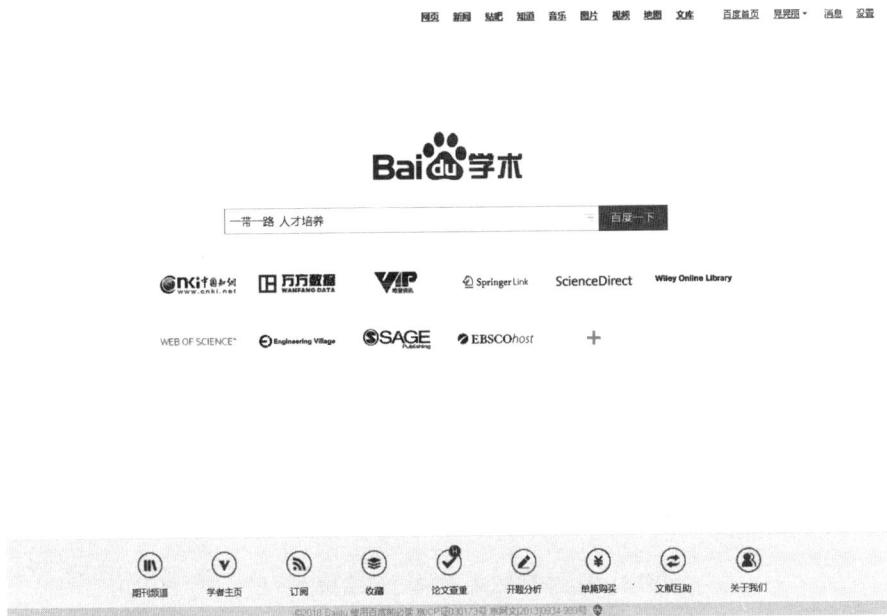

图 3 - 1　利用百度学术获取信息源

2. 选择的检索工具,要保证利用方便、使用熟练。利用方便的数据库,一般是较成熟的数据库,资源更全面、准确。使用熟练,可提高检索效率。

3. 考量数据量和信息年限。

二、检索过程和检索方法

检索过程,包括利用确定的中英文检索词、构建的检索式,通过一般检索、高级检索或专业检索等在各类数据库中检索资源。并实时分析检索结果与检索要求是否一致,根据信息来源评估信息的价值,通过检索结果的数量,考虑采用适当的检索策略进行调整与修改。

关于检索的具体过程,包括中英文检索,中文检索以中国知网(CNKI)为例,该数据库有基本检索、高级检索和专业检索三种检索方式。其中基本检索首界面,默认期刊、博硕、会议、报纸跨库检索,如根据检索需求只需要限定期刊检索,可直接点击取消其他三个子库的勾选,如图 3 - 2:

图 3 - 2　中国知网(CNKI)基本检索界面

中国知网(CNKI)高级检索界面,如图 3 - 3:

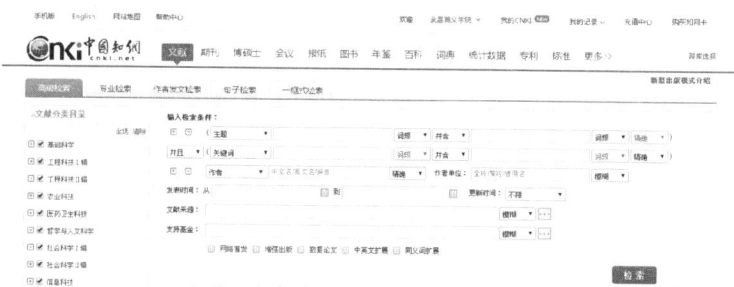

图 3 - 3　中国知网(CNKI)高级检索界面

中国知网(CNKI)专业检索界面,如图 3 - 4:

图 3 - 4　中国知网(CNKI)专业检索界面

　　需要注意的是,每个数据库,特别是中文数据库的专业检索要求是有所差别的,所以在进行专业检索时,一定要认真阅读数据库的专业检索说明。结合中国知网专业检索要求,逻辑运算符 AND、OR、NOT 前后需空一格,检索词用英文格式的单引号引起来。例如:TI = '一带一路' and KY = '人才培养'(如图 3 - 5):

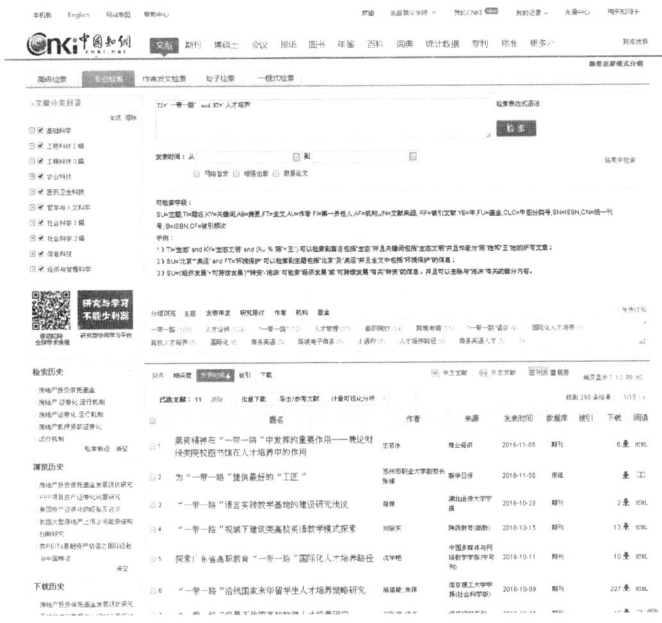

图 3-5　利用专业检索界面

再比如,利用专业检索完成主题为"一带一路"OR 丝绸之路经济带,篇名中含(国际化人才培养),按检索要求,构建出检索式,并完成检索。

SU＝('一带一路'＋'丝绸之路经济带')and TI＝'国际化人才培养',如图 3-6:

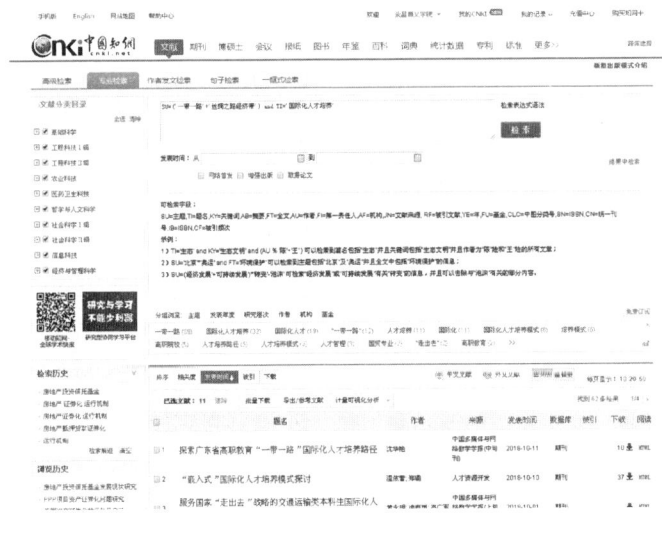

图 3-6　中国知网专业检索结果界面

除了中文数据库检索,还应该涉及外文数据库,以"EBSCO 外文期刊数据库"(以下简称 EBSCO)为例,也包含有基本检索(如图 3 - 7)和高级检索(如图3-8):

图 3 - 7　EBSCO 数据库基本检索界面

一般得到的检索结果有三种情况:一是检索结果太少,说明漏掉了相关文献信息;二是检索结果太多,说明结果中包括有不相关或相关度不高的文献信息;三是检索结果与我们的需求不符,不相关或不够权威。这三种情况都需要通过检索策略来进行调整,以获得最佳的查全率和查准率。通常调整方式有:

1. 检索结果太少时的调整方式

当检索结果太少或为零时,首先检查检索词的确定和拼法是否正确,如没有问题,则需要扩大检索,以增加结果,具体方法可采用:

(1)去掉某些方面的检索要求;

(2)重新选择限制性条件,如放宽检索范围、扩大学科领域、文献时间、文献类型等;

(3)更换检索范围比较大的字段,常用字段有题名字段、关键词字段、主题字段、摘要字段及全文字段。比如将题名字段换成主题字段,关键词字段等;

(4)增加上位词、同近义词及缩写形式的运用;

(5)通过利用截词符,增加检索词的单复数形式的词;

(6)多使用逻辑运算符"或"("OR"),增加同义词、近义词、上位词、下位词等。同时减少使用运算符"与"("AND")或"非"("NOT")联结。

2. 检索结果太多时的调整方式

当检索结果太多时,首先考虑如何进一步限制检索条件,提高准确度,具体方法可采用:

(1)减少同近义词的选用,用范围较小的下位词替换范围较大的上位词;

(2)检查是否截词截得过短,导致可用词太多;

图 3 - 8　EBSCO 高级检索界面

(3)更换检索范围比较小的字段,比如将主题字段、关键词字段等换成题名字段;

（4）检查使用的逻辑算符是否正确，利用"AND"和"NOT"增加限定词。

3. 检索结果与需求不符时的调整方式

重新实施检索。

第三节　筛选检索结果撰写检索报告

检索结果的处理包括文献信息的选择、下载、保存以及文献的阅读与引用。对于有参考价值、拟在论文写作过程参考或引用的文献，要逐篇下载，并将所有下载的文献信息按引文格式存盘，以便在论文的参考文献列表中使用。

一、列出相关文献

通过对检索结果进行筛选，按照规范的参考文献格式著录相关文献，将密切相关文献、核心期刊文献、核心作者的文献、本课题重要研究机构的文献、高被引文献、高下载量文献作为参考文献。具体的筛选方式：

（一）文献被引频次、下载频次（如图3-9）；

图3-9　中国知网检索结果按被引量排序

（二）选择来源出版物级别，如：被权威数据库收录，核心期刊等（图3-10）；基金来源，如：基金获批级别；重要研究机构与作者等。

国外权威刊物主要是指科学引文索引SCI（Science Citation Index）、工程索引

EI(Engineering Index)、科技会议录索引 CPCI(原 ISTP)(Coference Proceedings Citation Index);国内核心期刊主要包括中文社会科学引文索引(CSSCI)、中国科学引文数据库(CSCD)、中文核心期刊要目总览(PKU)(北京大学主编)。

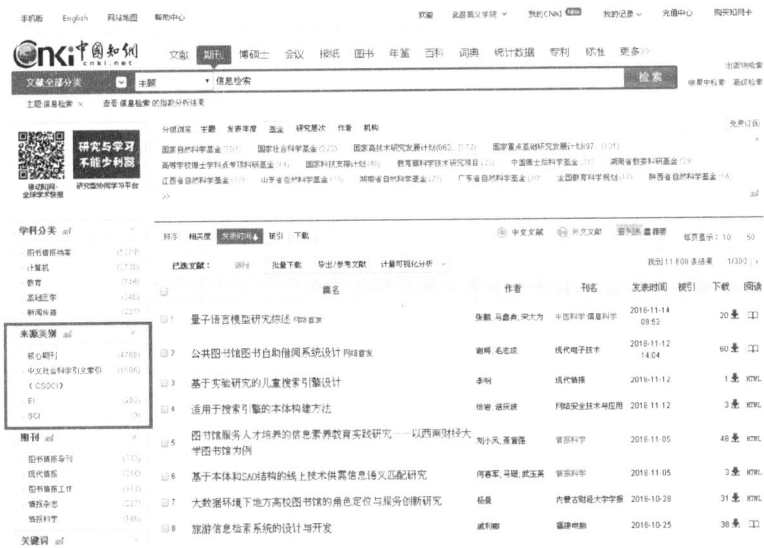

图 3 - 10　中国知网检索界面中"来源类别"的查看

二、撰写检索报告

撰写课题检索报告的目的是真实记录科研人员调研领域文献的全过程,以便查验科研人员撰写的相关综述论文的全面性和科学性。

(一)检索报告的结构

课题检索报告的形式不是唯一的,需要根据检索课题的实际需求和要求而定。有些检索报告要求有封面、目录、课题分析、检索策略、检索式及检索结果;有些检索报告只需依据检出文献的相关程度,对中外文文献检出情况进行陈述,做到论述言之有理,参考文献在所列出的相关文献之内,结论应当客观、公正、准确、清晰地反映课题的真实情况。同时,检索结论应较全面地反映课题整个的发展周期及发展趋势。学习了本门课程后要求撰写的检索报告,以 PPT 形式展现检索过程及结论。

本节简单介绍两种形式的课题检索报告。

1. 要求有封面、目录、课题分析、检索策略、检索式及检索结果的检索报告

(1)封面

写明检索课题的名称、完成人信息(姓名、班级、学号)、完成时间等。

（2）目录

目录能让阅读者对本报告内容一目了然。

（3）课题分析

对课题的重点研究内容要有一个分析判断，只有判断正确了，才能进一步做针对性的检索。

（4）检索策略

包括数据库或检索工具的选择、检索词的选择和通用检索式的制定。

（5）检索式及检索结果

写清楚每个数据库的检索策略和检索结果，并附上撰写课题的国内外研究概况时的参考文献的题名、作者、来源、摘要等信息。

（6）检索评价

经过对一个课题的系统检索，谈谈有何体会。重点放在检索过程中检索策略的调整，要有具体的调整过程。

（7）检索结论

结合整理的文献资料，科学地评价已有的学术观点和理论，并在已有理论和成果的基础上阐明本人的观点，预示今后可能的发展趋势及研究方向等内容。

2. 以 PPT 形式展示检索过程及结论（见实操部分）

采用 PPT 的形式详细展示检索的每一个过程及最后的检索结论。

第四节　寻求帮助

在实际的信息检索过程中，如果通过各种途径和方法都查找不到所需求信息，则可通过寻求帮助的方式来解决。常用的求助对象有以下几种：

一、请教专家或图书馆员

目前，国内外已有较多的联合参考咨询系统，由图书馆专业馆员联合起来进行咨询、回复等服务，即文献传递服务。常用的参考咨询系统有：

（一）全国图书馆参考咨询联盟，即联合咨询网：http://www. ucdrs. net/admin/union/index. do

（二）国家科技数字图书馆参考咨询系统：http://www. nstl. gov. cn/anyask/ask. html？key＝nstl

（三）上海市中心图书馆网上联合知识导航站：http://vrd. library. sh. cn/

（四）CALIS 联合参考咨询系统:http://www.calis.edu.cn/

二、参加图书馆组织的培训或求助论坛、社区

参考咨询服务在各高校图书馆是普遍提供的一项服务,同时,部分图书馆也会定期提供关于信息检索和资源利用方面的专业培训,这类培训大多是公益性的,可以自主参与跟听。

此外,在论坛和社区求助也是一种较常用的高效的方法。口碑较好的社区、大型综合知识问答平台,如百度知道、雅虎知识堂、新浪爱问、搜狐问答、腾讯搜搜问问等。知乎网则可与各领域资深嘉宾同席,参与专业精彩的主题讨论。还有可根据自身需求提出问题的天涯社区,也可回答问题,分享知识与经历,并与志趣相投的好友讨论、交流。[1]

实操部分:

例如:检索课题"3D 打印技术在建筑领域的应用与发展前景设计",并完成一份检索报告。

第一步:分析检索课题

方法一:通过"百度"搜索引擎检索关于课题的主要内容、总体介绍,如图 3 - 11:

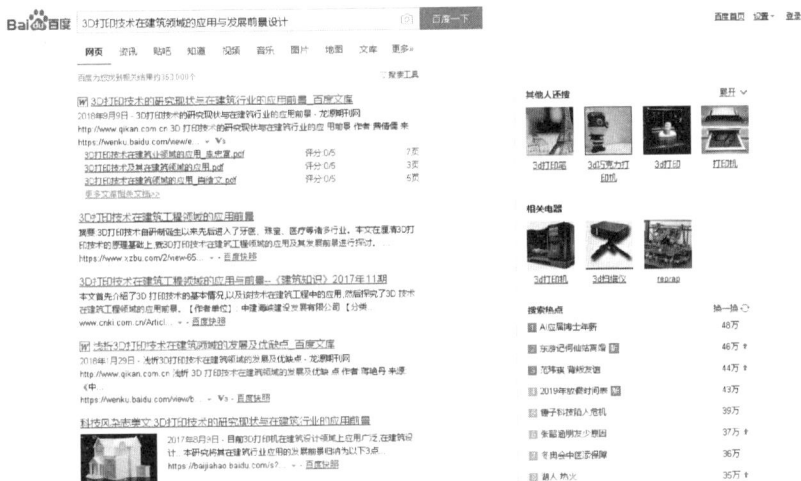

图 3 - 11　通过百度检索课题内容介绍截图

方法二:通过"百度学术"的"开题分析"栏目,了解并分析检索课题的发展趋

---

① 　黄如花:《信息检索与利用实验教材》,武汉大学出版社,2017 年版

势等信息。如图 3 - 12、图 3 - 13：

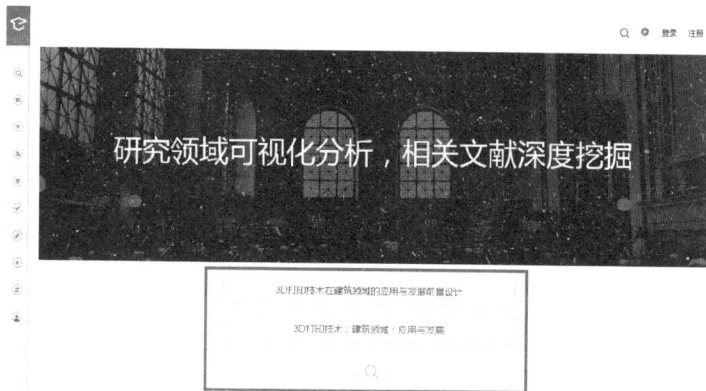

图 3 - 12　"百度学术"开题分析 检索界面

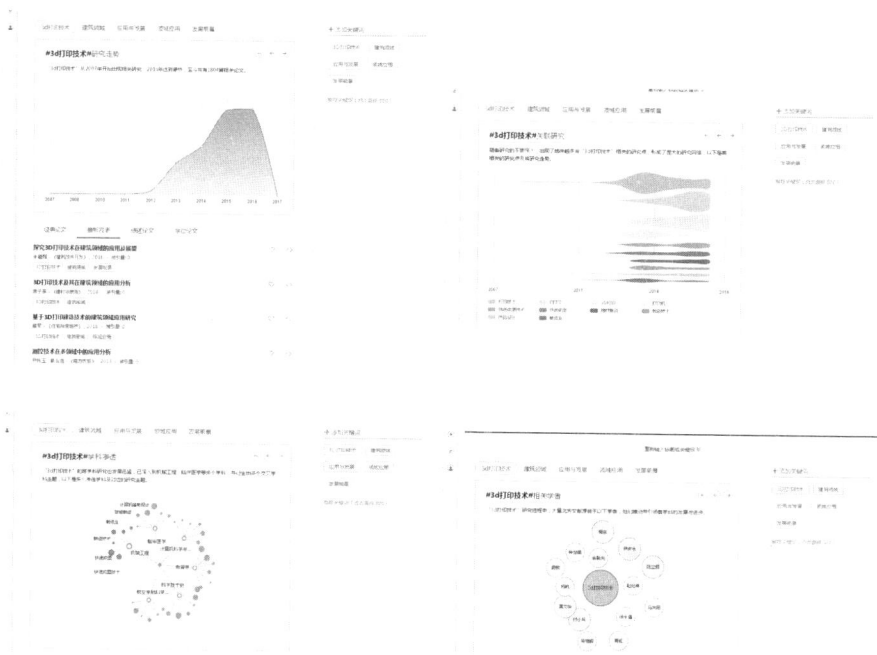

图 3 - 13　"百度学术"开题分析检索出关于主题的各类发展趋势

通过图 3 - 11 至图 3 - 13 的检索和查阅，可以得出本检索课题的概括内容，即：3D 打印技术是一种新型的科学技术。这几年，随着世界社会经济的不断发展，科学技术也有了突飞猛进的进步与创新。本课题研究 3D 打印技术的应用和发展情况，尤其是在建筑领域的应用，探究其发展前景。

方法三:通过"百度学术"分析检索课题所属学科、涉及的核心期刊、文献类型以及学科分布。如图 3－14。

图 3－14　"百度学术"检索课题所属学科和涉及的核心期刊

通过图 3－14 的检索结果,可以初步得出本检索课题的学科领域:建筑科学、建筑技术科学、土木工程学、应用经济学等;课题所涉及的文献类型主要有:期刊、专著、科技成果、学位论文/会议论文、科技报告、专利等。

第二步:确定中英文检索词

遵循以上方法和步骤,得出例题"3D 打印技术在建筑领域的应用与发展前景设计"的中文检索词有:

表 3－1

关键词	同义词	下位词
3D 打印技术	快速成型技术/三维打印	
建筑领域	建筑科学/建筑工程	绿色建筑/生态建筑/环保建筑/土木工程
应用/发展前景		

通过网络翻译和中国知网(CNKI)两种途径,确定英文关键词。

途径一:通过网络翻译(有道词典)获得英文关键词。一般可根据前面已经确定的中文关键词,在"有道词典"查找相应的英文表达。例如检索"3D 打印技术"的英文表达(如图 3－15)。

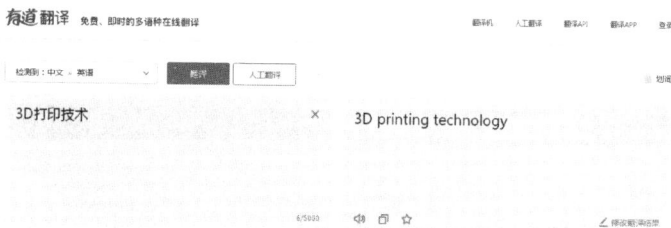

图 3-15　利用"有道翻译"翻译英文关键词

途径二:通过"CNKI 翻译助手"获得专业性较强的英文关键词。同样,根据已经确定的中文关键词,在"CNKI 翻译助手"中查找对应的英文表达。例如检索"建筑工程"的下位词"生态建筑"英文表达(如图 3-16)。

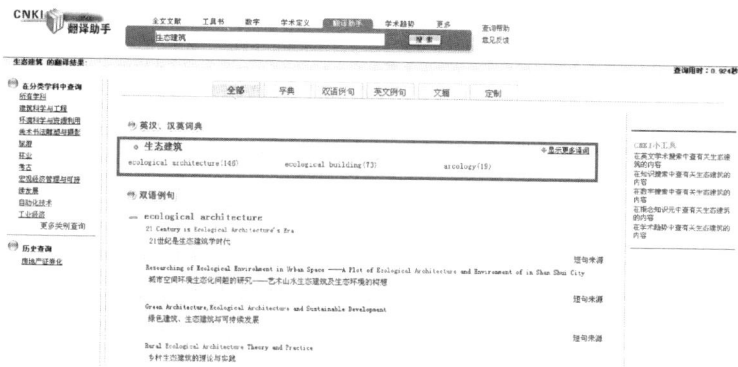

图 3-16　利用中国知网(CNKI)翻译助手翻译中文关键词

最后,得到课题检索的中英文检索词如下表:

表 3-2　确定检索课题的中英文检索词

关键词	同义词	下位词	英文检索词
3D 打印技术	快速成型技术/三维打印		3D printing technology/3DP
建筑领域	建筑科学/建筑工程	绿色建筑/生态建筑/环保建筑/土木工程	Construction field /architectural field/building area/Green Building/ ecological construction/
应用			Application/appli *
发展前景			Develop * prospect * /trend *

第三步:构建检索式

结合已经确定的中英文检索词,以及前面章节学习的检索知识,运用逻辑运算符,构建中英文检索式。

(一)中文检索式

1. 基本检索:

(3D 打印 or 快速成型 or 三维打印)and(绿色建筑 or 土木工程 or 建筑材料)

2. 专业检索:

SU = ('3D 打印' + '三维打印') AND KY = ('绿色建筑' + '土木工程' + '建筑材料')

SU = ('3D 打印' + '三维打印') AND KY = ('绿色建筑' + '土木工程' + '建筑材料') AND AB = ('应用' + '发展前景')

(二)英文检索式

高级检索:('3D printing technology' or '3DP') and ('green building' or 'building material * ')

第四步:选择检索工具,进行检索

(一)确定中英文信息源(如图 3 - 17、图 3 - 18),以选择合适的检索工具

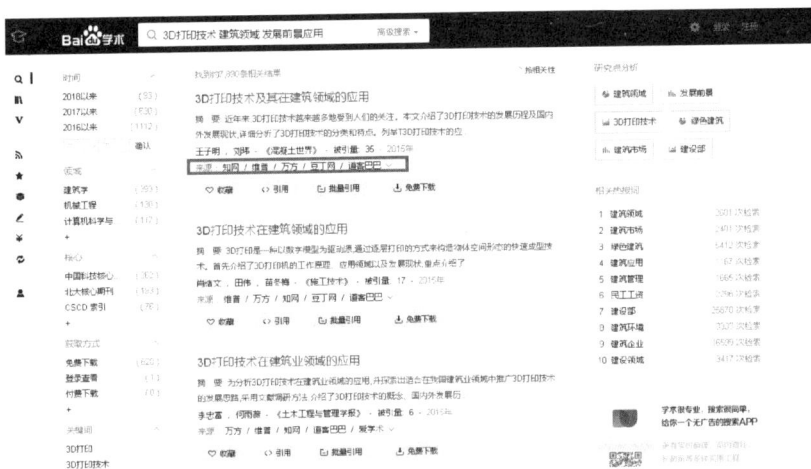

图 3 - 17　通过百度学术预检分析中文信息源

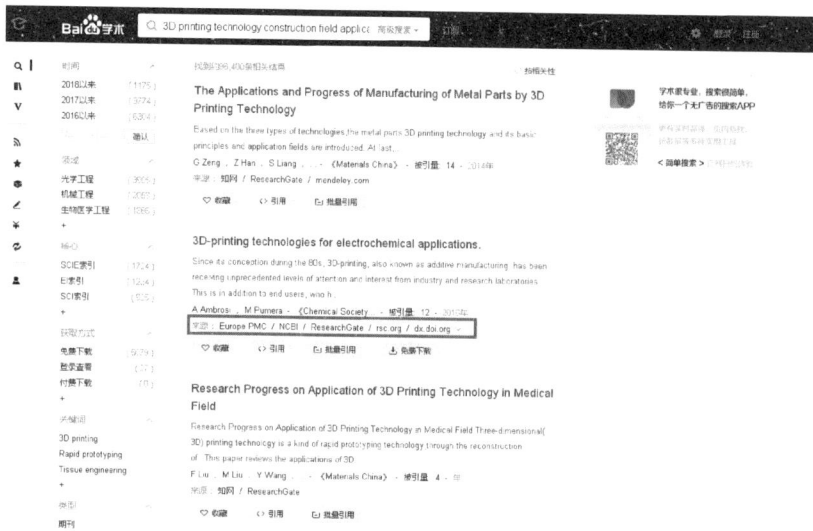

图 3 - 18 通过百度学术预检分析英文信息源

通过百度学术预检,初步了解检索课题所需信息源主要包括:

1. 专著

读秀学术搜索。

2. 中文期刊网

中国知网(CNKI):搜索中文期刊文献,了解国内的研究方向、成果以及未来发展状况等信息;

维普中文学术期刊库、万方学位论文库:补充中国知网搜索的信息,优化信息资源。

3. 外文期刊网

EBSCO 外文期刊数据库、Elsevier Science Direct、百链:搜集机械自动化、材料工程、绿色、生态、环保建筑工程、3D 技术等领域的专业化知识。

4. 政府网站

中国国家知识产权局专利检索:搜集专业的专利知识以及信息。

(二)利用检索工具,详细检索各类型资源

1. 利用"读秀学术搜索"检索专著文献(如图 3 - 19)

图 3 - 19　读秀学术搜索检索专著文献

2. 利用"中国知网"检索中文期刊文献(如图 3 - 20、3 - 21)

图 3 - 20　中国知网"专业检索"界面

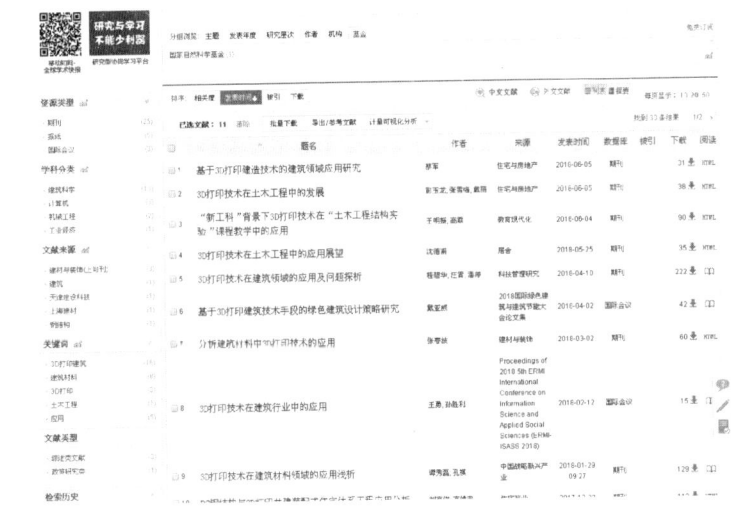

图 3 - 21　中国知网"专业检索"结果

通过图 3-20、3-21 专业检索,发现检索结果太少,需要进行调整,尝试利用高级检索(如图 3-22、3-23、3-24):

图 3-22　中国知网"高级检索"界面

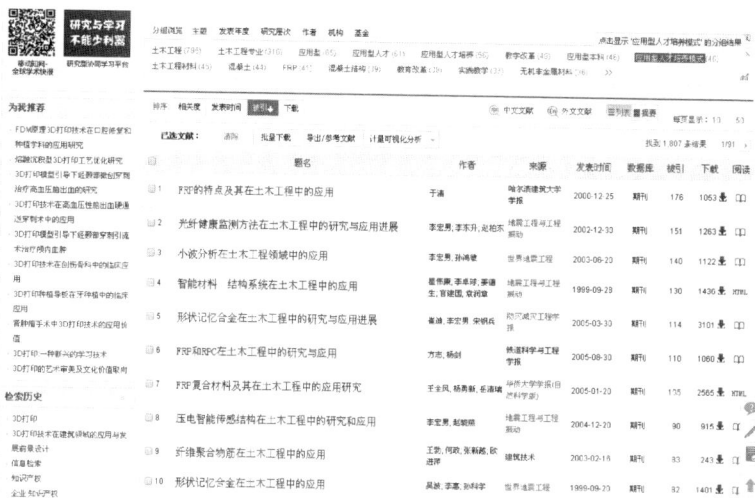

图 3-23　中国知网"高级检索"结果

通过利用中国知网"高级检索",检索结果从 21 条增加至 600 余条,提高了资源的查全率,同时还可通过"知网节"功能,了解每一篇期刊引用和被引情况,也是扩展检索结果的方法之一。

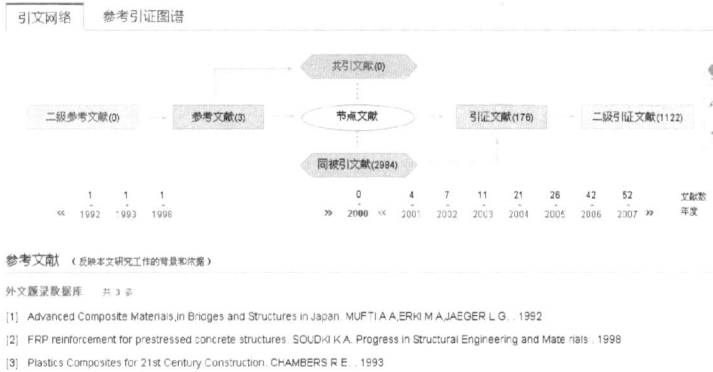

图 3－24　中国知网知网节

3. 利用"EBSCO 外文期刊库"检索外文期刊文献(如图 3－25)

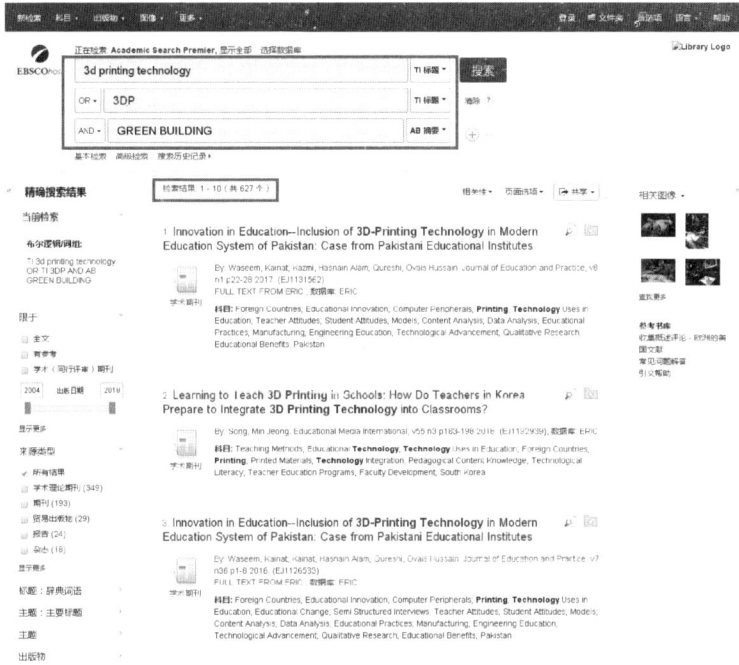

图 3－25　EBSCO 外文期刊库"高级检索"界面

运用高级检索,检索的字段设为主题,检索结果较多,因此将检索字段调整为标题及关键词进行逻辑组配进行检索,得到与主题更相关的检索结果 600 余条,提高了检索的查全率。

在 EBSCO 的检索中,还可通过对检索结果进行条件限制来提高检索的查准

率(如图 3 – 26):

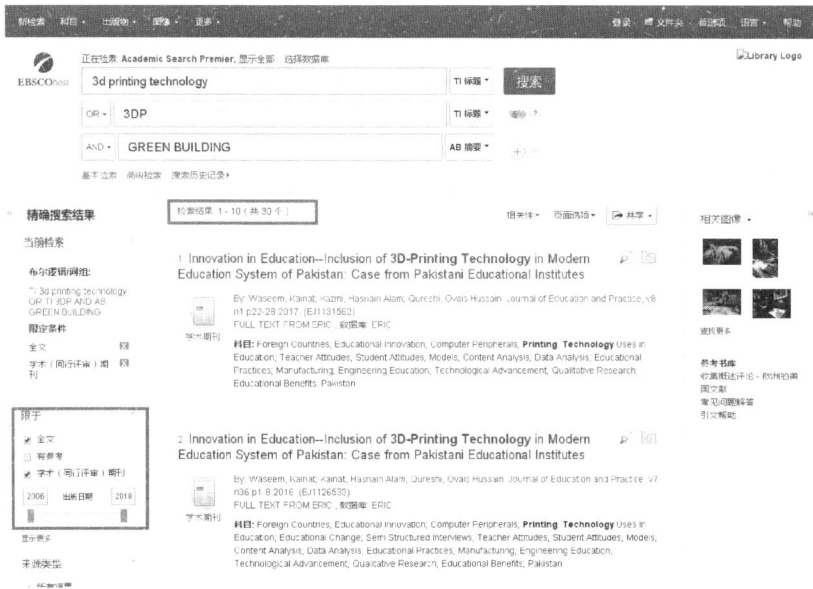

图 3 – 26　EBSCO 检索通过勾选"限制"条件筛选检索结果

4. 利用中国国家知识产权局专利检索(如图 3 – 27、3 – 28、3 – 29)

图 3 – 27　专利检索常规检索界面

图 3 – 28　专利检索结果

申请号	CN201710593175.1
申请日	2017.07.20
公开（公告）号	CN107246150A
公开（公告）日	2017.10.13
IPC分类号	E04G21/00
申请（专利权）人	浙江之江工程项目管理有限公司;杭州联信工程造价咨询有限公司;
发明人	倪立军;潘晓;黄彬;俞文钧;王自成;王京;陈燕祥;楼晓红;李晓婧;章弓达;
优先权号	
优先权日	
申请人地址	浙江省杭州市拱墅区德胜新村43B幢6楼;
申请人邮编	310014;
CPC分类号	E04G21/00

图 3 – 29　专利检索结果详细信息

第五步:筛选检索结果,撰写检索报告

(一)列出参考文献(如图 3 – 30):

参考文献:
[1]王子明,刘玮. 3D打印技术及其在建筑领域的应用[J].混凝土世界,2015,(01):50-57
[2]葛杰. 3D打印建筑技术在绿色建筑领域中的应用[A].中国城市科学研究会、中国绿色建筑与节能专业委员会、中国生态城市研究专业委员会.第十一届国际绿色建筑与建筑节能大会暨新技术与产品博览会论文集——S14绿色施工最新进展[C].中国城市科学研究会、中国绿色建筑与节能专业委员会、中国生态城市研究专业委员会:,2015:4.
[3]肖绪文,田伟,苗冬梅. 3D打印技术在建筑领域的应用[J].施工技术,2015,44(10):79-83.
[4]莫志勇,冯春梅,杨继全.建筑自动化的进展及关键技术研究[J].机械制造与自动化,2017,46(02):156-159.
[5]姜月菊,吕海军,杨晓毅,徐巍,马兴胜. 3D扫描与3D打印技术在破损建筑装饰构件修复中的应用[J].施工技术,2016,45(S2):771-773.
[6]马义和. 3D打印建筑技术与案例[M].上海:上海科学技术出版社,2016:28-112.

图 3 – 30　依据检索结果列出参考文献(部分)

（二）撰写检索结论（如图 3 − 31）：

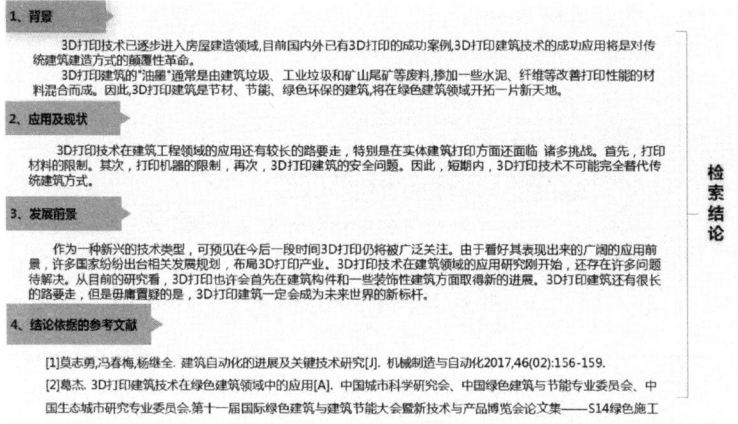

图 3 − 31　检索结论

习　　题

完成课题"纳米材料 TiO_2 在植物净化空气中的应用"的信息检索。

要求：检索过程包括分析课题、确定中英文检索词、构建中英文检索式（考虑查全和查准率）、列出相关文献、得出检索结论。

第四章

新生入校阶段信息素养培养

信息素养作为生活在现代社会中的公民所必须具备的基本素质,越来越受到社会重视。现代社会的竞争,越来越表现为信息积累、信息能力和信息开发利用的竞争。作为一名接受高等教育的大学生,每天都与海量的信息接触,十分有必要通过信息素养教育来了解信息知识、识别信息需求、检索信息资源、分析评价信息、有效利用信息和遵守信息道德规范。

高校图书馆是学校文献信息中心,是高校办学的三大支柱之一,是提供同学们自主学习的重要场所。图书馆拥有丰富的文献信息资源,同学们在大学的学习离不开图书馆,只有充分利用好图书馆才能获取丰富的信息资源,掌握一定的信息技能,培养自主学习能力,提升自己的信息素养。

本章分别介绍图书馆文献的分类排架规则、纸本图书的检索利用、电子图书的利用,以及其他资源与服务。

第一节　文献分类排架规则

一、文献分类方法

文献分类法是将许多类目根据一定的原则组织起来的分类体系,并用标记符号来代表各级类目和固定其先后次序。文献分类法,是依照文献的内容、性质分门别类地组织和揭示文献的方法,是图书部门类分文献、组织藏书的工具。分类法常见的有:等级分类法、标题分类法、冒号分类法、二进位分类法、十进分类法、字顺分类法、自然分类法、人为分类法、主题分类法等。

十进分类法又叫杜威十进分类法,是美国图书馆学家杜威创制的图书分类法。初版于1876年,至今已出至19版。被许多国家的图书馆广泛采用,是一部创制最早、流行最广、影响最大的分类法。采用严格的十进制等级分类体系,共分10

个基本大类,每个基本大类分 10 个大类,每个大类再分 10 个小类,小类还可逐级细分。

我国古代文献分类方法的主流是四分法,它将图书分为经、史、子、集四部。新中国成立后,我国文献分类方法主要有五种:《中国图书馆图书分类法》《中国图书资料分类法》《中国科学院图书馆图书分类法》《中国人民大学图书馆图书分类法》《国际图书集成分类法》,以《中国图书馆图书分类法》(以下简称:《中图法》)应用最为广泛。

《中国法》是由北京图书馆等发起编制的,初版于 1975 年,最新版为第五版。共分 5 个基本部类,下分 22 个大类,标记采用汉语拼音字母与阿拉伯数字相结合的混合制号码,严格按小数制方式排列。22 个大类如表 4-1:

表 4-1 中图法类目简表

A 马克思主义、列宁主义、毛泽东思想、邓小平理论	N 自然科学总论
B 哲学、宗教	O 数理科学和化学
C 社会科学总论	P 天文学、地球科学
D 政治、法律	Q 生物科学
E 军事	R 医药、卫生
F 经济	S 农业科学
G 文化、科学、教育、体育	T 工业技术
H 语言、文字	U 交通运输
I 文学	V 航空、航天
J 艺术	X 环境科学、安全科学
K 历史、地理	Z 综合性图书

工业技术所属的二级类采用双字母,具体如表 4-2。

表 4-2 工业技术二级类简表

TB 一般工业技术	TL 原子能技术
TD 矿业工程	TM 电工技术
TE 石油、天然气工业	TN 电子技术、通信技术
TF 冶金工业	TP 自动化技术、计算机技术
TG 金属学与金属工艺	TQ 化学工业
TH 机械、仪表工业	TS 轻工业、手工业、生活服务业
TJ 武器工业	TU 建筑科学
TK 能源与动力工程	TV 水利工程

《中图法》采用等级列举方法,表达从属关系。类目逐级展开,一级一级细分。一级类用一个符号,二级类用两个符号,三级类用三个符号,以此类推。

如:

0 数理科学和化学 …………………………………… 一级类目

01 数学…………………………………………………… 二级类目

03 力学…………………………………………………… 二级类目

031 理论力学 ………………………………………… 三级类目

图书分类的结果是使每种图书都获得一个分类号。但仅有一个分类号是不够的,因为同一类图书有很多种,所以还要进行下一步区分。在分类的基础上,再赋予每种图书一个书次号(种次号或著者号),共同组成图书的索书号。

分类号依据《中图法》进行取号。种次号是每类图书到馆的流水次序号,由阿拉伯数字组成,一般在进行文献分类编目时由图书集成管理系统自动生成。著者号是由图书的第一责任者拼音首字母和阿拉伯数字组成,具体需查询著者号码专用表进行取号。例如:武昌首义学院图书馆的索书号由分类号和种次号组成;武汉大学图书馆的索书号由分类号和著者号组成。

索书号是图书排架的依据,它反映图书馆内每种图书的具体排列次序和存放位置。图书馆的开架图书,基本都是按索书号进行排架。

二、文献分类排架规则

图书按索书号进行排架。排架顺序首先参照分类号,每个书架的侧面都有架标,显示一段分类号的区间,分类号排序时逐位进行比较,字母按 A—Z 的顺序,数字按 0 – 9 的顺序排列,如:

H31,H313,H315,H316,…,H32,H326,…,H33,H336,…

总论复分号“ – ”排在数字“0”的前面,即:

H – 61,H0,H31,H31 – 61,H310,H315,H316 – 62,H32,H32 – 61,H326,H33,H33 – 61,H336,…

当分类号相同时,则按书次号进行排序。书次号要区别种次号和著者号,二者的排序方法不同。种次号按照阿拉伯数字从小到大的顺序排列,著者号则需要对位排序。

种次号顺序如:I1245.7/35,I245.7/36,I245.7/37,…,I245.7/134,…,I245.7/156,…

著者号顺序如:F3/A124,F3/B123,…,F3/C134,F3/C345,…,F3/Z542,F3/Z554,F3/Z56,…

当书次号后跟有表示版次(如:\2 表示第 2 版)或者表示册次(:3 表示第 3 册)的辅助区分号时,按同分类号同种次号先老版后新版和先第 1 册后第 2 册的顺序依次进行排架。

图书排架按照面向书架从上至下、从左至右的原则按索书号的先后次序进行排列。

第二节　纸本图书的检索利用

图书按《中图法》分类,然后进行有序排列,主要目的是方便读者利用。读者在了解了图书 22 个大类和图书排架的原则后,还需了解图书馆整体布局,知道每个楼层陈列哪类图书,然后根据楼层分布图并结合书架侧标签找到所需阅读的某类图书架位,找到所需的图书进行浏览。

一、纸本图书检索

如果读者对所需阅读的图书有一定的线索,则可以通过图书馆提供的馆藏书目查询系统进行图书查询,浏览目录,进而锁定需要阅读的图书,再通过图书索书号、馆藏地点及是否在架的信息,到架位上找到图书阅读。

下面,以武昌首义学院图书馆的馆藏书目查询系统为例,介绍馆藏书目查询的基本操作。本馆使用的图书集成管理系统为 ILASIII 系统,馆内提供的"馆藏书目检索机"直接显示书目查询界面,或者在任意一台联接互联网的电脑上,进入武昌首义学院图书馆主页,找到"馆藏书目检索"入口进入书目查询界面,如下图所示:

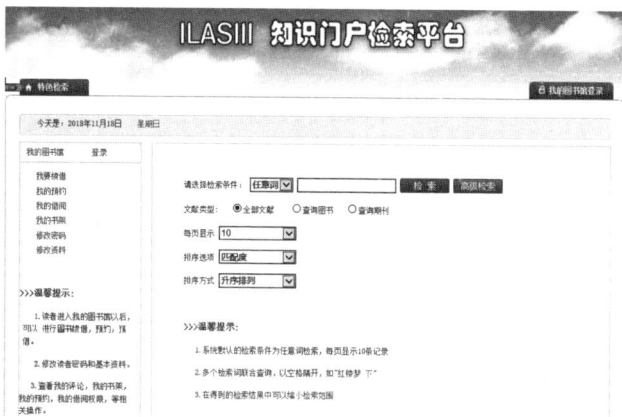

图 4-1　ILASIII 知识门户检索平台

首先选择检索条件,系统提供常用的检索条件有:书名、作者、分类号、ISBN、索书号、主题词、出版社、任意词。在选定检索条件后,输入对应的检索词即可进行简单检索。另外系统还提供"高级检索",主要是通过多个字段加以限制,缩小检索范围。下面分别说明不同的检索途径:

1. 按"书名"进行检索:该途径主要是通过文献题名(书名)作为检索点进行检索。系统默认的是模糊查询方式,如果需要查到更多相关文献,书名不需要太精确,输入书名中的主要词即可。例如:要查找与司法考试相关的图书,选择"书名"途径,输入"司法考试"进行检索即可。

2. 按"作者"进行检索:该途径主要通过文献的作者作为检索点进行检索。系统默认的是模糊查询方式,如果知道所需阅读的图书作者,选择该途径并输入相应的作者姓名即可实现检索。

3. 按"分类号"进行检索:该途径将中图法分类号作为检索点进行检索,一般情况读者并不特别清楚某类图书的分类号,可以用"书名"或"任意词"途径检索出该类图书的一种,然后根据这种图书的分类号再以"分类号"为途径进行二次检索,得到这一类图书的目录列表信息,再从中找寻自己感兴趣的图书。从查询系统中按类浏览就如同来到某类图书的书架上浏览一样。

4. 按"ISBN"进行检索:ISBN 是图书标准书号,是图书的身份识别号,如同人的身份证号一样,它是唯一的,一般印刷在图书的封底条形码上方。2007 年 1 月 1 日前,ISBN 由 10 位数字组成,分四个部分:组号(国家、地区、语言的代号),出版者号,书序号和检验码。2007 年 1 月 1 日起,实行新版 ISBN,新版 ISBN 由 13 位数字组成,分为 5 段,增加前缀"978",最后一位的算法亦有变化。当知道某本图书的 ISBN 号时,直接按 ISBN 方式检索即可定位到该图书。

5. 按"索书号"进行检索:索书号是每种图书排架的依据,由分类号和书次号组成,按"索书号"进行检索也可以定位到具体的某种图书。

6. 按"主题词"进行检索:主题词又称叙词,是在标引和检索中用以表达文献主题的规范化的词或词组。主题词与我们熟知的关键词又有区别,关键词属于主题语言范畴,多用自然语言,无需规范。"主题词"是图书馆编目人员对文献进行主题标引时采用的规范词,按"主题词"方式检索通常可以将同一主题内容的图书一起检索出来,最明显的是人物传记类图书,选择"主题词",输入被传人姓名,即可将该姓名对应的所有传记都检索出来。

7. 按"出版社"进行检索:该途径将出版社名称作为检索点进行检索,当需要了解某个出版社的著作在馆内收藏情况时,可以选择此途径检索。

8. 按"任意词"进行检索:针对系统所有提供的检索点进行检索,不作限定,检索结果更宽泛。输入相同的检索词,选择"任意词"作为条件,往往比选择上述其他7种方式得出的命中结果数更多。

无论从上述哪种方式检索出结果后,都要到图书馆书架上去找到图书,然后办理借阅手续。前面提到当我们要找书时,必须知道该书存放在图书馆哪栋楼哪一层架位上,在书目检索系统中通过查看某图书的"详细信息"可以看到该图书的"馆藏地点"和"索书号"以及该书当前状态(共有几册,是否允许外借,是否在馆还是已被借出)。如下图显示:

图 4 - 2 ILASIII 平台检索图书的目录信息

点击"详细信息",即可看到该图书对应的"馆藏列表"信息,如下:

图 4 - 3 ILASIII 平台检索图书的馆藏信息

通过"馆藏列表"我们就知道该书在图书馆总馆有 1 本,中区分馆有 2 本,全部是"入藏"状态可以外借,索书号是 K825.6/126A,列表左侧的二维码便于我们通过手机扫描记录下来馆藏信息,根据这些信息我们可以去相应地点找到图书并办理借阅手续。

二、读者借阅权限

表 4 - 3　读者借阅权限表

读者类型	中外文图书	原版外文图书	教学参考书	随书光盘	现刊	总借数
教工	20 册,30 天,可续借 2 次	2 册,30 天可续借 1 次	10 册,2 天不可续借	3 张,30 天不可续借	2 册,30 天不可续借	小于等于20 册
研究生进修人员	15 册,30 天,可续借 2 次	2 册,30 天可续借 1 次	10 册,2 天不可续借	3 张,30 天不可续借	2 册,30 天不可续借	小于等于15 册
本科生专科生	10 册,30 天,可续借 1 次	2 册,30 天可续借 1 次	10 册,2 天不可续借	3 张,30 天不可续借	2 册,30 天不可续借	小于等于10 册
校友	2 册,30 天,不可续借	/	/	/	/	小于等于2 册参见校友规则
校合作单位人员	/	/	/	/	/	可入馆阅览

三、各类文献借阅规则

图书馆文献在借阅上采取"通借通还"的原则,从各分馆借出的文献必须在该分馆办理借出手续,但可以选择任意馆还回。例如:从总馆借出的图书可以还回到中区分馆。读者凭本人校园一卡通或借阅证到各分馆咨询台或自助借还设备上办理外借手续。必须遵循如下借阅规则:

1. 中文图书

读者可凭本人有效的图书证或手机一卡通到各馆咨询台或自助设备上办理借阅手续。

2. 原版外文图书

读者可凭本人有效的图书证或手机一卡通到总馆咨询台办理相关外借手续,每位读者可外借原版外文图书 2 册,借期 30 天,可续借 1 次。

3. 教学参考书

专业课教师所指定的教学参考书放置在总馆三楼 302 阅览室和学院资料室(城建、新法、艺术),读者可凭本人有效的图书证或手机一卡通到总馆咨询台或资料室办理外借手续。每位读者可外借教学参考书 10 册,借期 2 天,不可续借。

4. 随书光盘

"随书光盘"是指图书中所附的光盘,是图书内容的重要组成部分。读者可凭本人有效的图书证或手机一卡通在借阅图书时在各馆咨询台申请办理随书光盘的借阅手续,原则上随书光盘不单独外借,归还图书时需同时归还所借的随书光盘。每位读者可外借随书光盘 3 张,借期 30 天,不可续借。

5. 现刊

为了方便广大教职工利用图书馆丰富的纸本期刊资源,为教职工的教学和科研提供更好的文献服务,图书馆向教职工提供学术类纸本期刊短期外借的服务。教职工凭本人有效的图书证或手机一卡通可在总馆咨询台办理外借手续。每位教职工可外借现刊 2 册,借期 30 天,不可续借。

6. 资料室文献

学院资料室由图书馆专职工作人员或学院兼职人员进行开放式管理。读者可凭本人有效的图书证或手机一卡通入室办理查阅或借还书刊手续。每位读者可外借资料室现刊、资料室中外文图书、教学参考书,规则与图书馆借阅规则相同。

以上借阅规则中的外借册数均计入读者的总外借册数中。

四、违规使用文献的规定

1. 超期滞纳金:图书、期刊、随书光盘超期免滞纳金天数为 3 天。3 天之后,图书、随书光盘每册每盘每天滞纳金 0.1 元,期刊每册每天滞纳金 0.5 元,100 元封顶。图书证或手机一卡通上有超期记录未做处理的将被限制使用。

2. 书刊遗失赔偿:书刊资料遗失,原则上要求赔偿原书刊(可采用自行购买,请图书馆老师代为购买,按需印刷等方式),若无法赔偿原书刊,按书刊原价的 2—10 倍赔款(复本在 8 本及以上,处以 2 倍;复本在 5—7 本,处以 3 倍;复本在 3—4 本,处以 4 倍,复本 2 本,处以 5 倍,无复本馆藏为孤本的,处以 10 倍)。

3. 书刊损坏赔偿:书刊资料若有损坏,视情节轻重,分别做如下处理:

(1)凡圈点、批注、污损,但不影响其继续使用的,按“书价 ×(污损页数/总页数)×10”的公式赔偿,原书仍交还本馆。

(2)严重污损不能继续使用者,则需要购买原书进行赔偿,若购不到原书,则按书刊遗失赔偿处理。

4. 随书光盘遗失、损坏赔偿:读者遗失或损坏光盘的,原则上要求赔偿原出版社的同种光盘,若无法赔偿原光盘则按配套图书的价格赔偿。若遗失或损坏成套光盘中的一碟或数碟,则要赔偿全套光盘。

第三节 电子图书的利用

电子图书又称 e-book,是计算机技术和网络技术飞速发展的今天印刷型图书的数字化形式,是利用计算机高容量的存储介质来储存图书信息的一种新型图书记载形式。电子图书作为一种新形式的书籍,有许多与传统书籍不同的特点:必须通过计算机或阅读器设备读取并显示出来;具备图文声像结合的优点;可检索;可复制;有更高的性价比;有更大的信息含量;有更多样的发行渠道等。

电子图书资源主要有:读秀学术搜索、超星数字图书馆、书生之家数字图书馆、方正 Apabi 教学参考书、中国数字图书馆、天方有声数字图书馆、博图外文图书数据库等。下面分别介绍上述电子图书资源:

一、读秀学术搜索

读秀学术搜索(http://www.duxiu.com)是由海量全文数据及元数据组成的超大型数据库,以海量中文图书和全文资料为基础,为用户提供深入内容的章节和全文检索,读者能一站式搜索馆藏纸质图书、电子图书等学术资源。读秀界面如下图:

图 4-4 读秀学术搜索首界面

读秀不仅可以以图书的基本信息作为检索点进行检索、获取图书的详细信息,而且可以以知识点作为检索点进行检索,深入到图书的章、节、正文,可以检索到一句话、一句诗词的出处,找到任何一幅插图、图表。检索结果更全面、更深入。

读秀与本地 OPAC 挂接,直接整合本地纸本文献、电子文献,可提供在线试读、在线全文阅读、馆藏纸本借阅、本馆已购电子书全文下载、文献传递服务等。还提供了全国其他馆藏的提示、按需印刷等多种其他获取文献的方法。

（一）读秀知识频道

知识搜索是在图书资料的章节、内容中搜索包含有检索词内容的知识点，为读者提供了突破原有一本本图书翻找知识点的新的搜索体验，更有利于资料的收集和查找。

如果您要查找有关"数字图书馆版权"的资料和文章，可以进行如下操作：

第一步：在读秀首页选择知识频道，输入"数字图书馆版权"，点击"中文搜索"按钮，进入搜索结果页面。

图4-5 读秀知识频道中文搜索

第二步：浏览搜索结果页面，选择需要的章节，点击标题链接进入阅读页面。

图4-6 读秀知识搜索结果页面

第三步:在阅读页面可对全文内容进行翻页、放大、缩小、文字提取、查看本页来源等操作。

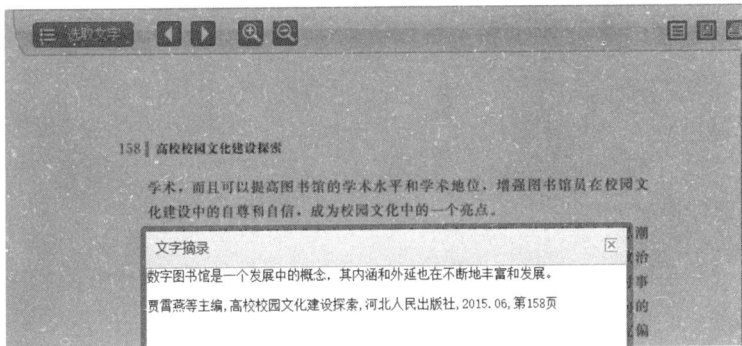

图4-7 读秀图书内容的文字提取功能

点击"选取文字"按钮,在阅读页面点击鼠标左键,将整页的文字转化为文本格式,然后进行复制,粘贴引用。

点击"本页来源"按钮,查看该知识点内容的来源。

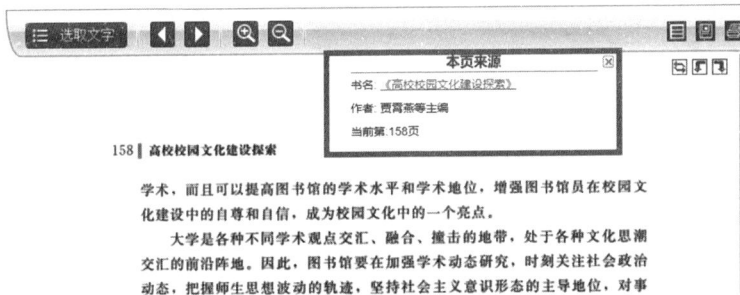

图4-8 读秀知识内容的来源线索

第四步:如果需要把资源下载到本地使用,可点击阅读页面的保存按钮。

(二)读秀图书频道

读秀有快速检索、高级检索和专业检索三种检索方式:

快速检索:选择图书频道,检索框下方提供有全部字段、书名、作者、主题词几个检索字段,您可以根据需要选择检索字段,并在检索框内输入关键词。完成之后点击"中文搜索"搜索中文图书,或点击"外文搜索"搜索外文图书。

高级检索:点击图书频道首页检索框右侧的"高级搜索"链接进入图书高级搜索页面。在这里提供了书名、作者、主题词、出版社、ISBN号、分类、年代多个检索项,读者根据需要完成一个或多个检索项的填写,还可以对检索结果显示的条数进行选择。完成之后点击"高级搜索"按钮即可。

专业检索：点击图书频道首页检索框右侧的"专业搜索"链接进入图书专业搜索页面。按照检索框下方的说明使用即可。

读秀图书分类导航：在读秀图书频道首页，检索框后方设置有图书"分类导航"链接，点击"分类导航"进入图书导航页面，可以看到按照中国图书馆图书分类法设置的分类。

点击一级分类或二级分类的链接，可以看到属于相应类别的图书及其子分类的链接。如点击一级分类"政治、法律"，则可浏览"政治、法律"类别的图书。

进入图书检索结果页面，可以看到页面采用三栏式设计，中间一栏就是检索到的图书列表。可通过以下步骤的操作获取想要的图书：

第一步：在检索到的众多图书中进一步筛选图书。您可以在搜索框中再次输入关键词，点击搜索按钮后方的"在结果中搜索"进行二次检索，也可以使用左侧的聚类按照图书类型、年代、学科、作者显示图书，还可以在右侧选择将图书按照书名、作者、时间降序、时间升序、访问量、收藏量、引用量、点评量、电子馆藏排序。

图4-9　读秀图书频道分类导航

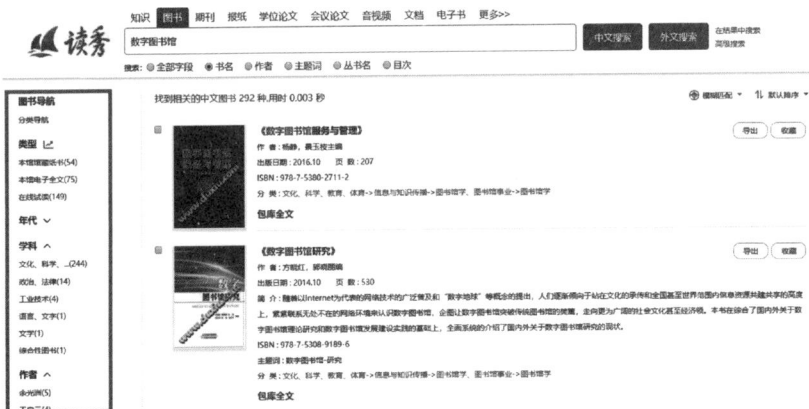

图4-10 读秀检索结果左侧聚类功能

第二步,选择需要的图书。如果在检索结果页面可以直接找到您想要的图书,则可以跳过第一步,直接进行第二步。找到需要的图书,如《中国农村信息化发展报告:2009》,点击图书封面或书名链接,进入图书详细信息页面。

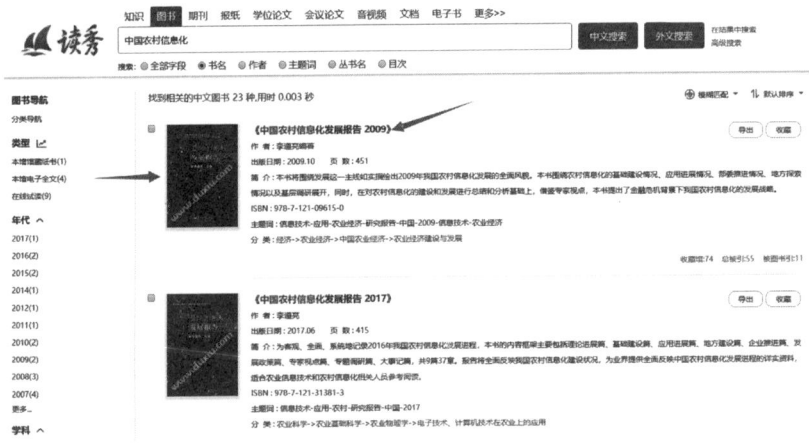

图4-11 读秀通过图书书名或封面查看详细信息

第三步,查看图书详细信息。在图书详细信息页面,可以看到图书详细信息——作者、出版社、出版日期、ISBN号、主题词、分类号等。读秀提供了图书的书名页、版权页、前言页、目录页、正文部分页在线试读。

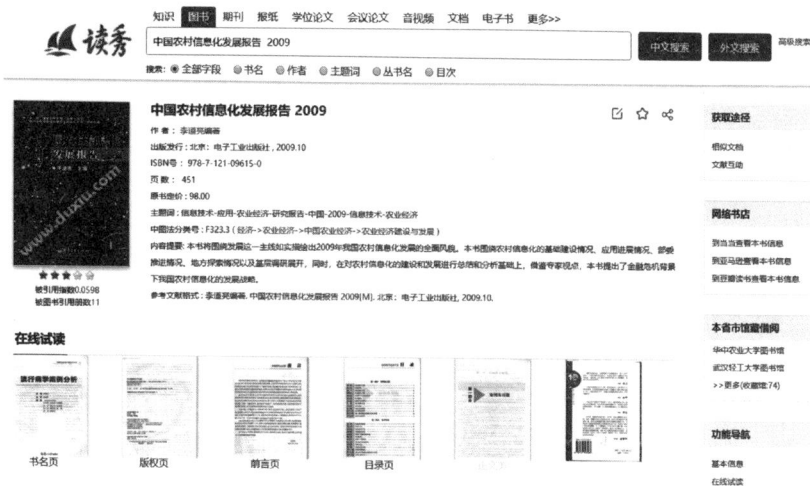

图 4 – 12 读秀图书详细信息页面

第四步,获得图书。读秀提供了馆藏纸书借阅、阅读电子全文、图书馆文献传递、网上书店购买等多种渠道获取图书。另外,还提供了推荐图书馆购买功能。

图 4 – 13 读秀图书包库全文阅读与文献传递

点击"图书馆文献传递"按钮,进入图书馆文献咨询服务中心。在这里填写想要获取的本书正文页码范围,并正确填写邮箱地址和验证码,然后点击确认提交即可。登陆您的邮箱,就可以看到您申请的图书信息。注意咨询页面下方的"服务说明",遵守知识产权相关规定。

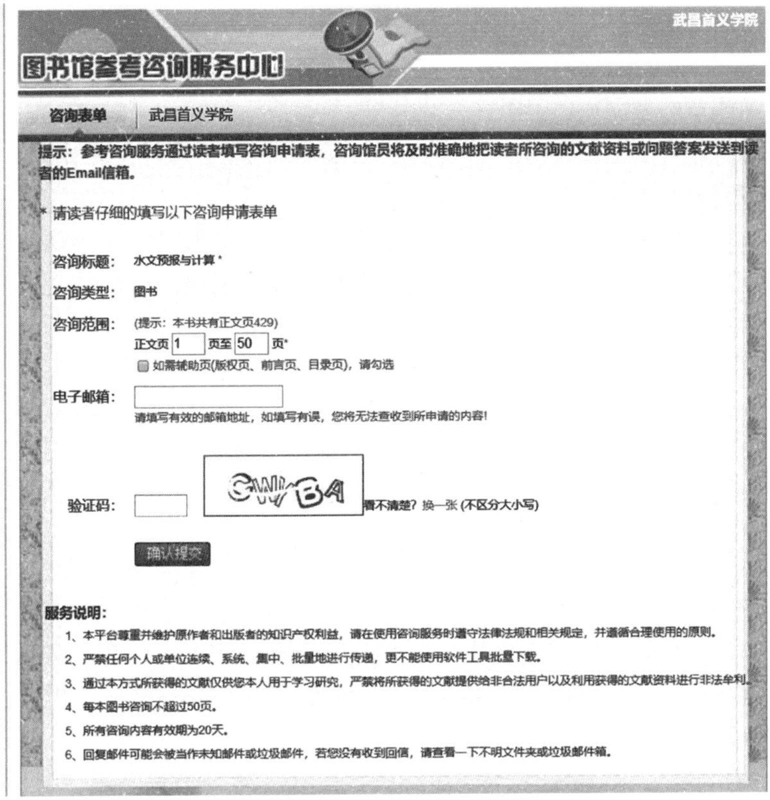

图 4 – 14 读秀文献传递的参考咨询页面

点击"本馆馆藏纸书"链接,可进入本馆馆藏书目查询系统,查看该本纸质图书的馆藏情况。

读秀实现了本馆购买的纸质图书和超星电子图书的整合,实现了资源的一站式检索,即输入检索词,检索结果可延展到相关图书、期刊、会议论文、学位论文、报纸等文献资源。并且提供了图书封面页、目录页以及部分正文内容的试读。本馆购买的资源,用户可以通过本馆馆藏纸本书的借阅、电子资源的挂接获取全文,未购买的资源可以通过文献传递、按需印刷等途径获取。

二、超星数字图书馆

超星数字图书馆(http://www.sslibrary.com)是国家"863"计划中国数字图书馆示范工程项目,2000 年 1 月在互联网上正式开通。目前拥有电子图书 200 多万种,涵盖中图分类法 22 个大类,每年新增图书超过 10 万种。"超星阅读器"具有电子图书阅读、资源整理、网页采集、电子图书制作等一系列功能。

（一）超星数字图书馆的检索方式

1. 分类检索

超星数字图书馆根据中图分类法分类,单击所需检索的类目,在其下将会出现该类目所包含的子类,单击子类即可显示与该子类相关的所有图书。

2. 快速检索

快速检索提供3种检索途径,即书名、作者和主题词。如果已经选择了图书分类,还可选择是否在当前分类中检索。利用快速检索能够实现图书的书名、作者和主题词的单项模糊查询。对于一些目的范围较大的查询,建议使用该检索方案。

3. 高级检索

可以在高级检索页面,输入多个条件进行检索,得出最精确的结果。

（二）超星阅读器(SSReader)

阅读超星数字图书馆图书(PDG)需要下载并安装专用阅读工具——超星阅读器(SSReader)。

1. 下载、安装超星阅读器:单击下载地址,在弹出的文件下载窗口中选择"将该程序保存到磁盘",然后单击"确定"。超星阅读器安装程序下载完毕后,双击安装程序将进入自动安装向导。

2. 超星阅读器除阅读图书外,还可用于扫描资料、采集整理网络资源等。超星浏览器界面包括:

（1）主菜单。包括超星阅读器所有功能命令,其中"注册"菜单是提供给用户注册使用的,"设置"菜单提供相关功能的设置选项。

（2）功能模块。包括"资源""历史""交流""搜索""制作"。"资源"是提供给用户的数字图书及互联网资源;"历史"是用户通过阅读器访问资源的历史记录;"交流"指超星社区的读书交流、问题咨询、找书帮助;"搜索"指在线搜索书籍;"制作"指可以通过制作窗口来编辑制作超星 PDG 格式 Ebook。

（3）工具栏。包括快捷功能按钮采集图标,用户可以拖动文字图片到采集图标,方便收集资源;翻页工具,阅读书籍时,可以快速翻页。

（4）阅读窗口。阅读超星 PDG 及其他格式图书窗口,包括网页窗口、制作窗口、下载窗口。

三、书生之家数字图书馆

书生之家数字图书馆(http://www.shusheng.cn)由北京书生科技有限公司创办,于2000年4月正式提供服务。书生之家数字图书馆下设中华图书网、中华期刊网、中华报纸网、中华 CD 网等子网，集成了图书、期刊、报纸、论文、CD 等各种出版物的书目信息、内容提要、精彩篇章、全文等内容。其收录入网的出版社达 500 多家、期刊达 7000 多家、报纸达 1000 多家。每年收录新出版的中文图书 30000 本、期刊论文 60 万篇、报纸文献 90 万篇，各专题均按月更新，每年增加新书约 6 万种，学科门类齐全，可为读者在线阅读电子图书提供便利。

由于书生之家的电子图书采用专有格式制作，读者在阅读全文前必须下载与安装书生数字信息阅读器。

书生数字图书馆提供多种检索方式，如图书全文检索、组合检索和高级全文检索。

（一）全文检索

在图书全文检索页面，输入检索词，可从图书内容和图书目录两个入口检索，并可在后面的分类中选择分类。

（二）组合检索

组合检索界面可以根据图书名称、作者、丛书名称和主题各个检索入口进行检索，并支持逻辑关系。

（三）高级全文检索

高级全文检索可根据检索入口进行组合搭配检索。

四、方正 Apabi 电子图书

方正 Apabi 电子图书资源库是方正 Apabi 核心的数字内容资源部分，目前方正已经与 450 多家出版社全面合作，在销电子图书近 40 万种，每年新出版电子书超过 12 万种，累计正版电子书近 70 万册，涵盖了社科、人文、经管、文学、历史、科普等各种分类，并与纸质书同步出版。

方正 Apabi 数字图书馆提供快速检索、高级检索和分类检索 3 种检索方法。

（一）快速检索

快速检索提供书名、作者、年份、全面检索、全文检索等 8 种检索入口。输入检索词，单击“查询”按钮，迅速查到要找的书目。检索结果可选择图文显示或列表显示。在检索结果中，选择在“结果中查”，在当前结果中增加检索框中的条件后再进行检索，选择“新查询”，则使用检索框中的条件开始一个新的检索。

（二）高级检索

高级检索分为“本库查询”和“跨库查询”。使用高级检索可以输入比较复杂的检索条件，在一个或多个资源库中进行查找。

（三）分类检索

用户可以根据显示的分类,方便地查找所有该类别的资源。单击"显示分类",可以查看常用分类和中国图书馆图书分类法。单击类别名,页面会显示当前库该分类的所有资源的检索结果。

方正 Apabi 阅读器是用于阅读电子书、电子公文等各式电子文档的阅读软件,支持 CEB/XEB、PDF/HTML/TXT 等多种文件格式。Apabi 阅读器的界面友好。最大限度地保留了传统图书阅读的习惯。可以实现任意翻页,灵活设置书签、添加标注等。读者可以在网站页面单击下载。安装程序下载完成后,双击安装程序将进入安装向导,可以根据向导提示完成安装。

五、超星移动图书馆

超星移动图书馆是专门为各图书馆研发的专业移动阅读平台,使读者无论在任何地点都可以实现快速查询的功能,用户可在手机、pad 等移动设备上自助完成个人借阅查询、馆藏查阅、到期提醒、图书馆最新咨询浏览,同时拥有超过百万册电子图书,海量报纸文章以及外文文献元数据,供用户自由选择,为用户提供方便快捷的移动阅读服务。

（一）超星移动图书馆功能

1. 在线一站式检索图书馆书、刊、论文等文献信息的功能

移动图书馆的功能主要是通过手机等设备查找并且获取图书馆资源。在图书馆数字资源应用中需要解决的数据库资源统一整合的问题在移动图书馆中依然存在。目前已经有数据库商推出了 wap 版服务,但数量极少,即使将来各个数据库都具有的 wap 网站服务,仍然通过手机等方式查找资源的统一检索问题。如果有一个基于元数据一站式的搜索引擎,就可以为用户提供方便的检索体验,能轻松获取资源,也可以避免在 wap 服务中实施跨网关检索的新的技术难点。超星将读秀、百链这样的元数据检索引擎运用到移动图书馆,将会使移动查找资源、移动获取资源,更快为用户接受。

2. 解决了本馆资源与本馆没有资源获取

在全文资源获取方面,超星移动图书馆通过代理服务器的方式实现了用户通过手机等移动终端访问、获取到所有图书馆已经购买的资源全文。同时,通过图书馆购买的百链具有的文献传递功能,用户能够通过超星移动图书馆检索到全国700 多家图书馆的全文资源。在这些资源中,本馆没有的就可以通过文献传递的方式获得。读者只需要通过手机发送一条文献传递的请求,填写自己的电子邮箱,申请的全文资源就会被发送到用户的电子邮箱当中。

3. 全球最大的中文电子图书和学术视频提供商

图书馆目前的资源主要是书、报、刊,其文件格式主要有 pdf、html、txt 等,这些格式很容易移植到手机上。只有电子图书一般情况下都是加密格式的,需要用各个厂家提供的专业阅览器才能阅读,想通过手机阅读不同厂商的书必须得到各个厂家的许可,而超星作为最大的电子图书和学术视频提供商,超星移动图书馆平台,就有着他人不可比拟的电子资源与版权资源优势。

(二)超星移动图书馆优势

1. 不受校园网 IP 的限制

移动图书馆已解决校园外无法阅读校内资源的问题。所以现在不论是在家、在路上、在车上都可以轻松访问校内资源。

2. 具备对已有图书馆应用系统的高度集成

移动图书馆不仅仅是一个孤立的软件平台,也是对性能优良的图书馆集成管理系统、OPAC 系统、数字图书馆资源、一站式搜索系统、文献传递系统等应用系统服务的高度集成,系统具有强大的应用服务能力。

3. 拥有功能强大的一站式搜索引擎

系统应用元数据整合技术对馆内外的中外文图书、期刊、报纸、学位论文、标准、专利等各类文献进行了全面整合,在移动终端上实现了资源的一站式搜索、导航和全文获取服务。

4. 集成了丰富多样的海量信息资源

通过移动图书馆并依托云服务架构,读者可以查找和获取的内容包括电子图书、期刊论文、报纸,以及学位论文、会议论文、标准、专利等中外文文献。同时,充分考虑到手机阅读的特点,目前,武昌首义学院移动图书馆还专门提供 3 万多本 e. pub 电子图书 7800 多万篇报纸全文供手机用户阅读使用。提供 240 万种中文电子图书,9 亿页全文资料的文献传递,内容涉及文学、历史、哲学、医学、旅游、计算机、建筑、军事、经济、金融和环保等数字图书资源。

5. 自由而个性化的服务体验

通过设置个人空间与图书馆 OPAC 系统的对接,实现了馆藏查询、续借、预约、挂失、到期提醒、热门书排行榜、咨询等自助式移动服务,并可以自由选择咨询问答、新闻发布、公告(通知)、新书推荐、借书到期提醒、热门书推荐、预约取书通知等信息交流功能。

总之,移动图书馆依托资源、技术优势,深入分析移动图书馆读者需求,帮助任何用户(Any USer)、在任何时候(Any time)、任何地点(Any where)获取任何图书馆(Any library)的任何信息资源(Any information),最终实现数字图书馆的最终目标奠定坚实基础。

6. 移动图书馆数字资源

移动图书馆拥有海量的数字资源，涵盖了中文图书、期刊、学位论文、会议论文、报纸、标准、专利、外文图书、外文期刊、外文论文等各个资源类。以上资源可以充分地弥补图书馆馆藏资源不足的现状，能让读者得到海量的数字资源和全面的服务。

7. 资源：发现与获取

（1）电子书检索、查看摘要、全文；

（2）电子刊检索、查看摘要、全文；

（3）报纸的检索、查看摘要、全文；

（4）数万种适合手机格式阅读的电子图书，给您全新的阅览体验。

8. 资源导航模块

（1）热门书推荐功能：与 OPAC、网站对接，提供热门书排行榜；

（2）图书分类导航功能：提供分学科导航；

（3）期刊分类导航界面：提供分学科导航。

（三）超星移动图书馆的应用

1. 注册与登录

下载超星移动图书馆 APP；点击图标进入，在客户端左上角点击图标，进行地区设置，选择单位，教职工和学生用户均通过"我的图书馆"的账号和密码进行登录。

2. 馆藏书目查询

点击首页"馆藏查询"，打开馆藏书目查询页面；输入想要查询的图书，点击搜索；在检索结果页面选择要查询的图书，查看馆藏信息。

3. 学术资源查询

打开超星移动图书馆手机客户端，在首页选择"学术资源"，进入学术资源检索界面；输入检索词进行检索；查看图书详细信息；获取全文分为"在线阅读"和"下载阅读"，点击"手机电子书"，以文本方式阅读；点击"下载"将电子书全文下载至"书架"，然后打开客户端首页"书架"进行全文阅读。点击"文献传递"进入文献传递界面，填写接收邮箱和传递起止页，即可获得全文传递信息。

4. 公开课（报纸、视频）

通过点击超星移动图书馆主界面的"公开课"，可进入相应视频库，浏览选择不同类别的公开课视频进行查看学习，"报纸"和"视频"功能同上。

5. 我的订阅

单击导航栏中"我的订阅",进入我的订阅页面,读者可以订阅自己感兴趣的新闻频道或报纸杂志。

六、其他电子图书资源

电子图书类资源还有《中国数字图书馆》《天方有声数字图书馆》《博图外文图书数据库》等,本章不作详细介绍,同学们可以在图书馆主页的"图书"频道中找到入口,进入具体数据库进行详细了解,每个数据库都有使用帮助,通过阅读"帮助"文档即可掌握使用数据库的基本技能。

第五章

基础课学习阶段信息素养培养

第一节　利用信息检索拓展自己的课堂

　　大学是知识积累的重要时期,是为以后的发展奠定基础的黄金阶段。大学的基础课学习阶段分为公共基础课学习和专业基础课学习两个阶段,公共基础课阶段是大学的开端,通常设置的课程有马克思主义理论、高等数学、英语、计算机应用等科学文化的基础课程。接下来是专业基础课程的学习,专业基础课是公共基础课的深化发展,又是专业课的先导和基础,大学生在此期间应主动学习,充分利用图书馆以及网络资源来提升自己的知识宽度和深度,拓展自己的课堂,为以后的专业学习打好基础。

一、图书馆资源的选择与利用

　　图书馆在文献入藏选择方面已做了大量的前期工作,对本校学生来说是图书馆的所购的文献专指度高,针对性强,获取方便免费,使用安全可靠。在校大学生应充分利用本校图书馆资源优势来拓展自己的课堂,学好基础课程。

　　图书是文献最基本的形式,其内容系统全面、成熟可靠,是基础课阶段获取知识的重要文献之一。掌握馆藏图书的查找方法技巧是当代大学生利用图书馆的基本技能。例如在基础课阶段,《高等数学》是一门重要的课程,只有在学习好该门课程之后,才能进一步学习其他工程数学如《线性代数》《概率与数理统计》《大学物理》等,而且学好这门基础课才能进入后面的专业课的学习。下面以查找高等数学学习指导方面的图书,来看一下馆藏图书的查找和获取。

　　馆藏图书的获取有三种形式:借阅纸本图书、电子全文下载、文献传递。这三种形式图书的查找和获取可以通过一个平台——"读秀学术搜索"来实现。"读秀学术搜索"是一个搜索引擎,通过这个搜索引擎,我们可以查找纸本馆藏图书、打开电子图书全文或者利用文献传递来获取图书章节内容。

　　例:查找高等数学学习指导方面图书,检索步骤如下:

　　第一步:在读秀检索界面输入两个关键词"高等数学""辅导",中间以空格分隔,检索途径选择"书名";

　　第二步:单击"中文搜索",显示检索结果。检索结果查到图书747种,检索页面左侧是文献类型、年限、学科等聚类,右侧提供与检索词相关的各种文献数量与链接;

　　第三步:单击书名或图书封面,显示选中图书的详细信息;

　　第四步:获取这本图书,分别选择"本馆馆藏""包库全文"可查找本书的纸本馆藏信息、获取电子全文,在没有购买电子全文的情况下,可利用"文献传递"的方式来获取其中章节内容。

图 5 − 1　通过读秀查找高等数学学习指导的馆藏纸本及电子全文

　　可获得电子图书的途径还有:书生之家、超星数字图书馆、中国数字图书馆、博图外文图书数据库、教学参考书系统等,例如武昌首义学院的读者可通过本校图书馆主页的图书频道来查找获取馆藏电子图书。

　　除了利用馆藏纸本图书和在计算机上打开电子图书全文,读者也可以把图书馆放到手机上使用,拓展阅读的空间。例如武昌首义学院的读者可通过扫描本校图书馆主页上"移动图书馆"的二维码,下载"移动图书馆",即可在手机上查找本校图书馆的资源。

图5-2　武昌首义学院图书馆主页图书频道

利用图书馆资源拓展知识面的另一渠道,是歌德电子借阅机的使用。图书馆购买的歌德电子借阅机预装了2000本独家授权电子图书,定期更新,图书类别包括"精品推荐""经典名著""经管理财""文学艺术"等。读者只需在移动设备(支持android或ios系统的手机或者Pad)上安装了超星移动图书馆的APP,就可以方便地阅读借阅机上的电子书。其阅读方式有两种:

(一)在线阅读

直接用微信扫一扫,扫描对应二维码即可在线阅读。

(二)下载阅读

下载"超星移动图书馆"客户端,然后用超星移动图书馆客户端左下角扫一扫功能,扫描对应二维码,即可下载对应的图书。

二、网络资源的选择与利用

网络资源信息量巨大、内容丰富、形式多样,是信息资源获取的重要渠道,在基础课学习阶段,大学生可充分利用网上免费资源来拓展课堂:

(一)网络百科

网络百科资源丰富开放,覆盖面广,大多问题能找到解释,并且由于没有出版流程,所以更新及时。遇到陌生事物可以到网络百科上搜索,找相关解释。如百度百科、中文百科、互动百科、维基百科、英国大百科全书在线版、哥伦比亚百科全书等。

1. 百度百科(https://baike.baidu.com/)

百度百科是百度公司推出的网络百科全书平台,是向所有人开放的一个免费获取知识的平台。截至2018年2月,百度百科已经收录了超过1520万词条,参与词条编辑的网友超过644万人,几乎涵盖了所有已知的知识领域。百度百科内容包罗万象,可比大百科全书,查找方便。课堂之外想了解的事物可以通过百度百科查找。

2. 中文百科(http://www.zwbk.org/)

中文百科是由中国大陆和港澳台地区及海内外华人学者参与创建,是开放式的,人人可参与编创的大型网络百科全书,内容涵盖当代科学技术和人文社会科学的各门学科,范围涉及人类活动的各个领域。该网站提供专业版和通俗版,在网站的专业版中,依据《中华人民共和国学科分类与代码国家标准(GB/T13745 - 2009)》、中国教育部《授予博士、硕士学位和培养研究生的学科、专业目录》,将中文百科资源分为24大门类;在网站的通俗版中,链接有地域百科、百科专题、行业/专业百科等子网站。

在该网站里还提供了免费电子字典的查询使用功能。

3. 互动百科(http://www.baike.com)

互动百科网致力于为中文用户免费提供海量、全面、及时的百科信息,截至2017年年底,互动百科已经发展成为由超过1200万用户共同打造的拥有1700万词条、2500万张图片、5万个微百科、32亿个知识节点的百科网站。

4. 维基百科(https://www.wikipedia.org/)

维基百科于2001年1月15日由吉米·威尔士和拉里·桑格推出的。维基百科(Wikipedia)是一个在线协作编辑、多语种的互联网百科全书。维基百科由世界各地的志愿者协作编写,现有286种语言的2600万个词条,其中包括超过420万的英文词条。维基百科目前是全球网络上最大最受大众欢迎的参考工具书,名列全球十大最受欢迎的网站。维基百科也被作为一个新闻源,相关词条经常被迅速更新。

5. 哥伦比亚百科全书(https://www.encyclopedia.com/)

该网站可免费提供哥伦比亚百科全书和不列颠简明百科全书。

(二)网络文库

网络文库是网友在线分享文档的开放平台,通过网络文库,用户可以在线浏览或下载所需文档资料。网络文库中文档资料有课件、习题、论文报告、专业资料、法律法规、政策文件以及各类公文模板等。下载文档需要注册和登录,免费文档登录后可以直接下载,对于上传用户已标价的文档,下载时需要付出虚拟积分。用户通过上传文档,可以获得平台虚拟的积分奖励,用于下载自己需要的文档。

通过网络文库,用户可以查找课堂教学相关资料。国内主流网络文库有百度文库、豆丁网、道客巴巴、IT168 文库等:

1. 百度文库(https://wenku. baidu. com/)

百度文库平台于 2009 年 11 月 12 日推出,截至 2014 年 4 月文库文档数量已突破一亿。在百度文库里,用户可以检索到教学相关课件、论文报告、专业资料等资料。百度文库支持主流的文件格式有 doc(. docx)、ppt(. pptx)、xls(. xlsx)、. pot、pps、vsd、rtf、wps、et、dps、pdf、txt。

图 5 - 3　百度文库主页面

2. 豆丁网(http://www. docin. com/)

豆丁网创立于 2007 年,是全球最大的中文社会化阅读平台,为用户提供一切有价值的可阅读之物。网站拥有分类广泛的实用文档、出版物、行业研究报告以及数千位行业名人贡献的专业文件,各类读物总数超过两亿。豆丁网是全球优秀的 C2C 文档销售与分享社区,每天都有数以万计的文档会上传到豆丁,允许用户上传包括 pdf、doc、ppt、txt 在内的数十种格式的文档文件。

3. 道客巴巴(http://www. doc88. com/)

道客巴巴是一个专注于电子文档的在线分享平台,用户在此平台上可以自由交换文档,还可以分享最新的行业资讯。在道客巴巴注册后,就可以浏览文档、在线阅读或下载,建立并管理自己的文档信息库。网站上可查的资料类型有学术论文、课件、讲义、市场调查报告、分析数据以及各类书稿、翻译作品等。

(三)网络开放课堂

网络上有很多丰富的课程资源,网络开放课堂突破了传统课程时间空间的限制,依托网络,用户可以方便学到国内外著名高校课程或实用技能方面的课程。

常用的网络课堂有中国大学 MOOC、网易云课堂、MOOC 学院、好大学在线、edx、腾讯课堂、优酷教育等。

1. 中国大学 MOOC(http://www.icourse163.org/)

中国大学 MOOC 是由网易与高教社携手推出的在线教育平台,承接教育部国家精品放课程任务,向大众提供中国知名高校的 MOOC 课程。在这里,每一个有意愿提升自己的人都可以免费获得更优质的高等教育。中国大学 MOOC 是一款最好、最大的中文在线学习平台,中国大学 MOOC 里有最好的教师和教学资源,定期开课教学、在线考试测试,还能考取相关证书。

图 5-4　中国大学 MOOC 主页面

2. 网易公开课(http://open.163.com/)

网易正式推出"全球名校视频公开课项目",首批 1200 集课程上线,其中有 200 多集配有中文字幕。用户可以在线免费观看来自哈佛大学等世界级名校的公开课课程,可汗学院,TED 等教育性组织的精彩视频,内容涵盖人文、社会、艺术、科学、金融等领域。

图 5-5　网易公开课主页面

3. 好大学在线(http://www.cnmooc.org/home/index.mooc)

好大学在线由上海交通大学自主研发,面向全球提供的中文在线课程,课程包括北大、交大、香港科技大学、台湾新竹大学等高校,内容完全免费。好大学在线为公益性、开放式、非官方、非法人的合作组织,旨在通过交流、研讨、协商与协作等活动,建设具有中国特色的、高水平的大规模在线开放课程平台,向成员单位内部和社会提供高质量的慕课课程,对于提高学生学习效果,培养学生自主学习能力和批判性思维,具有重要的帮助。

(四)其他拓展课堂学习的渠道

网络上还有很多资源可以利用以拓展课堂知识,例如一些在线问答平台、社区论坛等。例如:百度知道、百度经验、新浪爱问、知乎等,在这些平台上,有很多精英人士提供专业的问答服务,是一种不错的获取信息的方式。

第二节　利用信息检索提升英语水平

语言是人类表达思想,传播知识最直接的工具,是人类相互沟通和交流的必要手段。英语是当今世界使用最广泛的语言,世界上约有 20 个国家把英语作为官方语言或第二语言使用,70% 以上的邮件是用英文写或用英文写地址的,国际上的资料绝大部分是用英语发表的,绝大部分的国际会议也是以英语为第一通用语言。掌握好英语,就能多一份与世界文化交流的机会。在基础课学习阶段,利用信息检索来获取相关资源提升英语水平对于每一位大学生都很重要。

一、图书馆资源的选择与利用

图书馆有丰富的有关英语学习的资源,对于有关英语学习的图书、期刊、英文报纸等,在校学生可利用本校图书馆馆藏书目检索系统(OPAC)来查找获取,馆藏书目的检索方法前面已有介绍,这里不再赘述。

在武昌首义学院图书馆,专门开辟有英语学习的资源共享空间(FLLC),对所有外语学习方面的资源集中存放提供,方便资源的查找和获取利用,本校的大学生可充分利用这个学习共享空间,提升英语水平。

图 5 – 6 武昌首义学院外语学习共享空间

二、网络资源的选择与利用

除了图书馆资源,互联网上也有大量的英语学习资源,如英语学习的门户网站、个人学习经验分享、考试攻略以及一些学习工具软件等。对网络资源的选择,可根据一些知名论坛如知乎上网友的推荐,也可以利用英语学习的导航网站来查找和获取所需资源,例如 YYWZ123 网站(http://www.yywz123.com),在 YY-WZ123 上汇集了国内外优秀的英语学习网站,是外语爱好者的学习导航网站。类似的导航网站还有 1 纳米学习导航网站(http://www.1nami.com)。

在本章节里,将介绍一些有关英语学习的免费优质网站以及学习工具。

(一)英语学习门户

1. 沪江英语(http://www.hjenglish.com/)

沪江英语是沪江外语网中的英语站,国内领先的外语门户和社区品牌,专注于互动外语学习交流,提供国内领先的外语互联网门户媒体、网络 SNS 学习社区、外语互联网学习工具等在内的全套外语数字教育网络服务,为英语学习者提供优质英语互动学习平台和学习资讯。

2. 大耳朵英语(http://www.bigear.cn/)

大耳朵英语网,创建于 2003 年 9 月 15 日,是英语学习门户网站,坚持以免费、实用为网站宗旨。该网站致力于为国内外的英语学习者、教育者免费提供优质的英语互动学习平台和实用的学习资讯,是中国很有影响力的英语学习网站。网站特色栏目有:英文歌曲、在线背单词频道、在线口语训练频道、零基础、初学者、背单词、每天学英语、音标发音、语法讲解、四六级、商务英语、新概念、雅思、托福等。

3. VOA 英语(http://www.easyvoa.com/)

VOA 英语网是英语学习网站,提供美国之音慢速英语、新概念英语等学习资料在线收听及 mp3 音频下载。

4. 普特英语听力网（www. putclub. com）

普特英语听力网是目前中国最大的英语听力训练社区，PUT 是指 Postgraduate Students，Undergraduate Students 和 Teachers。旨在凝聚起尽可能多的研究生、本科生和青年教师，营造一个良好的英语学习氛围。作为国内最早成立的英语学习网站之一，自 2001 年建站以来，社区已有 300 万会员，论坛每天发贴 2000 多个，95%是与听力学习相关的听写帖子和学习讨论帖子。推荐栏目：英语学习免费教程、英语学习资讯、英语考试资料、英语学习资源、英语学习工具、英语学习方法、英语四六级资料、英语学习资料。

5. 可可英语（http://www. kekenet. com/）

可可英语创办于 2005 年，是集实用性、互动性、娱乐性为一体的专业公益性英语学习平台。在该网站可提供英语听力资讯、英语口语学习、双语讲解的英文名著、英文歌曲、影视学习专题以及资料下载、在线测试等功能。

(二)网络视频资源

互联网上有许多视频课程，如百度传课、搜库、网易云课堂等，这些视频资源大多免费，侧重于实用，手机和电脑上都可观看学习。

1. 百度传课（https://chuanke. baidu. com/）

百度传课是中国教育领域新兴的在线教育平台，资源类型的定位是教育求职和技能培训。提供在线课程发布网站、直播互动教室，提供在线直播互动的一站式全方位的专业教育服务。

2. 搜库（http://www. soku. com/）

搜库是由第一视频网站优酷 2010 年 4 月上线推出的专业视频搜索引擎，提供优酷站内视频以及全网视频的搜索功能，快速地帮助用户找到最想看的视频。

3. 网易云课堂（https://open. 163. com/）

网易云课堂，是网易公司打造的在线实用技能学习平台，该平台于 2012 年 12 月底正式上线，主要为学习者提供海量、优质的课程，用户可以根据自身的学习程度，自主安排学习进度。

(三)英语学习软件

随着移动设备的发展，APP 应用程序以其新颖有趣、便捷智能的特点在其使用群体中广受欢迎。使用手机 APP 学英语最大的好处在于可以利用碎片时间，可以作为系统英语训练学习的补充。目前的英语学习类 APP 主要集中在背单词类、听力类、词典类、新闻类这四大类别。常用的英语学习 APP 有：人人词典、百词斩、扇贝单词、有道词典、多邻国、英语趣配音、朗易思听、喜马拉雅听书、中国日报英文版(China Daily)等,大学生可合理选择和使用适合自己的英语 APP。

1. 有道词典

有道词典是由网易有道出品的免费语言翻译软件,通过独创的网络释义功能,轻松囊括互联网上的流行词汇与海量例句,并完整收录《柯林斯高级英汉双解词典》《21世纪大英汉词典》等多部权威词典数据,词库大而全,查词快且准。有道词典集成中、英、日、韩、法多语种专业词典,切换语言环境,可快速翻译所需内容,新增的图解词典和百科功能,提供了一站式知识查询平台,能够有效帮助用户理解记忆新单词,而单词本功能更是让用户可以随时随地导入词库背单词,英语学习。

2. 扇贝单词

扇贝单词是由扇贝提供的英语单词学习 APP。扇贝单词是第一家获得授权,将权威的柯林斯高阶学习者词典引入整体单词学习流程的软件,开发者为南京贝湾教育科技有限公司。扇贝单词使用智能启发式的学习方法,通过循循善诱,可帮助用户对单词进行学习或复习。词库涵盖学习的各阶段:四级、六级、专四、专八、考研、托业、托福、雅思、高考英语、TPO、BEC、GMAT、SAT、LAST、TED、朗文、华研、外研社、人教英语、剑桥英语等。

3. 英语趣配音

英语趣配音是由杭州菲助科技有限公司开发的英语学习软件。在英语趣配音里通过给英语类视频在线配音的方式练习英语口语,让英语学习充满趣味,提高用户的英语口语水平。APP 中集合了非常多的视频短片,每日会更新最新最热的美剧、动漫、歌曲等视频资源,英语学习和英语爱好者可以摆脱枯燥无味的背书学习方式,自由选择模仿、跟读喜欢的视频,从而真正爱上英语学习。

4. 喜马拉雅听书

喜马拉雅听书是一款听书软件,适用于 android2.2 以上手机,喜马拉雅听书内容丰富全面、使用方便,在其中有英语学习的版块,里面有很多英语资料,如名人演讲、日常口语、影视英语等,对英语口语和听力的提高很有帮助。

5. China Daily

China Daily 是中国日报英文版的 APP 软件,中国日报是中国最大的英文报业集团,遍布全球 150 个国家和地区。在这里可以浏览热点新闻、时事报道等。

(四)其他网络资源获取途径

通过一些论坛,可以了解英语学习的方法,分享他人在英语学习中的经验,如大家论坛、知乎等;通过垂直搜索引擎如盘多多(http://www.panduoduo.net),这是一款专搜网盘的垂直搜索引擎,搜索直接,结果可靠,下载稳定,可查找获取英

语学习考试的相关文档资料;还有一个学习英语的好工具——Linggle10^12 网站
(http://www.linggle.com/),可看作是一个语料数据库,可搜索英语常用搭配。

第三节　利用信息检索提高计算机水平

当今计算机技术不断发展和革新,计算机已成为人们学习、工作和生活中必
不可少的工具,提升计算机应用能力和水平,是对当代大学生信息素养的基本要
求。大学生在大学期间应充分利用好图书馆资源和网络资源,掌握计算机理论知
识,提升计算机的应用能力,以适应社会发展。

一、图书馆资源的选择和利用

(一)馆藏图书的选择和利用

图书馆有丰富的计算机经典教材和计算机应用方面图书,通过馆藏书目检索
系统(OPAC)可以查找和利用。读书是提升水平的重要途径,大学生可充分利用
已有的馆藏图书,选择适合自己的计算机学习的图书进行自学和思考。OPAC 的
利用方法前面已有介绍,这里不再赘述。

(二)数据库资源的选择和利用

对图书馆已购买或试用的数据库资源,大学生可尽量去了解和使用。例如武
昌首义学院的在校学生可通过本校图书馆网站来使用相关数据库资源——软件
通、51CTO 学院。

1. 软件通视频学习系统

该系统是一个计算机技能自助式网络视频学习系统。软件通采用微课形式
将众多优质数字视频教育资源有机串联在一起,是通过计算机视频快速学习和精
通掌握各种主流软件操作技能的按需学习和自主学习数据库系统,也是一个面向
信息化应用技术实用技能的大规模实践学习型数据库系统。每个软件通微课视
频时长 5 分钟左右,讲解一个独立的知识点或技能操作点,直接指导和提升计算
机软件的具体应用能力。

图 5 - 7 软件通学习导航页面

(二)51CTO 学院

"51CTO 学院"是一个 IT 技能在线学习平台,提供专业的自助式 IT 培训课程。平台涵盖虚拟化、运维、网络、安全、移动开发、数据库 140 多个门类 20 大类,全方位覆盖 IT 技术各领域,目前已签约 1000 名技术专家,原创录制实战视频课程超过 5000 门,具体包括:系统运维、云计算、大数据、Web 开发、编程语言、软件研发、物联网、考试认证、数据库、网络安全、人工智能、移动开发、游戏开发、嵌入式、服务器、企业信息化、Office 办公、产品设计等。

图 5 - 8 51CTO 学院课程页面

该平台还提供辅导式"微职位"和自学式"视频课程"两种在线学习模式。"微职位"是按职位的专业要求设置课程体系,采取通关式学习的模式,需要通过测试才能进入下个阶段学习。相比之下自学式学习产品"视频课程"的自主性较大,适合碎片化学习,采取在线视频的模式,可实现随时随地自由学习。

二、网络资源的选择和利用

除了图书馆已有资源,网络上也有大量实用性的资源可以利用。对于网络上有关资源可以通过搜索引擎、网络经验、网络论坛、专业网站等途径来查找获取。在本章节中将介绍对提高计算机水平有用的一些网络资源。

(一)计算机学习门户网站

1. 我要自学网(http://www.51zxw.net/)

"我要自学网"是由来自电脑培训学校和职业高校的老师联手创立的一个视频教学网,网站里的视频教程均由经验丰富的在职老师原创录制,内容包括信息化办公、平面设计、网页设计、影视动画、程序开发、机械设计、会计等方面的计算机应用教程。网站的目标是"做出最好的视频教程,提高全国人民计算机水平"。网站上的视频教程可提供在线观看,还有大量的学习资料可下载使用。

2. 慕课网(https://www.imooc.com/)

慕课网是垂直的互联网 IT 技能免费学习网站。以视频教程、在线编程工具、学习计划、问答社区为核心特色。在慕课网内,可以通过免费的在线公开视频课程学习国内领先的互联网 IT 技术,慕课网课程涵盖前端开发、PHP、Html5、Android、iOS、Swift 等 IT 前沿技术语言,包括基础课程、实用案例、高级分享三大类型,适合不同阶段的学习人群。以纯干货、短视频的形式为平台特点,为在校学生、职场白领提供了一个迅速提升技能、共同分享进步的学习平台。除了精心制作的视频课程,在该网站上还提供实时交互的在线编程、问答社区等服务功能。

3. W3School(http://www.w3school.com.cn/)

W3School 是一个专业的编程入门学习及技术文档查询网站,提供包括 HTML、CSS、Javascript、jQuery、C、PHP、Java、Python、Sql、Mysql 等编程语言和开源技术的在线教程及使用手册,W3School 是因特网上最大的 WEB 开发者资源,是完全免费的,是非营利性的。在 W3School 网站上有完整的网站技术参考手册,通过使用网站的以线编辑器,可以编辑和对代码进行测试,以及提供快捷易懂的学习方式。

4. CSDN(https://www.csdn.net/)

CSDN(Chinese Software Developer Network)创立于 1999 年,是中国最大的 IT 社区和服务平台,为中国的软件开发者和 IT 从业者提供知识传播、职业发展、软件开发等服务,满足职业发展中学习及共享知识和信息、建立职业发展社交圈、通过软件开发实现技术商业化等需求。其资源包括:专业中文 IT 技术社区

(csdn. net)、在线 IT 培训教育平台(edu. csdn. net)、代码托管 + 社交编程平台(code. csdn. net)、软件开发工具一站式电子商务平台(mall. csdn. net)。

(二)综合性视频网站资源

在网络开放课堂和综合性视频网站上,也有许多免费的计算机学习的课程资源,如中国大学 MOOC、网易云课堂、腾讯课堂、百度传课、果壳网 MOOC 学院等。

1. 果壳网(https://www. guokr. com/)

果壳网是开放、多元的泛科技兴趣社区,MOOC 学院是果壳网旗下的一个讨论 MOOC(大型开放式网络课程)课程的学习社区。MOOC 学院收录了主流的三大课程提供商 Coursera、Udacity、Edx 的所有课程,并将大部分课程的课程简介翻译成中文。用户可以在 MOOC 学院给上过的 MOOC 课程点评打分,在学习的过程中和同学讨论课程问题,记录自己的上课笔记。

2. 网易云课堂(http://study. 163. com/)

网易云课堂立足于实用性的要求,精选各类课程,与多家权威教育、培训机构建立合作,可为用户提供实用软件、IT 与互联网等方面优质的课程。

(三)计算机领域搜索引擎

1. Aminer(https://www. aminer. cn/)

Aminer 是计算机学科领域学术搜索引擎,能够搜索得到计算机领域的相关资讯、专家、文章。

2. CODESOSO(http://www. codesoso. com/)

CODESOSO 是一个开源代码搜索引擎,网站收录的所有代码都是可以免费下载,使用者需注册后才能下载,接收邮箱推荐填写如 163、tom、sina 之类的国内邮箱。

3. Searchcode(https://searchcode. com/)

Searchcode 是一款免费的源代码/文档搜索引擎,项目创建者为 Ben Boyter。这里汇聚了 Github、Bitbucket、Google Code、Codeplex、Sourceforge、Fedora Project 等多家开源站点,拥有超过 20 万个项目、180 亿行源代码,能以特殊字符、语言、仓库和源方式从 90 多种语言找到函数、API 的真实代码。基于此,程序员可以搜索数百亿行软件代码,从中找寻编码技巧。

(四)网络学习平台

1. 实验楼(https://www. shiyanlou. com/)

实验楼是一个 IT 在线学习网站,为用户提供的不是视频,而是配置好的虚拟机,通过虚拟的实验环境,学习者可边看文档边动手操作,从而提高学习者的动手实践能力,而且实验楼虚拟环境不只是简单的在线编译器,可以支持更广泛的 IT

内容学习,不再局限于编程领域,为用户提供的是一站式的 IT 在线动手实践环境。学习任何 IT 技术,不用本地搭建环境,只需一台电脑,登陆实验楼网站即可。

2. Anycodes(http://bbs. anycodes. cn/)

Anycodes 是一个在线编程的系统,用户可以随时随地,通过电脑、手机、平板等的浏览器,或者通过相对应的 App 访问网站,然后在线写程序代码。支持中英韩文三个版本,支持九种编程语言 C、C + +、Java、Matlab、TCL、Php、Python、Perl、Ruby,不但支持语法高亮、行数显示、代码自动折叠、部分纠错,而且还支持多文件,标准输入(stdin),命令行参数和代码下载,程序可以在线运行,其中 Matlab 程序可以输出图片。

(五)网络经验

通过论坛或者分享网络经验的相关网站,可以参考他人的经验。这些网站内容范围广、实用性强、通俗易懂。如百度经验、WiKi How、大家论坛等。

习　　题

1. 选定一个概念,利用各种网络百科全书查找此概念的定义并进行比对。

2. 查找有关英语学习的馆藏资源和网络免费资源。

3. 查找提高计算机水平的馆藏资源和网络免费资源。

第六章

专业课学习阶段信息素养培养

第一节 教育部学科分类目录

《普通高等学校本科专业目录(2012 年)》是高等教育工作的基本指导性文件之一。它规定专业划分、名称及所属门类,是设置和调整专业、实施人才培养、安排招生、授予学位、指导就业、进行教育统计和人才需求预测等工作的重要依据。表 6-1 展示的是该目录中专业类和所属学科门类之间的对应关系。

表 6-1 普通高校本科专业类和所属学科门类之间的对应关系

专业代码	专业名称	专业代码	专业名称
01	学科门类:哲学	0306	公安学类
0101	哲学类	04	学科门类:教育学
02	学科门类:经济学	0401	教育学类
0201	经济学类	0402	体育学类
0202	财政学类	05	学科门类:文学
0203	金融学类	0501	中国语言文学类
0204	经济与贸易类	0502	外国语言文学类
03	学科门类:法学	0503	新闻传播学类
0301	法学类	06	学科门类:历史学
0302	政治学类	0601	历史学类
0303	社会学类	07	学科门类:理学
030303T	人类学	0701	数学类
0304	民族学类	0702	物理学类
0305	马克思主义理论类	0703	化学类

专业代码	专业名称	专业代码	专业名称
0704	天文学类	0824	林业工程类
0705	地理科学类	0825	环境科学与工程类
0706	大气科学类	0826	生物医学工程类
0707	海洋科学类	0827	食品科学与工程类
0708	地球物理学类	0828	建筑类
0709	地质学类	0829	安全科学与工程类
0710	生物科学类	0830	生物工程类
0711	心理学类	0831	公安技术类
0712	统计学类	09	学科门类:农学
08	学科门类:工学	0901	植物生产类
0801	力学类	0902	自然保护与环境生态类
0802	机械类	0903	动物生产类
0803	仪器类	0904	动物医学类
0804	材料类	0905	林学类
0805	能源动力类	0906	水产类
0806	电气类	0907	草学类
0807	电子信息类	10	学科门类:医学
0808	自动化类	1001	基础医学类
0809	计算机类	1002	临床医学类
0810	土木类	1003	口腔医学类
0811	水利类	1004	公共卫生与预防医学类
0812	测绘类	1005	中医学类
0813	化工与制药类	1006	中西医结合类
0814	地质类	1007	药学类
0815	矿业类	1008	中药学类
0816	纺织类	1009	法医学类
0817	轻工类	1010	医学技术类
0818	交通运输类	1011	护理学类
0819	海洋工程类	12	学科门类:管理学
0820	航空航天类	1201	管理科学与工程类
0821	兵器类	1202	工商管理类
0822	核工程类	1203	农业经济管理类
0823	农业工程类	1204	公共管理类

续表

专业代码	专业名称	专业代码	专业名称
1205	图书情报与档案管理类	1301	艺术学理论类
1206	物流管理与工程类	1302	音乐与舞蹈学类
1207	工业工程类	1303	戏剧与影视学类
1208	电子商务类	1304	美术学类
1209	旅游管理类	1305	设计学类
13	学科门类:艺术学		

第二节　武昌首义学院所设学科专业目录

依据教育部 2012 年公布的《普通高等学校本科专业目录》,武昌首义学院七个学院所开设的 33 个本科专业对照情况如下表:

表 6-2　本校所设学科专业目录

序号	专业代码	专业名称	所属学科	所属学院
1	080701	电子信息工程	工学	信息科学与工程学院
2	080703	通信工程	工学	信息科学与工程学院
3	080705	光电信息科学与工程	工学	信息科学与工程学院
4	080901	计算机科学与技术	工学	信息科学与工程学院
5	080902	软件工程	工学	信息科学与工程学院
6	080905	物联网工程	工学	信息科学与工程学院
7	080204	机械电子工程	工学	机电与自动化学院
8	080601	电气工程及其自动化	工学	机电与自动化学院
9	080801	自动化	工学	机电与自动化学院
10	081001	土木工程	工学	城市建设学院
11	081003	给排水科学与工程	工学	城市建设学院
12	082502	环境工程	工学	城市建设学院

序号	专业代码	专业名称	所属学科	所属学院
13	083001	生物工程	工学	城市建设学院
14	120103	工程管理	管理学	城市建设学院
15	120105	工程造价	管理学	城市建设学院
16	081006T	道路桥梁与渡河工程	工学	城市建设学院
17	050201	英语	文学	外国语学院
18	020301K	金融学	经济学	经济管理学院
19	020401	国际经济与贸易	经济学	经济管理学院
20	120202	市场营销	管理学	经济管理学院
21	120203K	会计学	管理学	经济管理学院
22	120204	财务管理	管理学	经济管理学院
23	030101K	法学	法学	新闻与法学学院
24	050101	汉语言文学	文学	新闻与法学学院
25	050301	新闻学	文学	新闻与法学学院
26	050302	广播电视学	文学	新闻与法学学院
27	050306T	网络与新媒体	文学	新闻与法学学院
28	130305	广播电视编导	艺术学	新闻与法学学院
29	130310	动画	艺术学	艺术设计学院
30	130502	视觉传达设计	艺术学	艺术设计学院
31	130503	环境设计	艺术学	艺术设计学院
32	130504	产品设计	艺术学	艺术设计学院
33	082803	风景园林	工学	艺术设计学院

第三节　经济类信息素养培养

一、经济类学科信息资源概况

（一）经济类学科概述

经济活动是人类最基本的活动，经济是社会发展的基础，经济类学科亦是中国大学教育重要的学科之一，教育部颁布的《普通高等学校本科专业目录》将经济类学科设为经济学、财政学、金融学、经济与贸易 4 个专业大类，其中，以研究经济活动和社会经济关系为对象的经济学涉及的领域最广,是社会科学中门类最多的一门科学,本节将围绕该门学科相关信息资源展开阐述。

理论界常把经济学分为三类,一是研究社会经济关系及其变化规律的理论经济学,它是各门经济学科的理论基础;二是研究各个部门经济活动的应用经济学,包括农业经济学、工业经济学、商业经济学、财政学、金融学等;三是研究各部门生产力组织及其经济效益的技术经济学,例如生产力经济学、国土经济学等。目前经济学的分支已发展到几十个,随着经济、社会和科学的发展,经济学的分支学科、边缘学科还在不断地产生。经济学的这种应用范围广、实践性强、发展迅速的特点,让人们在各个领域对经济信息的需求越来越迫切,系统地掌握权威的经济信息资源及检索技能,有利于帮助大家高效便捷地获取所需要的特定的经济信息。

(二)经济信息的定义及分类

经济信息的定义多种多样,近年来研究者们从经济学、经济管理学、经济信息学、经济信息管理学、信息管理学的角度,从不同的侧面描述界定了经济信息的概念,归纳可以概括为:经济信息是指社会经济活动所产生的、反映经济活动并为其服务的消息、事实、数据、知识等。

经济信息范围广、内容丰富、复杂多样,为了进一步了解经济信息内涵和外延,有必要了解经济信息有哪些类型及其特性。

按信息的内容性质,可以将经济信息分为理论性经济信息和应用性经济信息,理论性经济信息指经济理论研究方面的各种信息,即经济学的理论、学说、观点和方法等信息,如马克思政治经济学;应用性经济信息指经济实践活动的各种信息,如市场信息、商品信息、经济统计等数据和消息。

按信息产生与涵盖的范围,可以分为宏观经济信息和微观经济信息,如宏观经济信息有国民生产总值、经济增长率、物价指数等,微观经济信息有市场信息需求、资源供给等;企业经济信息,即企业的基本信息、生产信息、市场信息、金融信息等;部门或行业经济信息,如农业经济信息、工业经济信息、商业经济信息等;地方经济信息,如地方经济政策、经济发展规划、区域经济信息等;国家经济信息,如国家经济方针政策、对外经济关系、国民经济计划及管理、中国经济信息;国际经济信息,如世界经济关系、东亚经济统计信息、国际经济条约与协定经济信息等。

按信息发生的时间,可以将信息经济分为历史性经济信息、现时经济信息、未来经济信息。

按信息产生的过程,可以分为原始经济信息,如经济活动或研究中产生的各类原始的数据、票据、记录等;加工经济信息,如经过加工整理的各类统计数据、报表、调查报告等。

按信息的载体形式,可以分为文献型经济信息、非文献型经济信息、实物经济信息等。

按经济信息的表面特征可分为定性经济信息和定量经济信息,如在开放经济信息中,通过定性一定量一定性的过程,使经济决策得到优化。

二、经济学常用信息资源获取途径及检索示例

(一)经济学专业工具书

首先,经济的知识信息量极大,经济文献浩如烟海,对工具书的需求最为迫切。如果不利用工具书,很难想象可以顺利地得到所需要的信息和资料。其次,由于经济学的范围广、应用性强的特点,使经济类工具书的种类和形式大大超过社会科学中其他的任何科学①。使用经济学工具书利于全面、迅速、准确地直接从工具书中或通过工具书的指引,从大量经济文献中,获得所需要的知识信息和资料。

1. 经济学工具书举要

表6-3　经济学部分工具书列表

工具书类型	经济学专业工具书名称
书目	经济学工具书指南、最新经济学工具手册、最新经济学工具书手册、中国经济学图书目录、经济学著作要目、全国经济学科学总书目、中国近代经济史论著目录提要、商业与经济学书目指南、国际经济学书目、中国人文社会科学核心期刊要览
辞典	现代经济学辞典、世界经济学大辞典、新帕尔格雷夫经济学大辞典、现代西方经济学辞典
百科全书	中国经济百科全书、世界经济百科全书、中国大百科全书—经济学、WTO大百科全书、中国商业百科全书
年鉴	世界经济年鉴、中国经济年鉴、香港经济年鉴
手册	世界经济统计手册、美国经济统计手册、独联体国家经济统计手册、世界发展数据手册、世界各国商务指南
文摘索引	经济学文摘、经济文献杂志、经济学科论文索引
资料汇编	经济法汇编、改革开放三十年农业统计资料汇编
图录	中华人民共和国国家经济地图集、中国百年证券精品图录
表谱	毛泽东经济年谱、中国财政金融年表、中国金融改革开放大事记

---

① 中国社会科学院经济研究所图书馆,经济学工具书指南,经济科学出版社,1989年09月第1版,第10页。

(1)书目之书,《经济学工具书指南》中国社会科学院经济研究所图书馆编.经济学工具书指南[M].北京:经济科学出版社,1989.09。本书收集新中国成立以来经济学的各种工具书,并选取二三十年来国外有参考价值的经济工具书,共计书籍近千种。

(2)辞典,《现代经济学词典》(英)皮尔斯(Pearce,D. W.)主编;宋承先等译.现代经济学词典[M].上海:上海译文出版社,1988.12。全书共收词目 2500 余条,包括现代经济学各分支、各门类最新、最重要、最常见的名词术语。此外还酌收重要的国际经济机构,经济立法,著名的经济学家以及常用的商业用语,书后附有汉英词目索引。

(3)百科全书,《中国经济百科全书》陈岱孙主编.中国经济百科全书上[M].北京:中国经济出版社,1991.12。英文题名:Encyclopedia of the Chinese economy。本书分为:国民经济计划、工业、农业、物资、国际贸易、旅游、财政、金融、价格、工商、审计、教育等 22 篇。

(4)年鉴,《世界经济年鉴 2009/2010》世界经济年鉴编辑委员会主编.世界经济年鉴 2009/2010[M].北京:经济科学出版社,2010.01。包括:综合报告·专论、国别(地区)经济、世界农业、世界工业·科技、世界贸易·对外投资、国际金融、世界科技、世界流通业、国际经济组织活动(会议)评述、中外工商企业、世界经济百科、中国经济之窗、世界经济统计汇编。

(5)手册,《独联体国家经济统计手册》李垂发,连丽珍编著.独联体国家经济统计手册[M].北京:时事出版社,1994.08。本书介绍独联体及 11 个独联体成员国的经济概况,附录独联体各国公司和企业名录。

2. 经济学工具书获取途径及检索示例

经济学工具书获取途径,一是检索经济类印刷型文献,利用目录、索引、联机公共目录计算机进行检索;二是经济类电子文献,利用数据库进行检索,如读秀学术搜索、书生之家、方正 Apabi 数字图书馆、中国国家数据图书馆、美国国会图书馆、超星数字图书馆、NetLibrary(电子图书数据库)、BookWire(图书在线)等。

检索示例,查找《经济学工具书指南》,通过对各种数据库的了解,选择利用读秀学术搜索来查找,登录读秀(www. duxiu. com),选择图书频道,检索框内输入书名,选择"书名"字段,点击"中文搜索",读秀提供包库全文或部分阅读,对于仅提供部分阅读方式的文献,可以通过文献传递获取全文,见图 6-1、图 6-2。

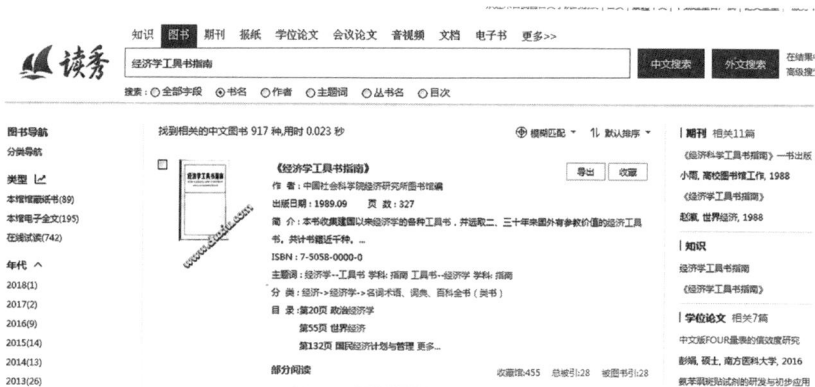

图6-1　读秀学术搜索

图6-2　读秀学术搜索文献传递

(二)经济学专业核心期刊

经济学期刊内容专业,学术性强,是获取经济学领域发展动态信息的重要渠道。尤其是核心期刊,最能反映学科的学术水平,信息量大,利用率高,是深受普遍重视的权威性刊物。

1. 经济核心期刊举要

表6-4 经济学部分报刊列表

资源类型	经济学专业报刊名称
核心期刊	经济研究、经济学、经济学家、经济科学、经济评论、当代财经、经济纵横、经济经纬、经济管理、经济问题、经济学动态、当代经济研究、当代经济科学、中南财经政法大学学报、山西财经大学学报、现代财经:天津财经学院学报、河北经贸大学学报

《经济研究》是由中国社会科学院主管、中国社会科学院经济研究所主办的全国性综合经济理论刊物,为月刊。《经济研究》创办于1955年,1998年被国家新闻出版广电总局评为百种全国重点社科期刊,2009年,被中国期刊协会和中国出版科学研究所评为新中国60年有影响力的期刊。据2016年中国知网显示,《经济研究》出版文献量7586篇、总下载量8888366次、总被引量483772次、复合影响因子5.695、综合影响因子4.293;主要栏目有专家论坛、热点探讨、经济理论、财政与税务、企业与发展、新农村建设、东北老工业基地、三农问题研究、金融证券、市场营销、财会研究等。

《经济评论》由教育部主管、武汉大学主办,面向国内外公开发行。1980年创刊,该刊立足于中国经济实践,着眼当代经济学理论发展前沿,发表经济学各领域具有原创性的学术论文,致力于推动中国经济学研究的规范化、现代化和本土化。目前《经济评论》机构用户已经扩大到5237个,分布24个国家和地区,如美国的普林斯顿大学、美国国会图书馆、英国的牛津大学、法国国防部、南澳大利亚大学、悉尼科技大学、日本国会图书馆、新加坡国家图书馆等;个人读者分布19个国家和地区。

2. 经济核心期刊获取途径及检索示例

核心期刊资源获取途径:一是印刷型报刊检索,利用数据库资源、报刊目录及索引,如图书馆等信息服务机构的OPAC查询馆藏、《全国报刊索引数据库》《全国报刊索引》《期刊索引》《经济学科论文索引》《报刊资料索引:经济》等;二是电子报刊检索,可以利用数据库资源或网络资源,如中国知网、万方、中文科技期刊数据库、JSTOR、EBSCO、龙源期刊网等获取刊物及发表的学术论文;三是利用《中文核心期刊要目总览》进行查询、确认,或利用武昌首义学院开发的收录了北京大学图书馆"中文核心期刊"、南京大学"中文社会科学引文索引(CSSCI)来源期刊"、中国科学技术信息研究所"中国科技论文统计源期刊"(又称"中国科技核心期刊")、中国社会科学院文献信息中心"中国人文社会科学核心期刊"四大权威核心期刊评价体系进行查询。

检索示例，查找经济学方面的核心期刊，通过手工查询《中文核心期刊要目总览》，直接查询经济学核心刊物，或登录武昌首义学院图书馆，进入中国核心期刊投稿指南数据库查询本学科核心期刊目录，见图 6-3。

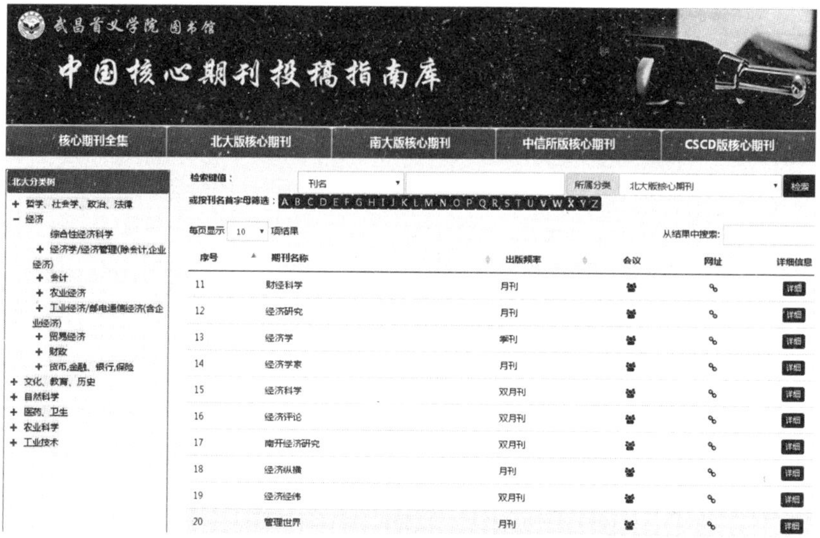

图 6-3　武昌首义学院核心期刊投稿指南库

（三）经济专业数据库资源

数据库（Database）是按照数据结构来组织、存储和管理数据的建立在计算机存储设备上的仓库。数据库是深受用户欢迎的信息源，专业数据库信息组织的结构化程度高，检索功能全面，所收录的资源来源权威，内容系统，资源丰富，数据经过人工标引，检索高效便捷，支持高级检索，有效果控制检索范围，提高检索准确性，同时提供各种检索结果的处理功能，给用户带来了极大的便利。

经济信息数据库是以经济信息为主要存储内容，专门为经济行业、经济从业者和研究人员提供信息服务或数据支撑的数据库。伴随着全球经济飞速发展，经济信息的需求日益增长，经济信息的价值属性已经使经济信息数据库成为数据库中的重要组成部分。下面介绍一部分国内外常见的经济信息数据库。

1. 经济专业数据库举要

经济信息数据库按不同的标准有不同的分类，主要分类及专业数据如下：

表 6-5　经济学权威数据库资源列表

数据库分类	专业数据库资源名称
全文数据库	中经网—系列数据库、中国资讯行系列数据库、国泰安系列数据库、中国知网 CNKI、NSTL 学位论文库、ETH 学位论文库、中国学位论文通报、EBSCO 的 Business Source Premier(商业电子文献全文数据库)、Research Starters-Business(商业论文写作范例平台)、Dissertation Abstracts International(DAI,国际学位论文摘要)、ProQuest
数值数据库	EPS 全球统计数据分析平台、中国经济统计数据库、Wind 中国金融数据库、WB ONLINE DATABASE 世界银行数据库
参考数据库	DIALOG-Econlit
术语数据库	MBA 智库百科

(1)全文数据库,记录原始文献全文或主要部分的数据库,一些数据与事实隐含有相关文献中,如书刊、论文、报告、报纸文章等。

(2)数值数据库,专门存储数值信息,收录各种统计数据、调查数据、经济分析与预测的数据库,如各领域或行业经济统计数据。

(3)参考数据库,提供获取原始文献或相关线索的数据库,如指南数据库和书目数据库。

(4)术语数据库,专门存储名词术语、词语信息及语言规范的数据库,如电子辞典和百科全书。

(5)图像数据库,用来存储各种图像或图形信息以及有关文字说明资料的数据库,如广告数据库、商品目录数据库等。

2. 经济专业数据库介绍及检索示例

(1)EPS(Easy Professional Superior)数据平台,是集丰富的数值型数据资源和强大的分析预测系统为一体的综合性信息服务平台。EPS 数据平台大规模集成整合了各类数据资源,形成了国际数据、宏观经济、金融市场、产业运行、区域经济、贸易外经、资源环境、县市数据、人文社科多个数据库集群,包含 60 个数据库,拥有超过 25 万条统计指标的时间序列,数据总量达到 40 亿条,并且每年以 2 亿条左右的速度递增。平台拥有中英文双语版本,其开发设计参考了 SAS、SPSS 等国际著名分析软件的设计理念和标准,将各种数值型数据与数据分析预测工具整合在一个开放的系统平台中,提供跨库检索、数据处理、统计分析、建模预测和可视化展现于一体的强大系统功能,为各类读者、科研人员及国内外图情系统、各类研究机构提供从数据获取、数据处理、分析预测、多样展现到本地保存的一站式数据服务。部分子库介绍如下：

世界贸易数据库，数据来源于联合国统计司（署）、中国海关，是用于进行国际贸易分析的必不可少的数据库，提供了国际海关组织的多种商品分类标准数据查询，包括HS1992、HS1996、HS2002、HS2007、HS2012多个子库，已经覆盖250多个国家、地区和经济体，6000多种HS2、HS4、HS6位编码商品的年度进出口数据。主要数据指标有：进口、出口、进出口、贸易差额、贸易总额等。数据起始于1992年，年度更新。

世界宏观经济数据库，数据来源于国际货币基金组织，是用于评估国家总体经济发展水平和经济状况的基础数据库，提供了世界各国的宏观经济、人均经济指标、国际收支、货币供应、财政收支结构、政府债务状况等方面的年、月度数据。主要数据指标涵盖：人口、劳动力和就业、贫困与收入、教育、卫生、能源、经济、贸易、政府财政、货币、投资环境、交通和通讯、信息科技、旅游及国际收支平衡等。

世界经济发展数据库，数据来源于是世界银行，是用于对比分析世界各国经济状况的综合数据库。此数据库提供了全球300多个国家和地区的国民经济、人口发展、国际往来、环境以及企业总体状况的基本数据。主要指标涵盖：经济政策与债务、教育、环境、金融部门、健康、基础设施、社会保障、贫困状况、私营部门与贸易、公共部门、社会发展等。数据起始于1960年，年度更新。

检索示例1：GDP是衡量一个国家或地区经济的核心指标，目前我国GDP总量高居世界第二，但国内地区发展却不平衡，查询2006－2015年，我国31省区的地区生产总值的年度数据。通过对各种数据库的了解，选择利用EPS全球统计数据分析平台查找，登录EPS数据平台（http://olap.epsnet.com.cn/），根据课题方向和年度限定，选择在数据库选项区中选择中国宏观经济数据库（年度分地区）子库中查询，在维度设置区"列"中选择"地区生产总值"，区域制定为31个省份，"行"勾选指定年度，点击查询，在数据显示区中获得2006－2015年间我国31个省区的地区生产总值的年度数据。

检索示例2，查找经济学方面的学位论文。通过对各种学位论文库数据库的了解，选择利用中国知网来查找，登录中国知网（http://www.cnki.net/），选择硕博论文库，选择字段，选择学科方向经济学进行检索，获取原文，见图6－4。

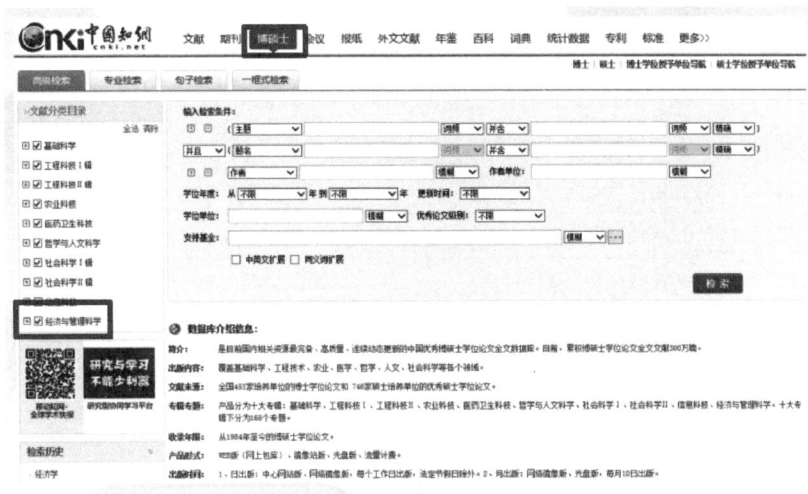

图6-4　中国知网优秀博硕士学位论文库

（四）经济信息网站

经济信息网站主要指供经济信息的研究性网站、服务性网站和机构网站,经济学常用专业网站有以下四类:

表6-6　经济信息网站部分列表

网站分类	网站名称	网址
搜索引擎	新浪财经	http://finance.sina.com.cn
	搜数网	http//www.soshoo.com.cn
	搜库网	http//www.souku.com.cn
	搜狐财经	http://business.sohu.com
	网易财经	http://money.163.com
	经济学搜索引擎	http://ese.rfe.org
综合性网站	中国经济信息网	http://www.cei.gov.cn
	国务院发展研究中心信息网	http://www.drcnet.com.cn
	中国宏观经济信息网	http://www.macrochina.com.cn
	EIU(经济学人信息部网)	http://www.eiu.com
	GII(环球信息有限公司网)	http://www.gii.co.jp
	CEPR(经济政策研究中心网)	http://www.cepr.org

续表

网站分类	网站名称	网址
专业性网站	中国经济信息网	http://www.cew.org.cn
	中国调查数据网	http://www.chinasurveycenter.org
	中国财经信息网	http://www.cfi.net.cn
	中国人民银行	http://www.pbc.gov.cn
	中国产业经济信息网	http://www.cinic.org.cn
经济机构网站	联合国网站	http://www.un.org.cn
	中国对外贸易经济合作部	http://www.cofortune.com.cn/moftec_cn
	国家发展和改革委员会	http://www.sdpc.gov.cn
	国家统计局中国统计信息网	http://www.stats.gov.cn
	中国社科院经济研究所	http://www.ie.cass.cn
	世界经济论坛	http://www.weforum.org
	中国经济学教育科研网	http://www.cenet.org.cn
	中国经济网	http://www.ce.cn
	中国经济学家网	http://www.economists.org.cn

(1)经济信息搜索引擎:搜数网、新浪财经、搜库网、搜狐财经、网易财经、雅虎财经频道、谷歌经济学网络目录、中金在线、百度和讯全财经网、经济学搜索引擎。

(2)综合性经济信息网站:中国经济信息网、中国宏观经济信息网、EIU(经济学人信息部网)、CEPR(经济政策研究中心网)、经济网络世界、北就经济信息网。

(3)专业性经济信息网站:中华经济网、中国调查数据网、中国财经信息网、中国人民银行、中国产业经济信息网。

(4)经济机构网站:联合国网站、中国对外贸易经济合作部、国家发展和改革委员会、国家统计局中国统计信息网、中国社科院经济研究所、世界经济论坛、中国经济学教育科研网、中国经济学家网。

(五)经济专业社区

经济学类社区及论坛内容丰富,是发表个人观点,寻求问题解答,交流思想和经验,共享信息资源的平台。

表 6 - 7　经济专业社区/论坛列表

社区/论坛名称	网址
经管之家	http://bbs. pinggu. org/
统计之都	https://cosx. org/
Simply Stats	https://simplystatistics. org/
天涯社区	http://bbs. tianya. cn/
新浪财经论坛	http://finance. sina. com. cn/bbs/index. shtml
和讯论坛	http://bbs. wayup. hexun. com/
经济学家	http://bbs. jjxj. org/
人大经济论坛	http://www. pinggu. org/bbs
中国经济学教育科研网论坛	http:/down. cenet. org. cn/
ECO 中文论坛	http:/ecocn. org/bbs

三、专业数据工具的应用

表 6 - 8　经济学相关数字工具信息统计表

序号	1	2	3
工具名称	spss	eviews	stata
	统计产品与服务解决方案	计量经济学软件	stata
软件类别	统计分析软件	统计分析软件	统计分析软件
主要用途	专业数据统计软件,能够对信息的采集、处理、分析进行全面评估和预测	进行各种数据回归分析,数据预测处理,计量统计	提供数据分析、数据管理以及绘制专业图表的完整及整合性统计软件
获取地址	华军软件园 http://www. onlinedown. net/soft/577760. htm	太平洋电脑网 http://dl. pconline. com. cn/download/364669. html	欧普软件 http://www. opdown. com/soft/90785. html
学习手册视频	http://www. iqiyi. com/w_19rssbeokh. html	http://www. iqiyi. com/w_19rv8lcj29. html	https://v. qq. com/x/page/j03684ws6if. html
社区论坛	http://www. spssbbs. com/	http://www. madio. net/forum - 729 - 1. html	http://www. madio. net/forum - 734 - 1. html
备注	应用领域自然科学、技术科学、社会科学等	应用领域经济计学、经济研究预测、销售预测、财务分析、经济模型估计仿真等	应用领域涵盖政府的经济决策与企业的决策支援应用等

续表

序号	4	5	6
工具名称	grelt	sas	Microsoft Excel
	经济学计量分析软件	Sas 数据分析系统	Microsoft Excel
主要用途	统计分析软件	统计分析软件	电子表格软件
获取地址	编纂和解析计量经济学数据的开放源代码软件,用于经济学计量分析	数据访问、数据储存及管理、应用开发、图形处理、数据分析、报告编制、运筹学方法、计量经济学与预测	电子试算表程序(进行数字和预算运算的软件)、数据的处理
学习手册视频	东坡下载 http://www. uzzf. com/soft/433223. html	ZOL 软件下载 http://xi-azai. zol. com. cn/detail/45/443512. shtml	360 软件专家或 http://dl. pconline. com. cn/download/356399. html
社区论坛	http://www. docin. com/p - 543716418. html	https://www. w3cschool. cn/sas/	http://www. excelhome. net/video/excel/tip/
备注	应用领域经济计量学、经济分析等	应用领域涵盖政府的经济决策与企业的决策支援应用等	应用领域管理、审计、统计财经、金融等

第四节　法学类信息素养培养

一、法律信息资源概述

1. 法律信息资源的定义

法律信息是一种资源。法律信息资源产生于立法、司法、执法、法学研究、司法实践等领域中。从狭义上讲,它通常以判例、习惯等表现出来;从广义上讲,它是记录了一切与法律有关的知识、情报等的载体,不仅包括了法律信息,还包括了法制信息和法学信息等。本章节从广义的角度论述法律信息资源。所以,法律信息资源的概念可作如下定义:法律信息资源是指在立法、司法、执法、法学研究和法律实践等领域活动中所交流的有关法律知识、法律情报的总和。

2. 法律信息资源的分类

法律信息资源是与经济文献、科技文献一样,采用不同的划分标准可分为不同类型的法律信息资源。

从文献物资载体的角度划分,可分为印刷型文献、声像型文献、电子版文献、网络版文献等。

从文献加工处理的深度划分,可分为一次文献、二次文献、三次文献。法律方面的一次文献,是直接记录由立法机关制定的、国家政权保证执行的行为规则而形成的文献,包括立法机构通过的法律、法规、法院的判决和裁定、行政法规和条例、司法判例、条约等。法律方面的二次文献是指文献工作者对法律原始文献进行整理、加工、编排而形成的法律文献,如,法律方面的书目、索引、文摘以及书目数据库等。法律方面的三次文献是指根据需要对一次文献或二次文献所载内容进行分析、综合、评论而形成的文献,如法律方面的综述、百科全书、年鉴、手册等。

从文献的学科属性划分,可分为法学理论、宪法、法律法规、法律法规司法解释、判例、案例、经济或科技公约和协定、合同范本以及法律文书等。

法律文献按出版形式可以分为图书、期刊、报纸、专利、标准、会议文献、学位论文、政府公报等。

对于本科法学专业,日常所涉及的法律信息资源类型多,本节结合应用型本课教学实践对法学专业(以"武昌首义学院"为例)所涉及的常用资源进行列举说明。

二、本科法学专业主要法律信息资源及其检索途径

(一)法律图书资源

法律图书是对某一法学学科或领域知识进行系统论述或介绍的一种出版物。法律图书一般可分为两类:一是阅读类图书,包括各种法学研究专著、法学教科书、法律普及读物等。二是参考类图书,又称为参考工具书,如法律年鉴、法律字(词)典、法律手册、法律指南等法律工具书。图书包括:理论法学、实体法学、程序法学、国际法学等。

1. 一般纸质法律图书

图书馆收录大量的法学图书,通过馆藏书目检索系统(OPAC)是检索一般纸质图书的方法,也可通过"超星数字图书馆""读秀学术搜索"等数据库搜索电子图书。其他章节已有介绍,这里重点介绍一下电子图书的检索及图书检索后没有馆藏如何通过"文献传递"的方式获得电子图书。(以"武昌首义学院图书馆"为例,下同)

电子图书相比纸质图书,其获取和利用更加方便,电子图书的使用不受图书馆开放时间限制,对所需的内容可以复制,不用办理借还手续。图书馆大都购买

有电子图书数据库,常见的电子图书数据库有:超星数字图书馆、书生之家、方正
Apabi数字图书馆、中国数字图书馆、读秀学术搜索等。以武昌首义学院图书馆购
买的"读秀学术搜索"为例,进入武昌首义学院图书馆主页后,在"图书"频道选择
"读秀学术搜索"点击进入。

　　检索途径:在读秀检索页面的"知识"频道和"图书"频道都可查找图书,在
"知识"频道可以实现全文查找一段文字的出处,在"图书"频道可选择的检索途
径有:书名、作者、主题词、丛书名、目次等。

　　检索方法:先选定检索途径,然后在输入框内输入检索词,然后点击"中文搜
索"按钮即可查找图书。(参见图6-5)

图6-5　读秀学术搜索界面截图

　　获取方法:在读秀里有两种获取电子图书的方法,一种是包库全文,在检索结
果中,如果有"包库全文"的按钮,是图书馆已购买的电子图书,可直接点击打开电
子图书全文;另一种方法是文献传递,在检索结果页面,如果有"图书馆文献传递"
的按钮(参见图6-6),点击后可打开图书馆文献咨询的页面(参见图6-7),根据
提示输入所需该书的页码范围,以及接收邮箱,提交后,所咨询的电子图书便会即
时以超链接的形式发送到填写的邮箱中,打开邮箱,点击超链接即可获取原文,所
咨询的内容可以二十天内被打开二十次,如有需要可将所需内容复制粘贴到自己
的文档中。

图 6 - 6　图书馆文献传递界面截图

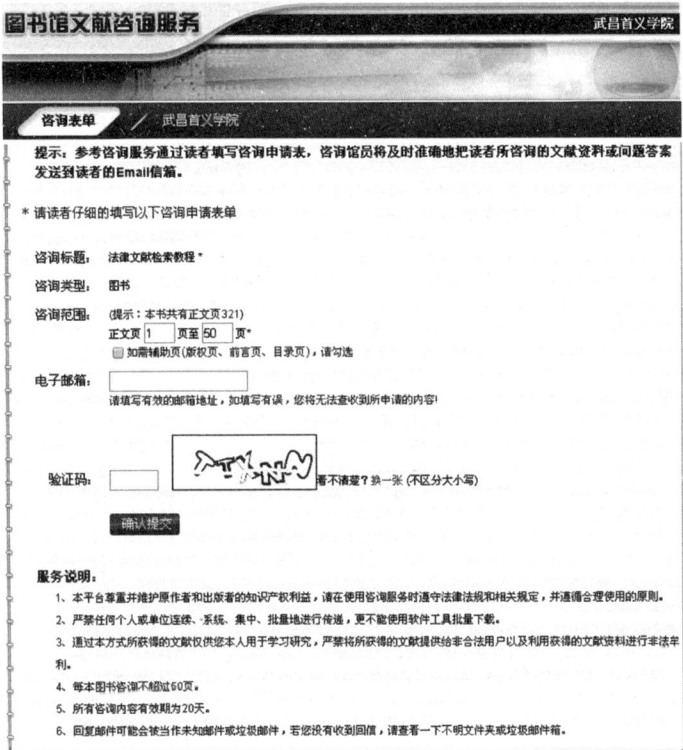

图 6 - 7　图书馆文献咨询界面截图

2. 法律工具书

法学类参考工具书的类型较多,主要有词典、百科全书、年鉴、手册、资料汇编(案例汇编、法律法规汇编等),经常使用的法律工具书列举如下:

(1)《中华人民共和国法律大百科全书》

是一部专业的百科全书,由司法部中国高级律师高级公证员培训中心、中国政法大学、北京大学、中国人民大学、中国社会科学院研究所、最高人民法院、最高人民检察院、公安部、国务院法制局、全国人大常委会法制工作委员等几十家单位的数百名教授、专家、学者以及长期工作在司法实践第一线的同志编纂完成的。该书"共分为 11 卷 13 册:宪法卷、行政法·行政诉讼法卷、刑法卷、刑事诉讼法卷、民法卷、民事诉讼法卷、经济法卷(上、中、下)、劳动法卷、环境保护法·军事法卷、国际法卷和综合卷"。内容包括"法学基本理论、基本知识,法律、法规、规章选辑,司法行政解释指南和典型案例范例选辑,地方法规、地方性规章目录选辑,司法文书范本,附录"。编入各卷的资料截至日期分别为"全国人大及其常委会颁布的法律一般截至 1997 年 4 月 30 日;一些基本的法律截至 1998 年 3 月底;行政法规和规范性文件、国务院部门规章和司法解释截至 1996 年 10 月 30 日;地方法规,地方性规章目录截至日期为 1995 年 12 月 30 日"。正文前冠有按条目分类排序的"目录",书末无索引。

(2)《中国法律咨询百科全书》

该工具书将法律问题分别归纳为日常政治事务、社会事务与管理、经济事务与管理、婚姻家庭和财产继承、侵权行为与赔偿、犯罪与刑罚、诉讼事务这七个部分。在七个部分之下设置了 100 个类目 3000 个问题。采用通俗易懂的风格撰写公民和法人关注的 3000 个问题;内容涉及宪法、民法、刑法、行政法、民诉法、刑诉法、行政诉讼法;全书共 200 余万字。正文前有按类目、问题编排的目录,正文中条目的排序与目录相同。检索该百科全书中的条目除利用目录外,无其他检索路径。

(3)《法学辞海》

是一部综合性法律科学辞书,是国家重点科研项目。从 1991 年始,"由全国人大法工委、中国国际经科法人才学会、中国人民大学、中国政法大学、北京大学、天津大学、上海大学、西北政法学院、华东政法学院、海南大学、武汉大学、西安交通大学、中共中央党校、香港科学院、澳门科学院、台湾国际法律事务所、中国律师研究所等单位百名专家、教授历经七年半的艰辛劳动撰写而成"。该辞海条目浩繁,全书共四册,选收条目 25000 条。第 1 卷收录 1 至 4 画的条目;第 2 卷收录 5

至 6 画的条目;第 3 卷收录 7 至 9 画的条目;第 4 卷收录 10 画以上的条目。资料翔实,条目与释文所依据的中国法律文献截至 1998 年 6 月;"书中人名、地名、国家名、朝代名,以史料和有关辞书为具,均经考证。"书末附《国际公约一览表》《世界各国立法年表》以及《中国历代立法年表》等。该书正文部分的条目按笔画笔形法排序。正文前载有条目"笔画索引"。

(4)《法学大辞典》

曾庆敏主编,共收条目 10837 条,内容涉及"法理、宪法、行政法、刑法、民商法、婚姻法、经济法、劳动法、诉讼法、国际公法、国际私法、国际经济法、海商法、犯罪侦查学、侦查语言学、法医学、司法精神病、公证和律师、中国法律史、外国法律史、罗马法、司法组织等学科中的术语、学说、学派、思想、人物、著作、机构等"。正文中的条目按笔画笔形法排序,有的条目不仅有释义,而且还载有法律文献。这样撰写法学条目有利于读者了解法律知识,理解我国的法律法规,更有利于守法、执法。此外,正文前载有《词目表》;书末附《中华人民共和国法律、法规索引》《词目首字汉语拼音索引》等。

3. 年度法律法规、司法解释汇编

(1)《中华人民共和国法律汇编》,全国人民代表大会常务委员会法制工作委员会汇编,人民法院出版社按年陆续出版,收录从 1979 年开始。

(2)《中华人民共和国法规汇编》,国务院法制办编撰,本汇编逐年编辑出版,每年一册,收集当年全国人民代表大会及其常务委员会通过的法律和有关法律问题的决定,国务院公布的行政法规和法规性文件,还选收了国务院部门公布的规章,收录从 1954 年开始。

(3)《最高人民法院司法解释》,最高人民法院研究室编撰,法律出版社出版,该书基本按年度汇编的出版形式出版。

以上也是我们常用的法律法规查找工具书。

(二)法律论文资源

1. 学位论文

学位论文是高等学校、科研单位的法学相关人员撰写的学术研究论文。学位论文的内容具有强烈的法学研究性质,比较系统、详细,有专业深度与学术水平,情报含量极高。通常情况下,较新的学位论文不在信息流通系统中流通,不公开发表,所以获取较难,传播较慢。

学位论文的检索工具通常使用以下:

(1)"中国优秀博硕士学位论文全文数据库"

中国知识资源总库——CNKI 系列数据库之一(网址 http://www.cnki.net/),

（参见图 6-8）：重点收录 985、211 高校、中国科学院、社会科学院等重点院校高校的优秀硕士论文。覆盖基础科学、工程技术、农业、医学、哲学、人文、社会科学等各个领域。收录年限 1984 年至今，是目前国内相关资源最完备、高质量、连续动态更新的中国优秀博硕士学位论文全文数据库。目前，累积博硕士学位论文全文文献 300 万篇。

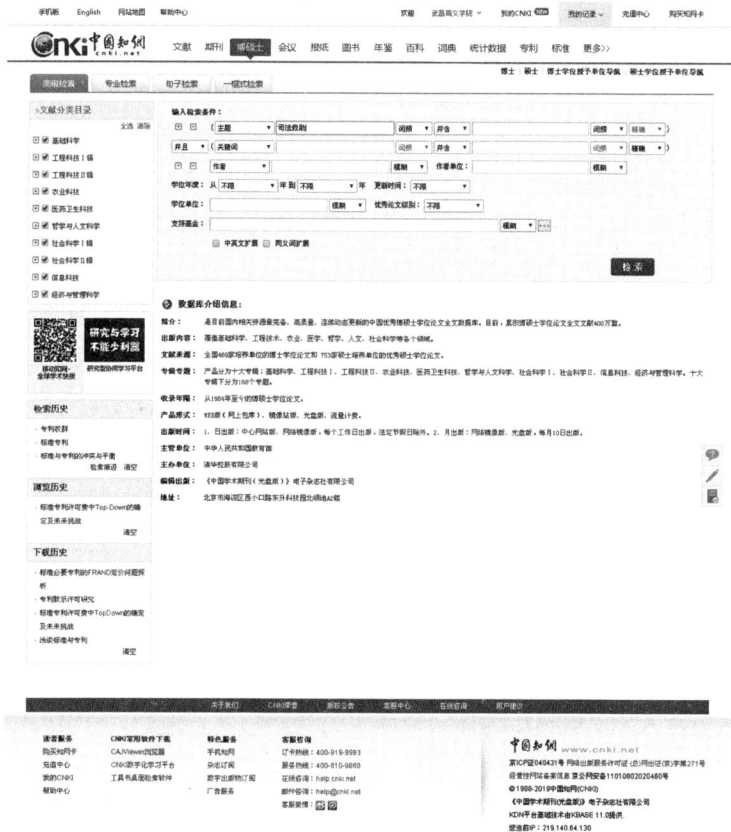

图 6-8　中国优秀博硕士学位论文全文数据库界面截图

（2）万方数据学位论文库

万方数据学位论文库（网址：http://www.wanfangdata.com.cn/degree/toIndex.do）（参见图 6-9）该学位论文资源包括中文学位论文和外文学位论文，中文学位论文收录始于 1980 年，收录中文学位论文共计 524 万多篇，年增 30 万篇，涵盖理学、工业技术、人文科学、社会科学、医药卫生、农业科学、交通运输、航空航天和环境科学等各学科领域；外文学位论文收录始于 1983 年，累计收藏 11.4 万余册,年增量 1 万余册。

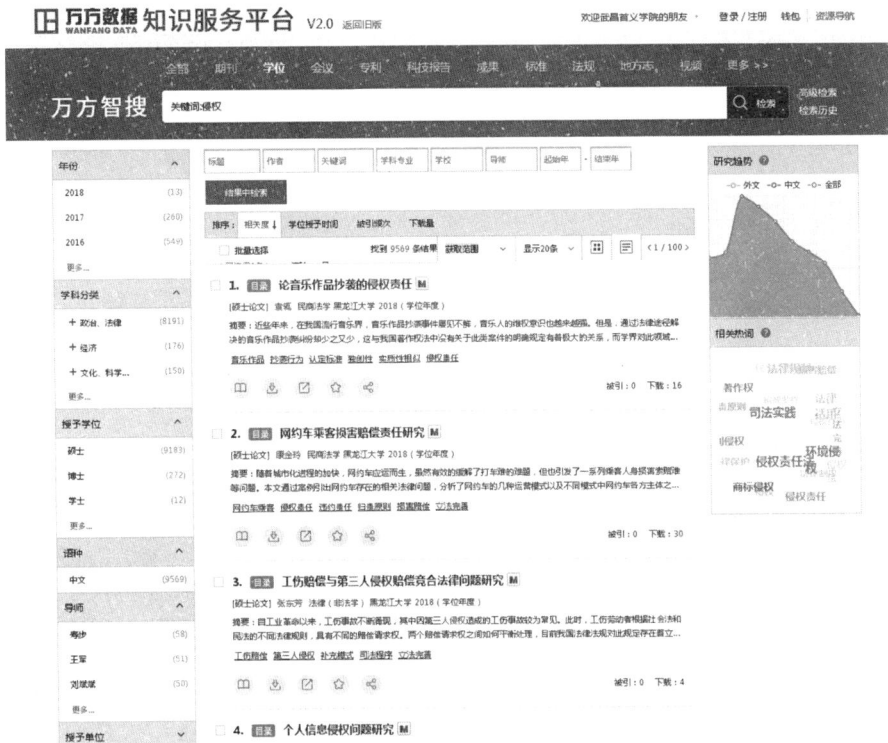

图 6-9 万方数据学位论文数据库界面截图

2. 会议论文

会议文献是指在法学学术会议上交流、发表的学术论文、报告。会议文献是对法学领域的热点、难点、重点等进行了学术交流与讨论而形成的成果。所以它的内容情报含量大、新颖、针对性强。会议文献一般以会议论文的形式出现,出版量少,传播慢。会议论文数据库一般只提供论文题录及部分文献信息。

会议论文的检索工具通常使用以下:

(1)中国重要会议论文全文数据库

中国知识资源总库——CNKI 系列数据库之一(网址 http://www.cnki.net/)(图 6-10),重点收录 1999 年以来,中国科协、社科联系统及省级以上的学会、协会、高校、科研机构,政府机关等举办的重要会议上发表的文献。其中,全国性会议文献超过总量的80%,部分连续召开的重要会议论文回溯至 1953 年。

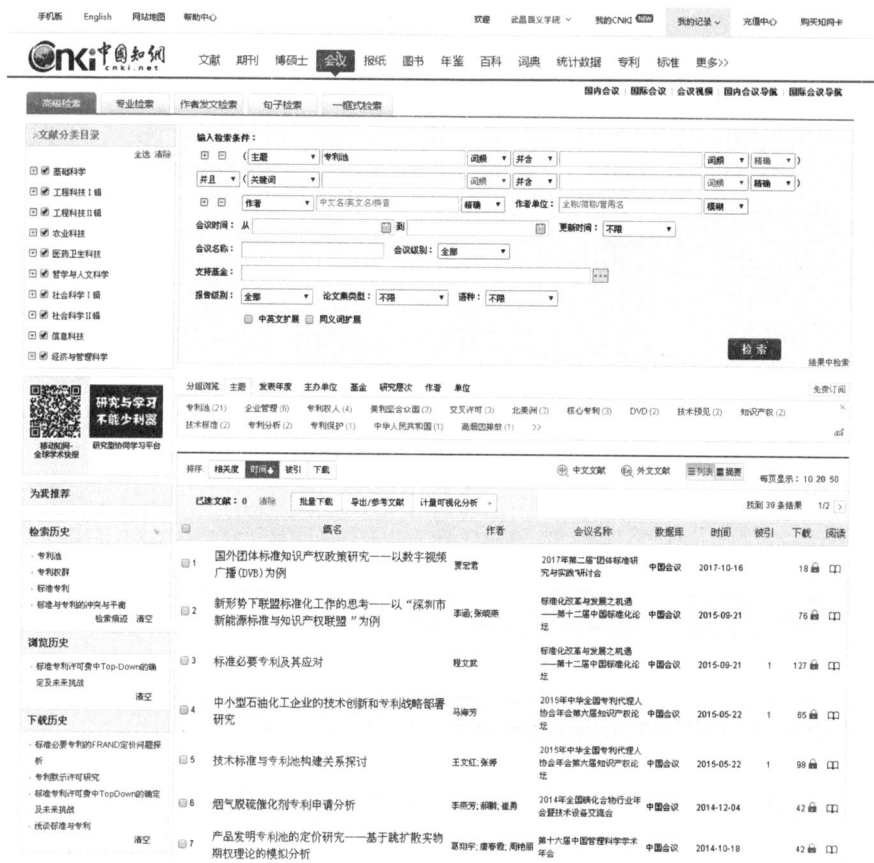

图 6 - 10 　中国重要会议论文全文数据库界面截图

（2）中国学术会议文献数据库（万方中国学术会议论文）

中国学术会议文献数据库（万方中国学术会议论文），（网址 http://g. wanfangdata. com. cn/index. html）（图 6 - 11），会议资源包括中文会议和外文会议，中文会议收录始于 1982 年，收录中文会议论文共计 538 多万篇，年收集 4000多个重要学术会议，年增 20 万篇全文，每月更新；外文会议主要来源于外文文献数据库，收录了 1985 年以来世界各主要学协会、出版机构出版的学术会议论文，共计 766 多万篇。

图6-11　万方中国学术会议论文界面截图

(三)法律连续出版物资源

1. 法律期刊

法律期刊按内容分为学术性期刊、专科性期刊、法制文学期刊、高校学报、社会科学综合性期刊、法律普及性期刊、动态性期刊和通报性期刊等。法律期刊出版周期短,篇幅不长,所以它的传播特点是:速度快、内容专深、情报含量大、内容新颖。期刊有印刷版形式和电子版形式,从使用上看,电子期刊已成为首选,是获取学科领域发展动态信息的重要渠道,其中核心期刊是学术影响较大的刊物,国内比较权威的核心期刊评价体系有:北京大学图书馆"中文核心期刊"、南京大学"中文社会科学引文索引(CSSCI)来源期刊"、中国科学技术信息研究所"中国科技论文统计源期刊"(又称"中国科技核心期刊")、中国社会科学院文献信息中心"中国人文社会科学核心期刊"等。武昌首义学院开发的《中国核心期刊投稿指南数据库》(参加图6-12),收录了四大权威机构的核心期刊目录,提供了刊名、ISSN号、CN号三种检索途径。

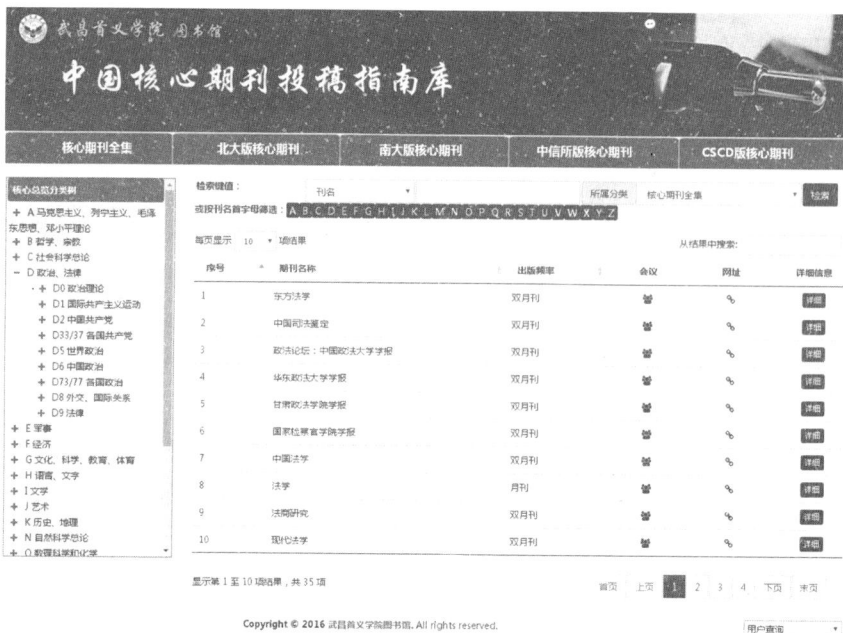

图 6 - 12 核心期刊投稿指南库界面截图

武昌首义学院核心期刊投稿指南库共收录法学核心期刊 33 种,包括:《法学研究》《法学评论》《政法论坛》《行政法学研究》《中国法学》《法学》《法律科学》《法学家》《中外法学》《法商研究》《政治与法律》《人民检察》《当代法学》《法律适用》《法学论坛》《环球法律评论》《法制与社会发展》《河北法学》《中国刑事法杂志》《知识产权》《华东政法大学学报》《甘肃政法学院学报》《国家检察官学院学报》《现代法学》《比较法研究》《中国法医学杂志》《中国海商法研究》《证据科学》《北方法学》《法医学杂志》《清华法学》《政法论丛》《法学杂志》。

2. 法律报纸

报纸作为新闻媒体,出版周期短,信息量巨大,能够迅速反映最新信息。法律专业报纸主要包括《法制日报》《检察日报》《人民法院报》等,刊载的内容多以法律新闻为主。目前这些报纸大多有网络版,如《人民法院报》(参见图 6 - 13),网址:http://rmfyb.chinacourt.org。

图 6-13 人民法院报界面

　　《人民日报》是中国共产党中央委员会机关报,国家重大立法活动和法律颁布都会在《人民日报》版面刊登报道。其网络版即"人民网"(参见图 6-14),网址:http://www.people.com.cn/。

图 6 – 14　人民日报界面

（四）法律数据库资源

1. 北大法宝

"北大法宝"法律数据库是我国最早、最专业的法律数据库,1985 年创立于北京大学,涵盖中国法律法规、司法案例、法学期刊、律所实务、英文译本、专题参考、司考在线、视频课件七大部分内容,数据总量 800 万余篇。

北大法宝检索途径:

北大法宝法律数据库含有多个子系统,如下表所示:(参见表 6 – 9)

表6-9　"北大法宝"法律数据库平台列表

序号	数据库平台名称	网址
1	北大法宝—法律法规检索系统	http://www.pkulaw.cn/law
2	北大法宝—司法案例检索系统	http://www.pkulaw.cn/case
3	北大法宝—法学期刊检索系统	http://www.pkulaw.cn/qk
4	北大法宝—律所实务检索系统	http://www.pkulaw.cn/lawfirm
5	北大法宝—专题参考检索系统	http://www.pkulaw.cn/zt
6	北大法宝—英文译本检索系统	http://en.pkulaw.cn
7	北大法宝—法律视频检索系统	http://v.pkulaw.cn

（"北大法宝"数据库平台列表）

"北大法宝"系统主界面七大子数据库介绍：

（1）法律法规检索系统

该系统收录自1949年起至今的法律法规，内容不断更新，包括中央司法解释、地方法律规章、合同与文书范文、港澳台法律法规、中外条约、外国法律法规、法律动态、立法背景资料等，满足您一站式查询法律法规的需求。（参见图6-15）

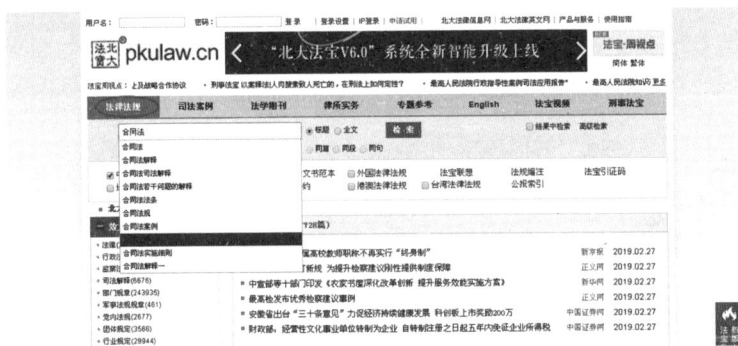

图6-15　法律法规检索系统界面截图

（2）司法案例检索系统

该系统全面精选收录我国大陆法院的各类案例，根据用户需求提供全方位检索、导航功能，并且对案例进行了深加工（包括提炼核心术语、争议焦点、案例要旨等），极大地提高了案例的参考价值。（参见图6-16）

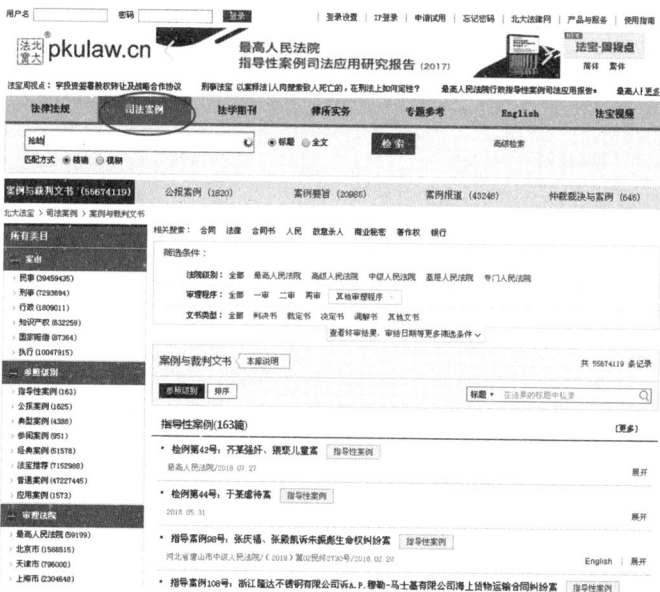

图 6 - 16　司法案例检索系统界面截图

（3）法学期刊检索系统

该系统为从事法律事务和法学研究的专业人士精心打造，提供专业的法学期刊服务，收录国内法学类核心期刊全文和目录、法律集刊全文和目录，是国内覆盖年份最完整、更新最快、使用最便捷的专业法学期刊检索系统。（参见图 6 - 17）

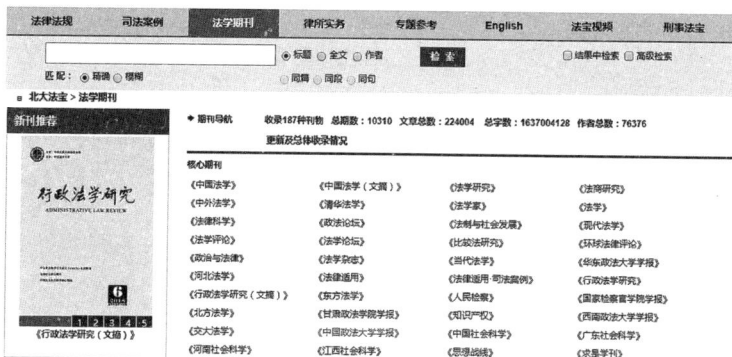

图 6 - 17　法学期刊检索系统界面截图

（4）律所实务检索系统

该系统为从事法律事务和法学研究的专业人士精心打造，提供专业的实务研究资料，收录知名律师事务所、全国优秀律师事务所刊物及优秀律师文章，满足法

律工作者进行实务研究。(参见图6-18)

图6-18　律所实务检索系统界面截图

(5)专题参考检索系统

该系统从审判实务出发,内容涵盖裁判标准、实务专题、法学文献、法律年鉴、法学教程等,为从事法律实务工作的人士提供更好的服务,满足专业人员对审判实践工作经验的学习。(参见图6-19)

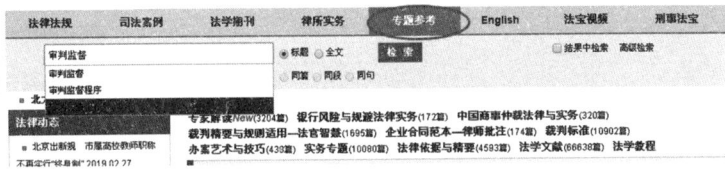

图6-19　专题参考检索系统界面截图

(6)英文译本检索系统

该系统为用户提供中国法律法规、案例、中外税收协定以及法律新闻等中国法律信息的英文译本。所有英文译本均与中文法律文本相对照,可同时同步进行中英文双版本浏览。(参见图6-20)

图6-20　英文译本检索系统界面截图

(7)法宝视频检索系统

该系统广泛收录了北京大学等多所国内顶尖法学院校的著名学者专题讲座,还包括来自司法界实务人员的一线实践经验传授,此外也兼顾了数位知名专家释法解读系列。(参见图6-21)

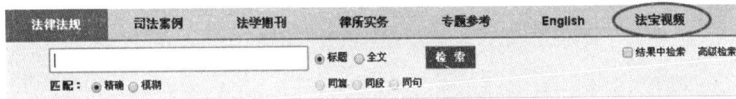

图6-21　法宝视频检索系统界面截图

2. 中国法律资源库

中国法律资源库是北大法意教育频道的一个子系统,中国法律资源库是由北京法意科技有限公司为高校用户量身定制的,在线法律资源信息服务平台。中国法律资源总库主要包括法律法规数据库群、司法案例数据库群两大基础数据库群以及合同范本、法律文书、法学论著、法学辞典、法律资讯等六大模块。网址:http://www.lawyee.org/(参见图6-22)

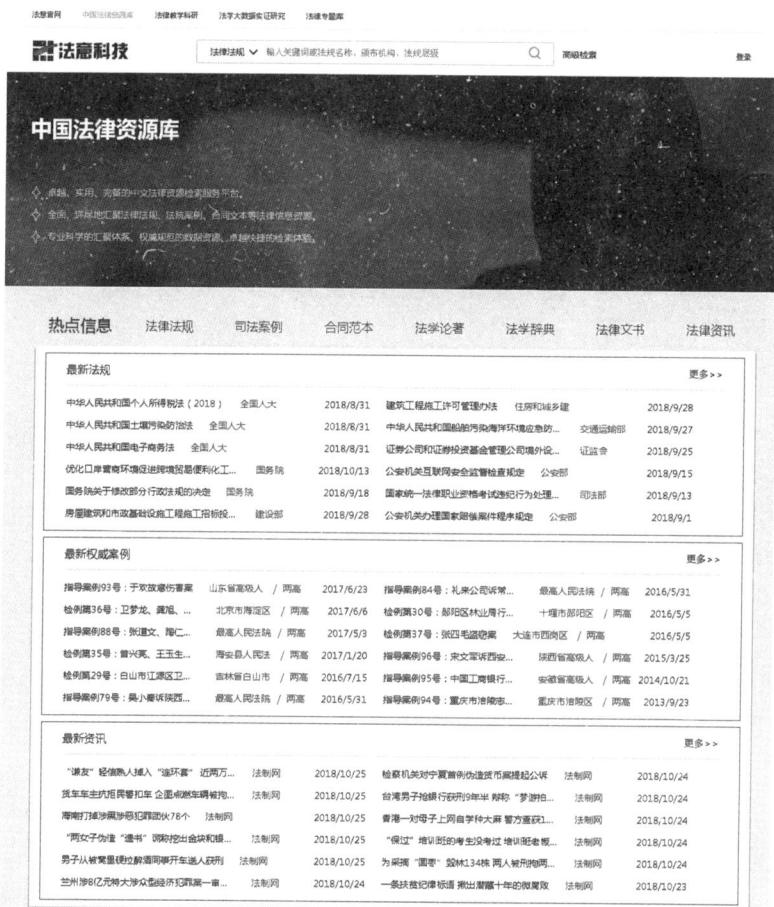

图6-22 中国法律资源库界面截图

(1)热点信息

展示最新法规、最新案例、最新资讯,点击具体内容可直接进入全文查看页。(参见图6-23)

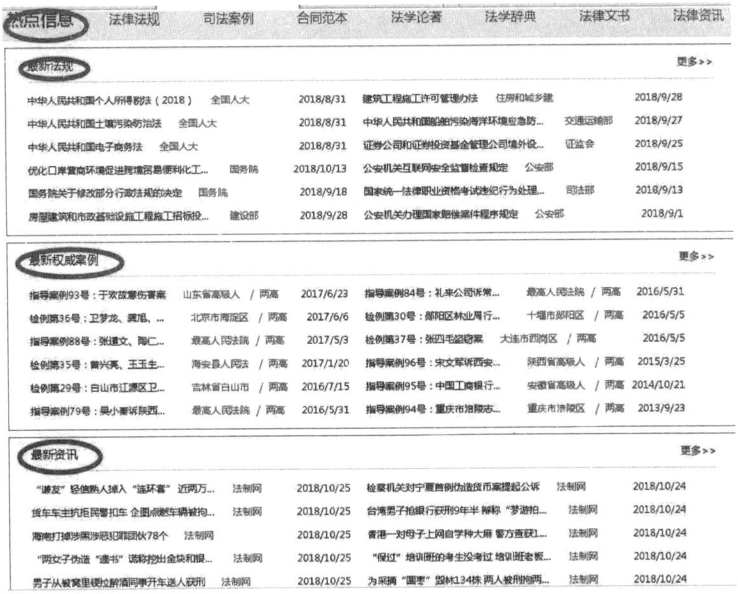

图 6 - 23　热点信息界面截图

（2）法律法规

展示中国法律法规库、境外法规库、外国法规库、特色法规库，其中中国法律法规库法规提供层级分类、行政区划分类、各部委机构分类。（参见图 6 - 24）

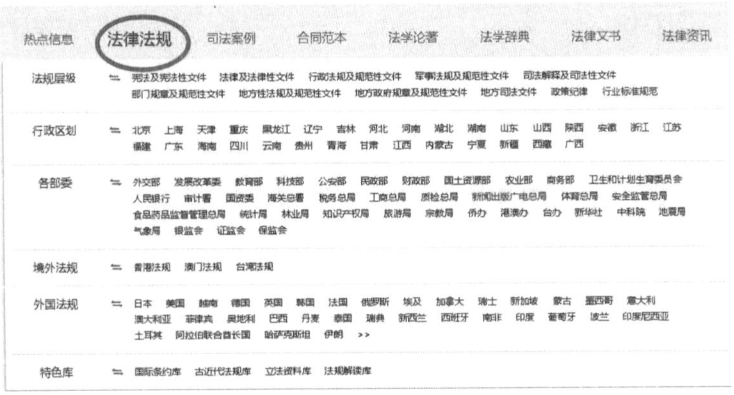

图 6 - 24　法律法规库界面截图

（3）司法案例

展示中国司法案例库、境外案例库、外国案例库、国际案例库、仲裁案例库、精品案例库、特色法规库，其中中国司法案例库提供权威案例分类、地方法院分类、案件类型分类。点击直接进入司法案例检索结果页。（参见图 6 - 25）

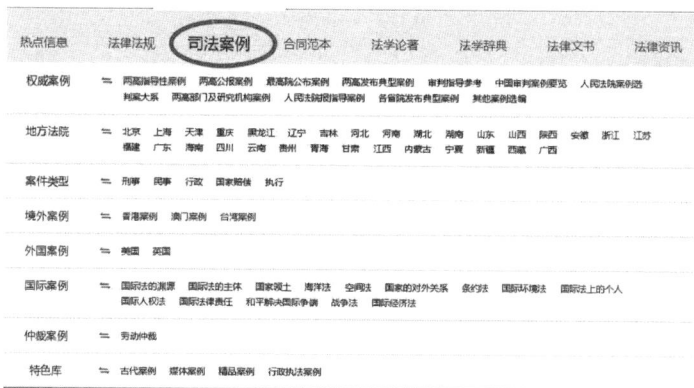

图 6 - 25　司法案例界面截图

（4）合同文本

展示合同范本库中各具体合同类型数据,提供各类合同规范文本 1800 多份,年更新 500 份以上,点击直接进入合同范本检索结果页。（参见图 6 - 26）

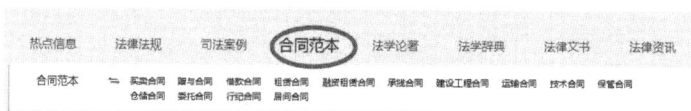

图 6 - 26　合同文本界面截图

（5）法律文书

展示法律文书库中各文书分类数据,点击直接进入法律文书检索结果页。（参见图 6 - 27）

图 6 - 27　法律文书界面截图

同时该网站还提供法学论著、法律辞典、法律资讯等信息的检索。法意数据库不仅支持全库快速检索、各专业分类的引导检索、各类高级检索、便捷的二次检索等功能,还提供特色的法规逐条以及检索结果分类统计等特色功能,并实现子库之间的全互动检索功能。

（五）其他网络法律资源

1. 重要法律出版机构

法律出版与国家的立法、司法、执法活动和法制建设紧密联系,关注目前国内主要的法律文献出版机构了解和掌握相关信息动态,也十分有必要。主要的法律出版机构有以下一些出版社,可以通过登录各出版社的网站,了解其出版动态。（参见表6-10）

表6-10 法律图书出版社信息列表

法律图书出版社信息		
序号	出版社	官网
1	法律出版社	http://www. lawpress. com. cn/
2	中国法制出版社	http://www. zgfzs. com/
3	中国政法大学出版社	http://www. cuplpress. com/
4	中国民主法制出版社	http://www. npcpub. com/aboutus/aboutstr. asp
5	人民法院出版社	http://www. courtbook. com. cn/
6	北京大学出版社	http://www. pup. cn/main/

2. 因特网法律资源

除商业性、学术性的法律数据库外,因特网上有相当数量的免费学术资源(OA),也是常用的资源及检索工具,如搜索引擎、专业学术网站、官方网站、高校和研究性机构图书馆。以下简单将使用的互联网中文资源地址(URL)集中归类如下:（按网站名称汉语拼音排序）

（1）政府/官方法律网站（参见表6-11）

表6-11 政府法律官网列表

政府法律官网列举		
序号	政府/官方网站	网址
1	中国法律援助网	http://www. chinalegalaid. gov. cn/
2	中国普法网	http://www. legalinfo. gov. cn/
3	中国人大网	http://www. npc. gov. cn/
4	中国政府法制信息网	http://www. chinalaw. gov. cn/

续表

序号	政府/官方网站	网址
5	中华人民共和国国家知识产权局网站	http://www.sipo.gov.cn/
6	中华人民共和国国务院新闻办公室	http://www.scio.gov.cn/index.htm
7	中华人民共和国海关总署网站	http://www.customs.gov.cn/
8	中华人民共和国司法部网站	http://www.moj.gov.cn/
9	中华人民共和国商务部—全球法律法规网	http://policy.mofcom.gov.cn/
10	中华人民共和国中央人民政府门户网站	http://www.gov.cn/
11	最高人民法院网站	http://www.court.gov.cn/
12	最高人民检察院网站	http://www.spp.gov.cn/

(2)法律学术、研究、服务机构网站(参见表6-12)

表6-12　法律学术、研究、服务机构网站列举

	法律学术、研究、服务机构网站列举	
序号	网站	网址
1	法制网	http://www.legaldaily.com.cn/
2	万律网	http://www.westlawchina.com/index_cn.html
3	中国裁判文书网	http://wenshu.court.gov.cn/
4	中国法学网	http://www.iolaw.org.cn/
5	中国法学会网站	https://www.chinalaw.org.cn/
6	中国法院网	https://www.chinacourt.org/index.shtml
7	中国国际经济贸易仲裁委员会	http://www.cietac.org.cn/
8	中国公证网	http://www.chinanotary.org/
9	中国律师网	http://www.acla.org.cn/home/toPage
10	中国民事程序法律网	http://www.civilprocedurelaw.cn/
11	中国民商法律网	http://www.civillaw.com.cn/
12	中国刑事法律网	http://www.criminallaw.com.cn/
13	中国商事仲裁网	http://www.ccarb.org/
14	正义网	http://www.jcrb.com/

(3)法律类图书馆及其资源网站(参见表6-13)

表6-13 图书馆网站列举

图书馆网站列举		
序号	图书馆	网站
1	北京大学图书馆	http://www.lib.pku.edu.cn/portal/
2	华东政法大学图书馆	http://www.tsg.ecupl.edu.cn/lib/Index.html
3	武汉大学图书馆	http://www.lib.whu.edu.cn/web/default.asp
4	西北政法大学图书馆	http://tsg.nwupl.cn/
5	中国国家图书馆	http://www.nlc.cn
6	中国人民大学图书馆	http://www.lib.ruc.edu.cn/
7	中国政法大学图书馆	http://library.cupl.edu.cn/
8	中南财经政法大学图书馆	http://library.zuel.edu.cn/

(4)法律网络公开课资源(参见表6-14)

表6-14 网络公开课资源列举

网络公开课列举		
序号	网络公开课	网站
1	爱课程	http://www.icourses.cn/home/
2	北京大学视频公开课	http://opencourse.pku.edu.cn/course/opencourse/
3	国家精品课程资源网	http://www.jingpinke.com/
4	国内大学名师讲堂	http://v.qq.com/zt2011/university/index.htm
5	网易公开课	https://open.163.com/
6	新浪公开课	http://open.sina.com.cn/
7	中国大学视频公开课	http://ulive.univs.cn/event/event/template/index/213.shtml
8	中国教育在线	http://www.class.cn/index/open

三、法学专业信息资源检索案例

法律检索过程是对资源和检索工具比较、选择及综合应用处理的过程。针对不同的检索目的,需制定不同的检索方案或检索策略,选择不同的检索工具和资源进行检索并清洗检索结果达到最终需求。这里的举例只是一般性的检索分析,列出应用型高校法学本科学生的检索步骤、常用的检索工具以及基本的检索结果,提供一定的检索思路和检索操作过程的参考。

在日常学习、科研中,我们常会碰到法律信息点检索、法律资料性检索、法律案例研究检索、法律实务性检索。我们通常使用法律检索的四大步骤:识别法律问题;确立检索思路;进行实际检索;形成检索报告。下面以案例的形式展示整个过程。

案例一:查找"法律文献检索"期刊文献相关信息

检索步骤:在 CNKI 知识服务平台页面勾选"期刊全文数据库",在检索区中选中"主题"检索项,默认其他检索项设置,输入"法律文献检索",点击检索。共产生 17 个检索结果。(参见图 6 - 28)

图 6 - 28　中国知网期刊文献检索界面截图

从已经获取的基本文献中我们了解到与法律文献检索相近似并被频繁使用的概念有法律检索、检索途径、检索方法、法律文献等。

我们利用 CNKI 计量可视化分析工具,发现当前法律文献检索研究的学术趋势、指标、分布等信息,如下图:(参见图 6 - 29)

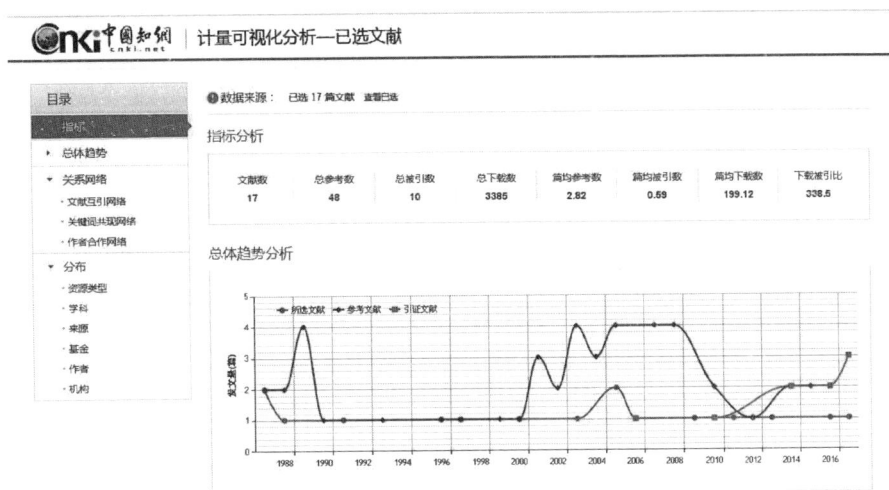

图 6-29　法律文献检索分析界面截图

案例二:聂树斌案的法律分析

检索步骤:第一步,识别法律问题,要了解聂树斌案的背景信息,如何查找该案的背景材料、判决书、业界对该案的思考等;第二步,确定检索工具,查找有关该案的讨论、研究文献、业界学者的观点、文章,对于研究中涉及的相关法律、法规、司法解释要查阅相关规定的内容,了解该案发生之后对我国相关法律规定、法律适用的研究和讨论;第三,实施具体的检索并清洗相关检索材料;第四,撰写检索报告。此处仅仅讲解前三步的操作。

检索关键词:聂树斌案、故意杀人、强奸、申诉、审判监督

具体检索操作:

1. 利用百度百科(参见图 6-30)或其他搜索引擎检索"聂树斌案",获得该案的相关信息和案件来龙去脉。通过一般性浏览可发现该案的基本情况,并围绕该案的罪名和法律适用做各种讨论。

图 6 – 30　百度百科搜索界面截图

2. 利用专业数据库资源获得该案涉及的法律法规、判决书等。如使用"北大法宝"的司法案例库(参见图 6 – 31),输入"聂树斌案",点击检索,检索结果显示"聂树斌案"的一审、二审、审批监督相关裁判文书,查找故意杀人、强奸、申诉、司法赔偿等相关法律法规。

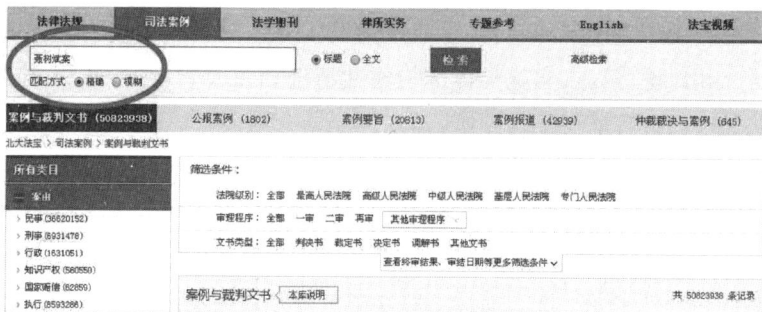

图 6 – 31　北大法宝司法案例库"聂树斌案"界面截图

还可以利用"百链"检索其他相关信息(参见图 6 – 32)。

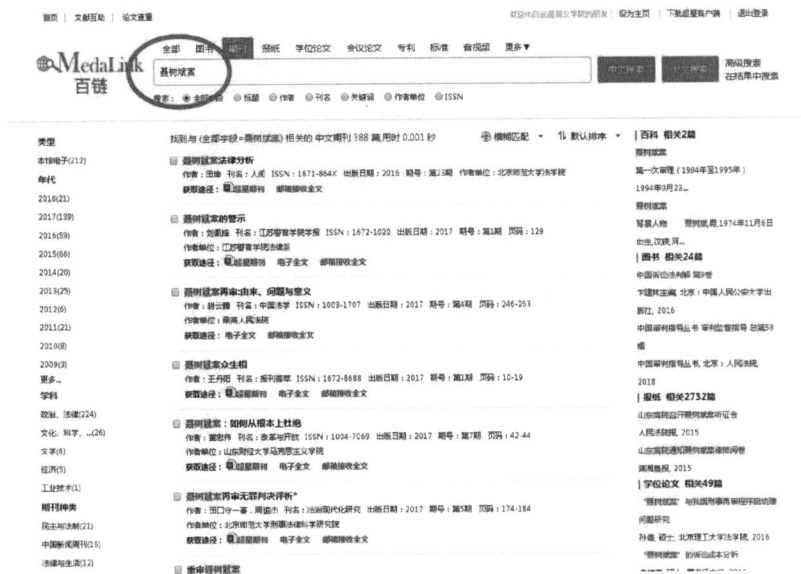

图6-32　百链"聂树斌案"界面截图

利用专业期刊数据库,查询关于该案的研究性文章。如使用"中国知网",以"聂树斌案"为主题,可以查找相关文章,为课题研究提供参考,同时"为我推荐"栏提供相关搜索(参见图6-33)。

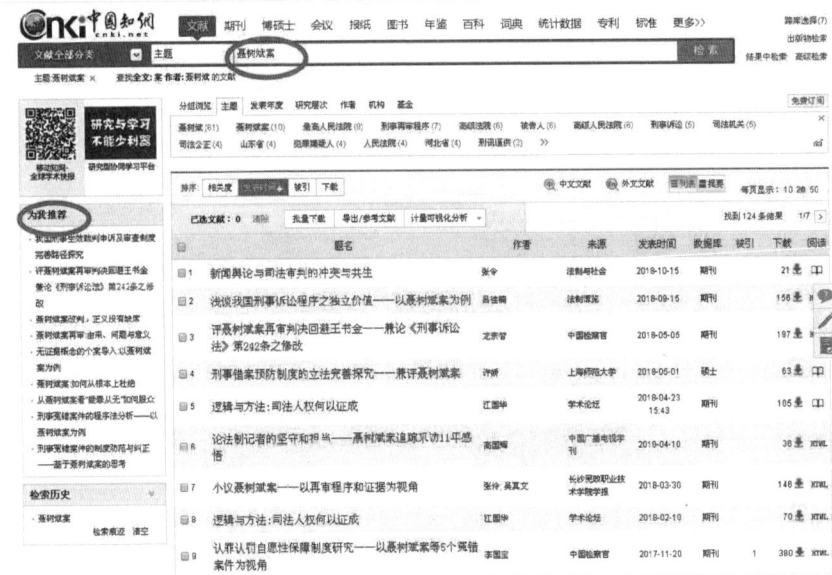

图6-33　中国知网"聂树斌案"文献界面截图

3.对所有检索结果进行清洗,查看适合的文献做参考并撰写检索报告。

法律检索的技能要在不断的动手实践中培养并熟练。要了解不同的资源和检索工具的特点和功能,针对不同的检索目的和要求,制定不同的检索方案和策略。在检索过程中要不断调整检索方案,对检索结果运用批判性思维进行选择、补充、清洗、筛选。

第五节　文学类信息素养培养

一、学科权威信息的获取

（一）文学类资源类型概况

文学是指以语言文字为工具形象化地反映客观现实、表现作家心灵世界的艺术,包括诗歌、散文、小说、剧本、寓言、童话等,是文化的重要表现形式,以不同的形式(称作体裁)表现内心情感,再现一定时期和一定地域的社会生活。① 根据《普通高等学校本科专业目录(2012 年)》分类,作为学科的文学下分为中国语言文学、外国语言文学、新闻传播学三个大类,共包括 72 个专业。

表 6-15　文学类下设专业大类

专业代码	专业类名
0501	中国语言文学类
0502	外国语言文学类
0503	新闻传播学类

文学类学科,尤其是中国语言文学类在我国有着悠久的历史,累积的资源也非常丰富,本章将重点介绍该类的学科资源。

---

① 童广远主编;丁太魁副主编;杜晓霞,梁英平,高永鑫,赵录旺,张智虎,孙倩,张旭,姚挹沣参编,人文社会科学概论,北京师范大学出版社,2015.08,第 76 页.

表 6 – 16　中国语言文学类常用资源

专业资源类型		专业资源名称
工具书	书目、索引	《语言文字学书目》《汉语语言学论著目录》《中国语言文学系学生阅读书目》《中国二十世纪文学研究论著提要》《中国现代作家著译书目》《当代中国文学名著题解》《中国文学史书目提要》《民间文学书目汇要》《新中国40年文艺理论研究资料目录大全》《大学文科指导书目》《中国古典文学名著题解》《中国文言小说总目提要》《小学考》《中国通俗小说总目提要》《八百种古典文学著作介绍》《中国古典文学研究论文索引》《中国现当代研究论文索引》《中国现代当代文学研究论文索引》《中国现代文学作家作品评论资料索引》《现代汉语语言资料索引》……
	辞典、资料汇编	《中国文学大辞典》《中国文学家大辞典》《唐宋词百科大辞典》《元曲百科大辞典》《古代小说百科大辞典》《中国古代文学名篇鉴赏辞典》《中国古代文学辞典》《中国现代文学辞典》《中国新时代文学辞典》《中国现代文学大辞典》《中国新时期文学辞典》《文学理论辞典》《古典文学研究资料汇编》《中国现代作家作品研究资料丛书》《中国当代文学研究资料丛书》《鸳鸯蝴蝶派研究资料》……
核心期刊（南大版）		《文学评论》《文学遗产》《文艺争鸣》《文艺理论研究》《南方文坛》《当代文坛》《文艺理论与批评》《新文学史料》《当代作家评论》《中国现代文学研究丛刊》《小说评论》《鲁迅研究月刊》《红楼梦学刊》《中国比较文学》《民族文学研究》《扬子江评论》
数据库		《中国基本古籍库》《中国高校人文社会科学文献中心》(CASHL)《中国人民大学复印报刊资料》《CADAL》《CALIS》
网络资源		古诗词网(http://gushi.qinqishuhua.org/) 中国古代文学史复旦大学精品课(http://gdwxs.fudan.edu.cn/index.htm) 古典文学网(http://www.gudianwenxue.com/) 中国国家图书馆古籍资源库(http://www.nlc.cn/dsb_zyyfw/gj/gjzyk/) 国家图书馆(http://www.ncl.edu.tw/) 书格(https://shuge.org/) 汉典(http://www.zdic.net/)
网络资源		国学大师(http://www.guoxuedashi.com/) 殆知阁(http://shedingkong.lofter.com/post/302b9d_26ab7d5) 古籍馆(https://www.gujiguan.com/) 超星发现(http://www.zhizhen.com/) 中国古籍全录(http://guji.artx.cn/) 台湾师大图书馆【寒泉】古典文献全文检索资料库(http://skqs.lib.ntnu.edu.tw/dragon/) 国学网(http://www.guoxue.com/) 汉典古籍(http://gj.zdic.net/) 国学导航(http://www.guoxue123.com/) 苏州图书馆古籍库(http://fzk.szlib.com/book/index) 东里书斋(http://www.donglishuzhai.net/index.html) 中国古籍全录(http://guji.artx.cn/) 中国国学网(http://confucianism.com.cn/) 诗经全集(http://ganquan.info/shijing/)

(1)中国语言文学类工具书

关于工具书的定义,《辞海》解释为:专为读者查考字义、词义、字句出处和各种事实而编纂的书籍,如字典、词典、索引、历史年表、年鉴、百科全书等。本章介绍的工具书主要包括两部分,一是书目、索引、评论;二是辞典、资料汇编。

《中国语言文学系学生阅读书目》,南开大学中文系编,南开大学出版社1986年出版。收录文艺理论和美学、中国古代文学、中国现代文学、中国当代文学、外国文学等方面的重要著作五百余种(排列顺序大体是先依类别,后按时间),语言学类八十多部,文学类四百多部,还给每部书写了一个简单的介绍。列出书目也可以说是给中国语言文学专业的业务范围勾画了一个轮廓,书目本身对初学者也有指导入门的意义。这五百多种书,中间有一些是大部头的,四年之间翻阅一遍似乎嫌多,可以在教师指导下确定哪些是必读的,哪些是参考的。

《中国现代当代文学研究论文索引》,为满足教学和科研需要,天津师范大学中文系研究室编辑该书,南开大学出版社1984出版。该索引搜集了1949-1982年发表在全国七百多种主要报刊上的我国现代、当代文学研究论文和资料的篇目,加工整理编纂而成。分为两部分:一是文学体裁综合论述,分类编排;二是作家作品研究,收录八百余名作家的作品评论的文章的篇目。该索引适合高等院校文科师生、科研人员、社科研究部门等有关人员使用。

中国文学大辞典:是由中国社会科学院文学研究所前所长马良春和天津人民出版社编审李福田作为总主编,历时三年多编纂而成的。书中所收的33000余条词目绝大多数都是直接依据第一手资料写出的。书中把中国文学作为世界文学的一个分支去观察思考的特点,它著录了我国近代、现代、当代文学受到国外文学思潮和流派影响演进的情况,另外,又沟通了汉族文学、少数民族文学、民间文学、台港地区、海外华人文学的联系,显示出高屋建瓴、宏观把握的系统性。为了方便读者使用和检索,本书的第一册收有"目录""分类索引""音序索引"及"词头检目表",读者可用多种方法进行检索。

(2)中国语言文学类核心期刊

关于核心期刊的定义众说纷纭。笔者这里采用的观点来自李西民在《关于核心期刊的定义及对完善核心期刊评价的建议》中的定义:某学科(或专业或行业)的核心期刊,是指该学科(或专业或行业)所涉及的期刊中,刊载论文较多、有价值信息量大的,论文学术(或业务水平)较高的,读者利用率相对较高的,受众面广、影响力较大的,并能反映本学科(或专业或行业)最新研究成果、前沿研究状况、最新实践和发展水平的期刊。①

文学评论:文艺理论刊物。发表有关中国文学与中国文论、外国文论研究方面的论文,促进我国文学理论学说和体系的建设。中国文学研究和理论批评的主流权威学术刊物。1957 年 3 月创刊。文章的学理功底和学术特色凝聚了众多海内外著名专家学者,该杂志视角独特、论域宽宏,在中国文学评论界享有广泛持久的影响力。

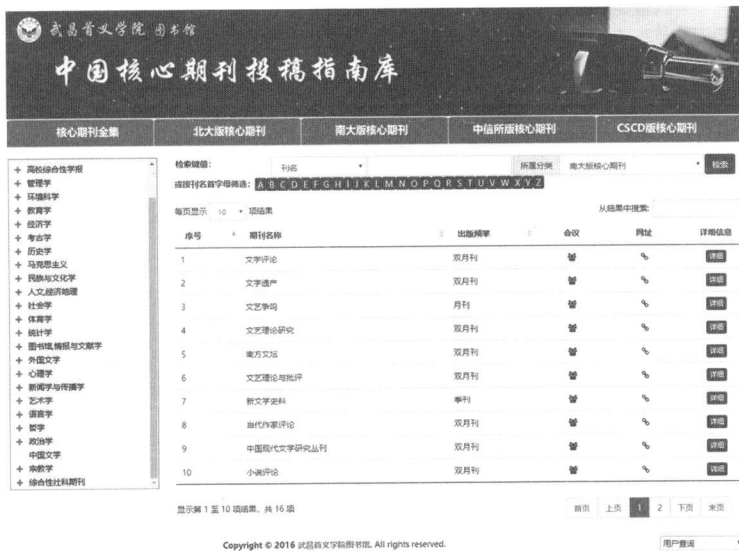

图 6 – 34　南大版中国文学核心期刊

文艺理论研究:文艺理论刊物。发表当代中青年作家、文艺评论家、教育工作者的学术论文,研究探讨文学创作和文艺理论方面的问题,同时介绍国内外最新文艺思潮及各学派观点。

中国现代文学研究丛刊:文学研究学术性刊物。发表对中国现代文学的研究评论文章,包括文学运动、文学思潮、文学流派以及作家作品的研究分析。

近年来,武昌首义学院图书馆自己研发的核心期刊投稿指南数据库投入使用,本节选用的核心期刊(南大版)均来自该数据库的搜集。

随着电子技术的不断发展,期刊也逐渐的电子化。除了查看纸质期刊,读者也可选择电子期刊。中国知网(CNKI)作为国内电子期刊的佼佼者,通过与期刊

---

① 李西民. 关于核心期刊的定义及对完善核心期刊评价的建议[J]. 河南科学,2009,27
(12):1617 – 1620.

界、出版界及各内容提供商达成合作,读者也可通过中国知网(CNKI)查询电子版。以武昌首义学院图书馆为例,通过中国知网(CNKI)查询发表自《文艺评论》的文献。

图6-35 中国知网查询发表自《文艺评论》的论文文献

(3)中国语言文学类数据库资源

中国基本古籍库:综合性的全文检索版大型古籍数据库,列为北京大学重点科研项目、全国高等院校古籍整理工作委员会重点项目、国家重点电子出版物。由北京大学教授刘俊文总纂,北京爱如生数字化技术研究中心研制。

该库分为4个子库、20个大类、100个细目,精选先秦至民国的历代重要典籍,包括流传千古的名著、各学科基本文献以及拾遗补缺的特殊著作等。总计收书10000 种、17 万卷;版本 12500 个、20 万卷;全文 17 亿字、影像 1200 万页,数据总量 350G。其收录范围涵盖全部中国历史与文化,其内容总量相当于 3 部《四库全书》。不但是全球目前最大的中文古籍数字出版物,也是中国有史以来最大的历代典籍总汇。

该库可从多条路径和可用多种方法进行海量全文检索,提供 3 条检索路径:①分类检索,通过库、类、目的树形结构进行定向检索,可检索到某　领域的某些或某种书,并可预览其概要;②条目检索,限定书名、时代、作者、版本、篇目等条件进行目标检索,可检索到某时代某作者某书某版本某卷某篇,并可预览其概要;③全文检索,输入任意字、词或字符串进行检索,可检索到 1 万多种书中所有的相关信息,综合各种关联选项进行精确检索,可排除大量无用垃圾,直接检索到所需信息。① 同时拥有 10 项基本功能和 2 个辅助工具,可轻松实现从研读、批注到下载、打印的一站式整理研究作业,从而帮助使用者在获得空前广阔学术视野的同时,极大提高研究工作的效率。

该库自 2005 年正式面市以来,以其宏伟的规模、精粹的内容、实用的设计和优质的服务,受到国内外学术文化界的热烈欢迎。截至 2016 年年末,全球已有180 个机构客户,多为一流大学、著名图书馆和重要学术机关,如中国国家图书馆、中国国家博物馆、美国国会图书馆、德国国家图书馆、北京大学、香港大学、美国哈佛大学、日本京都大学、韩国首尔大学等。

(4)中国语言文学类网络资源

中国国家图书馆古籍资源库:该库资源十分丰富,包括中华古籍资源库、古代典籍、四部丛刊、全宋诗分析系统、全唐诗分析系统、甲骨世界、二十五史研习系统、四部丛刊增补版等多个古籍资源库。

书格:建立于 2013 年,是一个自由开放的在线古籍图书馆。致力于开放式分享、介绍、推荐有价值的古籍善本,并鼓励将文化艺术作品数字化归档。分享内容限定为公共版权领域的书籍(参照标准伯尔尼公约);最大限度地还原书籍品貌、内容,让读者自由、免费地欣赏到那些难以现世的书籍,从中感受到人类文明进程。

这些公开的网络资源基本上都可输入关键词直接搜索相关文献资源。以书格为例,读者可直接使用该网站的搜索功能。

---

① 陈岚,王凤翠著.数字信息资源检索方法与实践.武汉:华中科技大学出版社,2011.05,第192 页.

（二）检索实例

此节笔者将以“谢道韫”为例，检索其生平及作品。

（1）分析研究课题

从题干来看，只给出“谢道韫”这个关键词，检索范围很大，必须使用多种检索工具，采用多种检索方法才能达到我们的要求。检索过程中，我们可以检索“谢道韫”的人生经历，她的作品、和她相关的人物以及研究她作品的文献。所以，我们可以确定基本的检索方式。

如果我们了解谢道韫这个人，或者知道她的代表作品以及和她相关的著名人物的故事，可以从我们知道的这些人物、作品入手检索。如果完全不了解谢道韫，我们可以从检索谢道韫生平开始。

从题干而言，我们确定检索词——“谢道韫”。

（2）具体检索查找

由于我们完全不了解谢道韫，所以首先从网络资源入手。可以利用的电子资源包括百度百科、中国知网 CNKI 等数据库。通过百度百科，我们可以知道，谢道韫字令姜，东晋时女诗人，是宰相谢安的侄女，安西将军谢奕的女儿，也是著名书法家王羲之次子王凝之的妻子。也可以了解关于谢道韫“未若柳絮因风起”的著名故事，以及她的代表作品《拟嵇中散咏松》《论语赞》等信息。

还可以通过中国知网 CNKI 查看研究者们对谢道韫生平以及作品的考究和分析，和其他女诗人的对比以及其作品中表现出来的思想内涵。

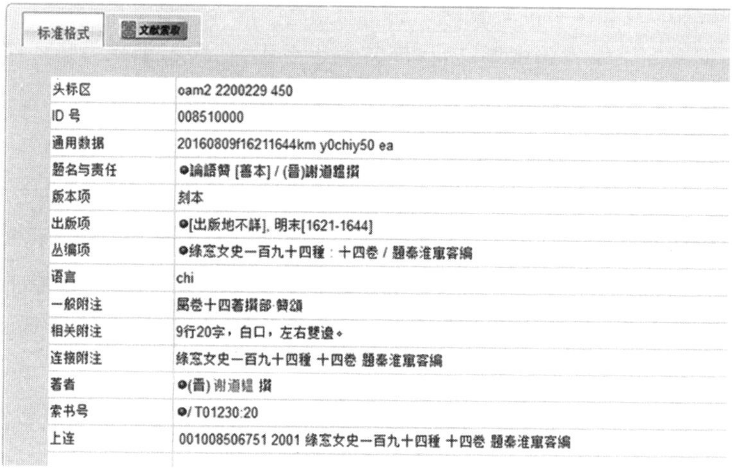
标准格式　文献索取

头标区	oam2 2200229 450
ID 号	008510000
通用数据	20160809f16211644km y0chiy50 ea
题名与责任	●論語贊 [善本] / (晉)謝道韞撰
版本项	刻本
出版项	●[出版地不詳]，明末[1621-1644]
丛编项	●綠窗女史一百九十四種：十四卷 / 題秦淮寓客編
语言	chi
一般附注	屬卷十四著撰部·贊頌
相关附注	9行20字，白口，左右雙邊。
连接附注	綠窗女史一百九十四種 十四卷 題秦淮寓客編
著者	●(晉) 謝道韞 撰
索书号	●/ T01230:20
上连	001008506751 2001 綠窗女史一百九十四種 十四卷 題秦淮寓客編

图 6－36　国家图书馆联机公共目录查询系统

由于百度百科是一个人人皆可编辑的词条，读者可能会对这些信息存疑。我们可通过图书馆书目检索关于谢道韫的图书。以国家图书馆为例,查找相关谢道韫的图书。

通过国家图书馆联机公共目录查询系统,我们可以检索到4条关于谢道韫的记录,其中一本即是谢道韫的作品——《论语赞》(善本)。

同样,我们还可通过《中国文学家大辞典》(谭正璧编)来查找谢道韫的权威信息。由于武昌首义学院图书馆无此书的纸质馆藏,我们这里通过读秀学术搜索来查找该书的电子书。

图6-37 读秀学术搜索查询中国文学家大辞典

由于本书只能阅读部分书籍,这里通过读秀的文献传递功能来实现阅读全文信息的功能。通过阅读部分的目录找到谢道韫,然后文献传递所需页面。

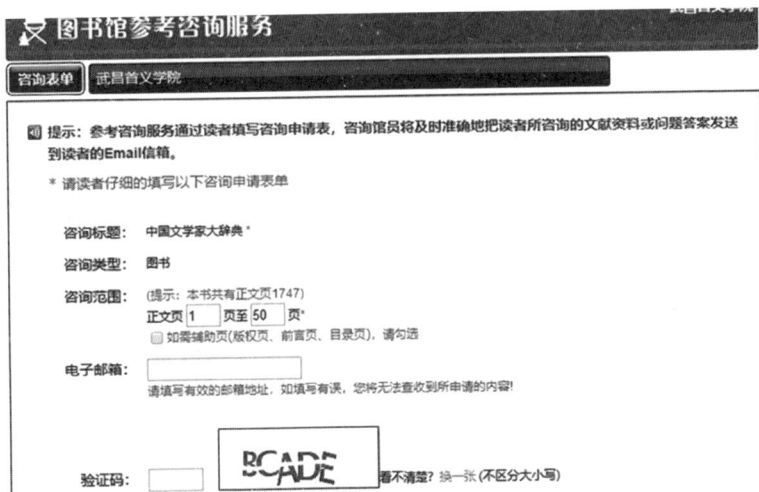

图6-38 读秀文献传递

通过文献传递,我们查找到以下关于谢道韫的生平信息。

图 6-39　《中国文学家大辞典》中谢道韫的介绍

　　从该文献可以确认谢道韫的生平信息。但关于谢道韫的作品,我们需要进一步的查证。从上图可知,其作品仅存数篇,收集在《隋书经籍志著录文集二卷》,通过这个信息,我们再查找《隋书经籍志著录文集二卷》中收集的谢道韫的作品。

　　如果纸质古籍类图书资源非常齐全,可以直接通过纸质图书查找。这里,笔者通过网络公开资源古诗词网查找《隋书》,通过检索谢道韫,得出以下资料。

　　"晋江州刺史王凝之妻《谢道韫集》二卷梁有妇人晋司徒王浑妻《钟夫人集》五卷,《晋武帝左九嫔集》四卷,晋太宰贾充妻《李扶集》一卷,晋武平都尉陶融妻《陈窈集》一卷,晋都水使者妻《陈玠集》五卷,晋海西令刘臻妻《陈参集》七卷,晋刘柔妻《王邵之集》十卷,晋散骑常侍傅伉妻《辛萧集》一卷,晋松阳令钮滔母《孙琼集》二卷,晋成公道贤妻《庞馥集》一卷,晋宣城太守何殷妻《徐氏集》一卷,亡。"

　　从上文可知,《谢道韫集》现已遗失。我们需要通过其他途径来查询谢道韫的代表作信息。这里我们通过书格再次查找谢道韫的相关文献。

　　通过书格检索到的信息,我们需要查找《历朝名媛诗词》(清代陆昶评选)全文,查看谢道韫代表作信息。这里我们通过网络公开资源国学大师来进行。

在国学大师网站下载《历朝名媛诗词》全书电子版,查找本书中收录的关于谢道韫的相关信息。通过在国学大师网站下载《历朝名媛诗词》全书电子版,书中收录的关于谢道韫的相关信息如下:

"安西將軍謝奕女左將軍王凝之妻也聰慧有辨叔父安石一日内集適雪下安石欣然倡句曰大雪紛紛何所似兄子朗曰撒鹽空中差可擬道韞曰未若柳絮因風起安石大悦。觀其登山一章筆力矯健詞氣展拓居然名製無讓諸謝其詠絮一句相行得朗語醜也。"

"登山
岌岌東嶽高。秀極沖青天。
巖中間虛宇。寂寞幽以元。
非工復非匠。雲構發自然。
氣象爾何物。遂令我屢遷。
逝將宅斯宇。可以盡天年。
　　擬嵇中散詠松
遙望山上松。隆冬不能彫。
願想遊下憩。瞻彼萬仞條。
騰躍未能升。頓足俟王喬。
時哉不我與。大運所飄颻。"

通过以上查询,我们可以确认《登山》《拟嵇中散咏松》为其代表作品。

同样的,我们还可通过其他古籍资源查找谢道韫的相关信息,而且最好是可以查到最早的书籍记载。虽然很多珍贵的古籍资源我们无法查找纸质图书,但随着古籍资源的电子化,我们同样可以检索到电子版,这不失为一种好的查找信息的方式。

第六节 理学类信息素养培养

一、学科权威信息的获取

(一)理学学科资源类型概况

理学是中国大学教育中重要的一支学科,与文学、工学、教育学、历史学等并列,组成了我国的高等教育学科体系。理学是研究自然物质运动基本规律的科学,包括数学、物理学、化学、天文学、地理科学、大气科学、海洋科学、地球物理学、地质学、生物科学、心理学、统计学12个专业大类,共设36个专业。

表6-17　理学门类下设专业大类

专业代码	专业类名
0701	数学类
0702	物理学类
0703	化学类
0704	天文学类
0705	地理科学类
0706	大气科学类
0707	海洋科学类
0708	地球物理学类
0709	地质学类
0710	生物科学类
0711	心理学类
0712	统计学类

理学是基础学科,代表一个国家的科学水平。其中数学、物理更是许多学科的基础和工具,在科学发展中具有重要的作用。下面列举理学类的数学专业和物理专业的常用资源,对其中有代表性的资源给予介绍:

1. 数学类常用资源

表6-18　数学类常用资源

专业资源类型		专业资源名称
工具书	手册	实用数学手册、数学手册、高等数学学习手册、数学指南、大学生数学手册、现代数学应用手册、普林斯顿数学手册(Annals of Mathematics Studies)、数学分析手册(Handbook of Numerical Analysis)、数学百科全书、数学物理学百科全书
	规范	数学与应用数学专业规范
	辞典	数学辞海、数学大辞典
专利文献		中华人民共和国国家知识产权局 http://www.sipo.gov.cn/、大为 innojoy 专利数据库
核心期刊		数学学报、系统科学与数学、数学年刊.A辑、应用数学学报、计算数学、模糊系统与数学、应用数学、高等学校计算数学学报、应用概率统计、数学杂志、数学进展、中国科学.数学、高校应用数学学报.A辑、数学物理学报.A辑、工程数学学报、数学的实践与认识、数值计算与计算机应用等

续表

专业资源类型		专业资源名称
数据库	专业类	American Mathematical Society(美国数学学会) EMS 期刊和电子书数据库(欧洲数学学会) MathSciNet(1940—)——数学文献数据库网络版 MSP 数学科学出版社电子期刊 SIAM 期刊(工业和应用数学学会期刊) 德古意特数学电子期刊 俄罗斯科学在线期刊 Springer Russian Library of Science JSTOR Mathematics Project Euclid(欧几里德项目) Cambridge Books Online
	通识类	CNKI 中国知网全文数据库、读秀中文学术搜索、超星数字图书馆、万方中国学位论文全文数据库、ASME 数据库、百链、Springer 外文期刊数据库、EBSCO 数据库、万方智搜学术资源发现服务
专业网站		中国数学会 http://www.cms.org.cn/ 中国工业与应用数学学会 http://www.csiam.org.cn/
数字工具		Matlab、Mathematica、Maple
专业社区		数学中国 http://www.madio.net, 博士数学家园 http://www.math.org.cn/

(1)数学类工具书

工具书是指专供查找知识信息的文献。它系统汇集了某方面的资料,按特定的方法加以编排,以供需要时查考需要的文献。常用的工具书类型有百科全书、手册、年鉴、辞典、标准、规范等。

《数学百科全书》,该书由苏联大百科全书出版社出版,最早的版本于 1977 年出版,尔后陆续出版了增订本。为苏联科学院院士、通讯院士和苏联数学各领域的权威学者执笔撰写,维诺格拉多夫主编的一部数学百科全书,该书是数学史上的一个里程碑,是当今世界上内容最新、最全面、水准最高的一部大型数学工具书。

《数学大辞典》,该书由科学出版社出版,是一部综合性的数学大辞典,涵盖数理逻辑与数学基础、数论、代数学、分析学、复分析、常微分方程、动力系统、偏微分方程、泛函分析、组合数学、图论、几何学、拓扑学、微分几何、概率论、数理统计、计算数学、控制论、信息论、运筹学等学科,以常用、基础和重要的名词术语为基本内容,提供简短扼要的定义或概念解释,并有适度展开。正文后附有数学发展历史纪要、人名译名对照表等附录,并设有便于检索的中、英文索引。

《实用数学手册》,该书由科学出版社出版,作者沈永欢。该书以高等数学为主,注重应用,内容分为三部分:初等数学、基础数学、应用数学。该书的特点是:内容比较全面而又突出重点,不庞杂;文字简明准确但又不是公式堆砌;除数学基础理论外,还收入各种应用领域的常用的数学工具和方法,如数理统计、数值分析、最优化理论与方法、有限元方法、运筹学、图论、信息论等;注意编排技巧,并附有便于读者检索的比较详尽的索引。

(2)数学类核心期刊

期刊内容比较专深,是获取数学领域发展动态信息的重要渠道。

数学学报:该刊由中国科学院和中国科学院数学与系统科学研究院数学研究所主办,是北大版、中信所版、CSCD 版核心期刊,是中国的第一个数学期刊,主要刊登纯粹数学的论文,例如代数、数论、分析、偏微分方程、几何、概率论等。权威地反映当今数学研究的发展。

数学年刊. A 辑:该刊为复旦大学主办的、著名数学家苏步青院士任名誉主编的、李大潜院士任主编的(1999 年开始)、一份面向国内外的综合性的数学刊物,主要用中文刊登纯粹数学和应用数学两方面具有创造性的学术论文,其中包括几何、拓扑、代数、数论、偏微分方程、常微分方程等栏目。是北大版、中信所版、CSCD 版核心期刊。

高校应用数学学报. A 辑:该刊由国家教育部、浙江大学和中国工业与应用数学学会主办,是综合性应用数学学术刊物。是北大版、中信所版、CSCD 版核心期刊。主要刊登应用数学的创造性研究成果,包括应用数学理论研究,应用数学新理论、新方法在现代科学技术中的应用以及专题综述等。A 辑(中文版),B 辑(英文版)内容互不重复,是两个刊物。

数学杂志:该刊由武汉大学、湖北省数学学会、武汉数学会联合主办,是北大版和中信所版的核心期刊,中英文混合版,面向国内外公开发行的综合性数学学术期刊,主要刊登纯粹数学与应用数学的创造性学术期刊,读者对象为数学工作者、科技人员、理工科大学教师和研究生。

高等学校计算数学学报:该刊为专业技术性刊物。由国家教委委托南京大学主办。是北大版、中信所版、CSCD 版核心期刊。该刊反映计算数学及其分支学科的理论与应用研究的最新成果。读者对象是高校理工科师生及科研单位、厂矿企业中有关人员。

(3)数学类数据库资源

德古意特数学电子期刊:德古意特出版社(Walter De Gruyter)总部位于柏林,拥有 260 多年的悠久历史。德古意特在数学各重要领域的学术出版已有近 200

年历史,尤其在群论、计算和随机上尤为出名,覆盖学科有应用数学、理论数学、随机与统计、代数和群论、科学计算、统计和数量经济学。

（4）数学类专业网站

中国数学会:网址 http://www.cms.org.cn/,中国数学会于 1935 年 7 月在上海成立,新中国成立以后,中国数学会的会址设在北京中国科学院数学研究所。目前中国数学会的挂靠单位为中国科学院数学与系统科学研究院。创办有学术期刊《中国数学会学报》与普及性刊物《数学杂志》,1952 年与 1953 年这两个刊物先后改为现名《数学学报》与《数学通报》。中国数学会下属的学科分会有概率统计分会、计算数学分会、均匀设计分会、数学史分会、生物数学专业委员会、组合数学与图论专业委员会等、计算机数学专业委员会、奇异摄动专业委员会、非线性泛函分析专业委员会、数理逻辑专业委员会。目前中国数学会的工作机构有:组织工作委员会、学术交流工作委员会、国际交流工作委员会、编辑出版工作委员会、普及工作委员会及数学奥林匹克委员会、数学传播工作委员会、高等教育工作委员会、基础教育工作委员会、电子信息与交流委员会、女数学家和西部数学发展工作委员会、数学发展基金工作委员会及学会办公室。中国数学会会员资格规定为在科研、教育、生产企业等部门从事数学或与数学有关的工作,相当于助理研究员、讲师、工程师以上职称的数学工作者。

中国工业与应用数学学会:网址为 http://www.csiam.org.cn/,中国工业与应用数学学会现有 5 个学术期刊:《Journal of Mathematical Research with Applications》《工程数学学报》《Annals of Applied Mathematics》《高校应用数学学报》和《数学建模及其应用》。下设四个奖项:苏步青应用数学奖、萧树铁应用数学奖、吴文俊应用数学奖和应用数学青年科技奖。自 1992 年起,在中国教育部的大力支持和鼓励下,中国工业与应用数学学会每年举办一次中国大学生数学建模竞赛。这一竞赛为培养学生的创造精神和解决实际问题的能力、促进学生的团队协作精神,提供了良好的机遇和舞台。

（5）数学类专业社区

博士数学家园:网址 http://www.math.org.cn/,博士家园是一个数学学科交流学术网站。

2. 物理学常用资源

表6-19　物理学常用资源

专业资源类型		专业资源名称
工具书	手册	物理手册、大学物理手册、实用大学物理手册、当代物理实验手册、大学物理教程教师解答手册、数学物理学百科全书、中国大百科全书.物理学
	辞典	物理学词典、牛津英汉双解物理学词典
专利文献		中华人民共和国国家知识产权局 http://www.sipo.gov.cn/、大为 innojoy 专利数据库
核心期刊		物理学报、Chinese Physics、物理学进展、大学物理、物理与工程、物理、中国科学.物理学、力学、天文学、计算物理、高压物理学报、低温物理学报、原子与分子物理学报、核聚变与等离子体物理等
数据库	专业类	American Geophysical Union(AGU)—美国地球物理学联合会 American Institute of Physics—美国物理联合会 American Physical Society—美国物理学会 IOP[英国物理学会] PNAS[美国科学院院刊]
	通识类	CNKI 中国知网全文数据库、读秀中文学术搜索、超星数字图书馆、万方中国学位论文全文数据库、ASME 数据库、百链、Springer 外文期刊数据库、EBSCO 数据库、万方智搜学术资源发现服务
专业网站		中国物理学会 http://www.cps-net.org.cn/ 国际纯粹与应用物理学联合会 http://iupap.org/ 中国物理学会期刊网 http://www.cpsjournals.cn/ 中科院物理所 http://www.iop.cas.cn/ 亚太物理学会协会 http://www.aapps.org/main/
数字工具		Mathematica、Labview、C/C++、Matlab、Python
专业社区		physics forums 物理论坛、物理吧

(1)物理学工具书

《物理学词典》,该书由科学出版社出版,收集了物理学多个学科的常用、基础和必要的名词术语5000余条,并提供简明扼要的定义或概念解释,内容涵盖:物理学总论、力学、热学、声学、电磁学、光学、原子和分子物理学、电动力学、无线电物理学、热力学、统计物理学、量子力学、量子场论、原子核物理学、粒子物理学、固体物理学、低温物理学、半导体物理学、磁学、液晶、等离子体物理学、相对论、天体物理学、生物物理学、医学物理学、非线性物理学、计算物理学等,书后附有物理学常用资料及中英文词目索引。适合本科及本科以上学历读者使用,是广大物理学工作者和相关学科专业人员、物理教学科研工作者及大专院校师生的便利参考工具。

《牛津英汉双解物理学词典》，根据牛津大学出版社的《简明科学词典》（1984年第一版，1996年第三版）改编，本版另增添了量子物理学和统计力学词汇，更新了宇宙学和分子物理学词汇，并扩展了大量的普通词条。本词典经全面的修订，增添了千余新词，涉及物理学中常见的术语和词汇。本词典的主要特点是收词全面，释义简洁明了，颇具权威性。收录4000余词条，解释简明清晰。涉及数学、天文物理学、冶金学业、电子学和物理化学。涵盖分子物理学、宇宙学、低温物理学、微观科技和计算机科学。增收源自希格斯介子场、观察者原则、纳米管和玻斯—爱因斯坦缩聚等新词。释义英汉双解，书后附有汉英语对照表，便于查阅。

《物理手册》，由北京大学出版社出版，原书是德文版的，已多次再版和印刷，并已译成英文、法文出版。这本物理手册系统介绍了当代物理学的各种基本概念、定理、定律以及各种有用的实验方法，并收进了大量最新科学研究成果。这是一本广大科学工作者、工程技术人员、理工科师生日常解决问题，完成业务工作，甚至应对各种考试的必不可少的工具书。本书是由专业科学家、工程师和大学授课教师完成的，涵盖从经典力学到基本粒子物理，从电子线路到误差理论的物理各分支学科的现代物理手册，以其完整性和透彻性闻名世界。书中每章都包括重要的概念、公式、定理、定律，各种例证，实际应用，解决问题的建议和提示，并有测量技术、重要误差的来源、各种标准值和材料性质的表格等。由于采用了方便读者的编排，表格化的内容表以及充分的提示，读者可以迅速方便地查阅，便捷准确地掌握相关知识。

（2）物理学核心期刊

物理学报：月刊，北大版、中信所版、CSCD版核心期刊，该刊与《Chinese Physics》（中国物理：英文版）是中国物理学会主办的物理学英文和中文的综合性国际学术月刊。刊登物理学科领域中，国内外未曾公开发表的具有创新性的科学研究最新成果。内容包括物理学各领域的理论、实验技术及应用。两刊内容不重复。两刊以论文水平高、创新性强、发表速度快的特点，受到国内外物理学工作者的好评和关注。被国际著名的SCI等10种以上检索系统收录。曾多次被评为中国科学院优秀期刊一等奖，1999、2003、2005年荣获第一、第二和第三届国家期刊奖，2001年被国家新闻出版广电总局评为"中国期刊方阵"中的双高（高知名度、高学术水平）期刊。2001、2002、2003年两刊都评为百种中国杰出期刊。

物理学进展：季刊，北大版和CSCD核心期刊。该刊由中国物理学会主办，是国内唯一刊登物理学评述性论文的刊物，国内外公开发行。以刊登综述性的评论文章为主，报导物理学各分支学科的新进展和成就，以及其他学科和技术对物理学所提出的新课题，由中外专家、学者撰稿，论文采取多种形式包括对某一专题全面的总结评论,对新概念、新理论的讲解。

大学物理:月刊,北大版核心期刊。该刊是由中国物理学会主办,以高校物理教学研究为主要内容的学术刊物,创刊于 1982 年,是我国高校物理教学研究方面的权威刊物,也是高等院校物理教学类最有影响,发行量最大的刊物,被列为我国中文核心期刊中 30 种物理类刊物之一。本刊主要刊登与高校物理各学科教学有关的学术研究论文、教学研究成果及进展报导,实验物理技术与实验方法,计算物理,基础物理教学现代化等内容的研讨文章,以及物理学前沿综述。

物理与工程:双月刊,中信所版核心期刊。该刊是教育部高等学校物理学与天文学教学指导委员会主管,清华大学承办的物理类学术期刊。创刊于 1981 年,它的宗旨是面向全国大中专院校物理教师、广大科技工作者和相关人员;交流物理教学经验与教学研究成果;介绍与讨论物理学及其他交叉学科的新发展、新动向及物理学前沿进展;介绍物理学在现代工程技术中的应用,旨在促进物理教学改革向纵深发展。

(3)物理学专业网站

国际纯粹与应用物理学联合会:网址 http://iupap. org/,国际纯粹与应用物理学联合会(International Union of Pure and Applied Physics,简称 IUPAP),1922 年成立于比利时布鲁塞尔,是国际上具有权威性的物理学工作者的学术组织,是一个非政府性的国际性学术组织。中国物理学会于 1984 年 10 月正式加入 IUPAP。

中国物理学会:中国物理学会网址 http://www. cps-net. org. cn/,中国物理学会成立于 1932 年,是在中国科协领导下的群众性学术团体。现有个人会员约40000 人。中国物理学会主办的刊物有 11 种,所属分支机构主办的刊物有 9 种。为奖励在物理学各个领域做出突出贡献的科学家,学会在不同时期先后设立了胡刚复、饶毓泰、叶企孙、吴有训、王淦昌物理奖,谢希德物理奖,黄昆物理奖以及萨本栋应用物理奖。中国物理学会及其所属分支机构每年举办各类国内、国际学术活动约 80 次。每年组织全国中学生物理竞赛,组织参加国际物理奥林匹克竞赛。每年组织若干次科普讲座,编著科普书籍等。1984 年,中国物理学会加入国际纯粹与应用物理联合会(IUPAP)。作为发起学会之一,中国物理学会于 1990 年参与创建亚太物理学会协会(AAPPS)。近年来,中国物理学会与美国物理学会、欧洲物理学会、英国物理学会、韩国物理学会等多个国家/地区的物理学会建立广泛的交流与合作关系,在国际物理组织中的地位有显著的提高。

(4)物理学专业社区

physics forums 物理论坛:一个不错的物理学习交流论坛,该论坛供专业人士和学生讨论物理学方面的问题和主题、实践、研究和现实意义,其中有一个版块

Homework & Coursework Questions,可以提问题进行交流沟通。论坛网址:http://www. physicsforums. com/。

(二)获取途径

1. 专业图书获取途径

专业图书按其功能可分为一般图书和工具书,是文献的最基本形式。图书内容全面系统,基础理论强,论点成熟可靠,是获取专业知识的重要文献资源。专业图书的获取方式除了直接购买之外,在校大学生可利用图书馆查询借阅纸质图书,以及在网上下载或直接打开电子图书的方式来获取。

(1)专业纸质图书的获取

在我国,大多数图书馆是按《中国图书馆分类法》来对图书进行分类的,每种图书都有唯一的索书号,索书号由分类号和种次号组成。图书馆的纸质图书就是按照索书号来排架的。例如:《实用数学手册》(沈永欢著)在武昌首义学院图书馆的索书号为:O1-62/2,其中O1表示分类号,62表示是工具书,种次号是2。

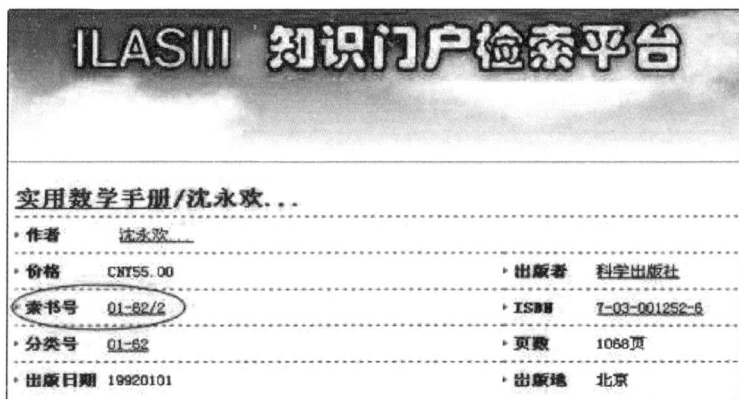

图6-40　《实用数学手册》的馆藏索书号

图书馆里所有图书按照索书号进行分类排架,相同学科内容的图书集中在一起,同类图书中先到馆的图书在前,后到馆的图书在后。读者了解这个图书排架规则后,可以直接进入书库找到所需图书的大致架位,在书架上浏览,选定所需图书,办理借阅手续。这种方法找书简单直接,特别是需求不太明确时,可通过在书架上浏览同类图书来筛选自己所要图书。但是,要想充分利用好图书馆的资源,高效快捷地查找所需专业图书,最佳途径是利用图书馆的馆藏书目检索系统(OPAC)。以武昌首义学院图书馆为例,进入图书馆主页后,在"图书"频道选择"馆藏书目检索系统"点击进入检索界面:

图6-41　武昌首义学院图书馆 OPAC 系统入口

　　检索途径:书名、作者、分类号、ISBN、索书号、主题词、出版社、任意词。

　　获取方法:通过对检索出来的图书目录基本信息包括书名、作者、出版信息、内容简介以及馆藏信息的大致浏览后,确定所需要专业图书,记下其索书号,然后凭索书号即可到图书馆内快速查找并办理借阅。同时读者可以通过登录图书馆主页上"我的图书馆",查询本人在图书馆的借还记录,以及在网上办理图书的预约、续借等手续。

　　(2)电子图书的获取

　　电子图书相比纸质图书,其获取和利用更加方便,电子图书的使用不受图书馆开放时间限制,对所需的内容可以复制,不用办理借还手续。图书馆大都购买有电子图书数据库,常见的电子图书数据库有:超星数字图书馆、书生之家、方正Apabi数字图书馆、中国数字图书馆、读秀学术搜索等。以武昌首义学院图书馆购买的"读秀学术搜索"为例,进入武昌首义学院图书馆主页后,在"图书"频道选择"读秀学术搜索"点击进入:

图6-42　读秀学术搜索界面

检索途径:在读秀检索页面的"知识"频道和"图书"频道都可查找图书,在"知识"频道可以实现全文查找一段文字的出处,在"图书"频道可选择的检索途径有:书名、作者、主题词、丛书名、目次等。

图6-43　包库全文阅读

检索方法:先选定检索途径,然后在输入框内输入检索词,然后点击"中文搜索"按钮即可查找图书。

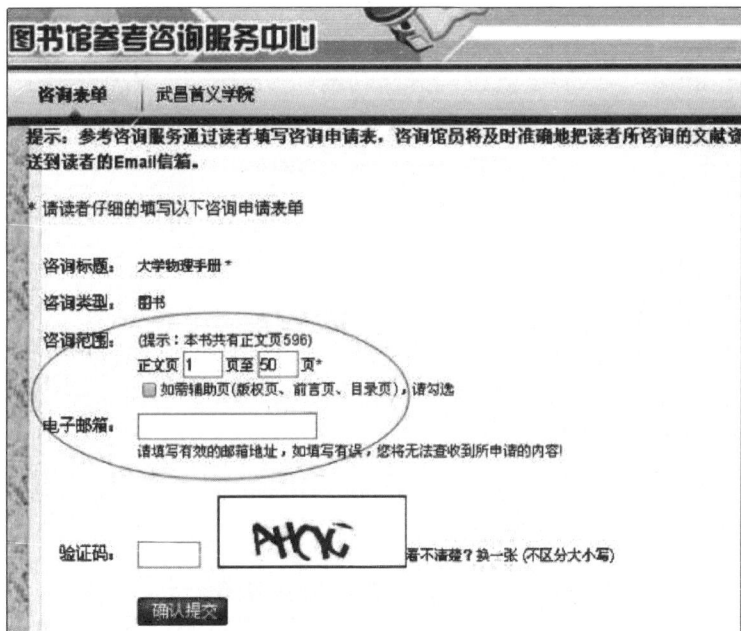

图6-44　文献传递获取电子全文

获取方法:在读秀里有两种获取电子图书的方法,一种是包库全文,在检索结果中,如果有"包库全文"的按钮,是图书馆已购买的电子图书,可直接点击打开电子图书全文;另一种方法是文献传递,在检索结果页面,如果有"文献传递"的按钮,点击后可打开图书馆参考咨询的页面,根据提示输入所需该书的页码范围,以及接收邮箱,提交后,所咨询的电子图书便会即时以超链接的形式发送到填写的邮箱中,打开邮箱,点击超链接即可获取原文,所咨询的内容可以二十天内被打开二十次,如有需要可将所需内容复制粘贴到自己的文档中。

2. 期刊文献获取途径

专业期刊出版频率快,是获取学科领域发展动态信息的重要渠道,其中核心期刊是学术影响较大的刊物,国内比较权威的核心期刊评价体系有:北京大学图书馆"中文核心期刊"、南京大学"中文社会科学引文索引(CSSCI)来源期刊"、中国科学技术信息研究所"中国科技论文统计源期刊"(又称"中国科技核心期刊")、中国社会科学院文献信息中心"中国人文社会科学核心期刊"等。武昌首义学院开发的《中国核心期刊投稿指南数据库》,收录了四大权威机构的核心期刊目录,提供了刊名、ISSN 号、CN 号三种检索途径。可利用该系统查询本学科的核心期刊目录。

图 6 – 45 武昌首义学院核心期刊投稿指南库

（1）专业纸本期刊的获取

纸本期刊的查找获取,同样可以利用图书馆的馆藏书目检索系统(OPAC)。以武昌首义学院馆藏书目检索系统为例,在检索页面选定检索途径,然后在输入框内输入检索词,文献类型选择"期刊",然后点击"检索"按钮即可实现检索。

获取方法:通过对检索出来的期刊目录基本信息大致浏览后,确定所需要专业期刊,记下其索书号和馆藏地点,然后凭索书号即可到图书馆内查找借阅。

图 6 – 46　武昌首义学院 OPAC 系统中期刊的查询

（2）电子期刊全文的检索

常见的电子期刊检索工具,中文有:中国知网期刊全文数据库、维普中文科技期刊全文数据库、万方中国学术期刊数据库、中国国家科技图书馆文献中心(NSTL)的学术期刊数据库等;外文期刊检索工具有:EBSCO、Science Direct、Pro-Quest、CA(美国《化学文摘》)、EI(美国《工程索引》)等。对电子期刊全文的获取,可以通过电子期刊的检索工具来查找获取全文。

检索途径:检索期刊可通过刊名、ISSN 号、CN 号、主办单位来查找;查找期刊全文可选择简单检索或高级检索,常见检索条件有主题、关键词、篇名、全文、作者、单位、摘要、来源、ISSN 号、中图分类号等。

检索方法:确定检索途径,然后在输入框内输入一个或多个检索词,然后点击"检索"按钮即可实现检索。

获取方法:对检索出来的文章先浏览摘要,确定是所需文献后,如果数据库提供有 HTML 格式的全文可在线阅览全文,或者下载全文保存到本机。

图 6 – 47   中国知网期刊导航栏目

图 6 – 48   EBSCO 外文期刊文献检索页面

图 6 - 49　中国知网期刊文献全文获取

图 6 - 50　EBSCO 外文期刊文献全文获取

3. 特种文献信息资源获取

（1）学位论文的检索获取

学位论文具有一定的学术性和独创性，一般不公开出版。一般来说学位论文多保存在该作者毕业的大学图书馆及国家图书馆中。学位论文的全文获取以向各大学图书馆借阅或馆际合作文献传递为主，或者是通过学校已购买的数据库系统下载获取电子全文。理学类学位论文数据库国内有：中国优秀博硕士学位论文全文数据库（中国知网）、中国学位论文全文数据库（万方）、中国科学院学位论文数据库、国家科技图书文献中心的中文学位论文数据库、CALIS 高校学位论文库国家图书馆学位论文、国家图书馆学位论文等；国外学位论文数据库比较权威的有美国 ProQuest 学位论文数据库。

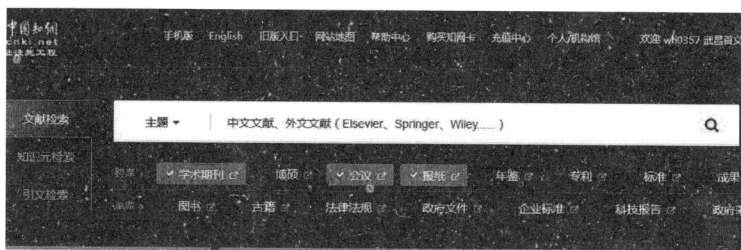

图6-51　中国优秀博硕士学位论文全文数据库

图6-52　ProQuest 学位论文检索平台 CALIS 站点

学位论文的检索途径一般有：论文题名、作者、作者专业、导师姓名、授予学位、授予单位、授予学位年份以及论文的页数等。

(2)会议信息的检索获取

学术团体会经常召开各种学术会议，就学科或研究课题进行学术交流，在这类会议上所发表的论文报告等，通过会议文献可以及时全面地了解学科的研究动向和发展水平。国内会议信息检索工具有：中国知网会议信息检索平台、万方中国学术会议论文库、国家科技图书文献中心(NSTL)、中国会议网；国外会议信息检索工具有：IEEE 会议论文数据库、ISTP(科学技术会议录索引)、OCLC 数据库等。

(3)科技报告的检索获取

科技报告数据详尽可靠，有较为重要的参考价值。美国四大报告是 PB 报告、AD 报告、NASA 报告和 AEC/ERDA/DOE 报告。美国四大报告的检索系统是美国 NTIS 报告数据库(http://www.ntis.gov)，另外常用的还有 GrayLIT Network 科技报告全文数据库(http://www.graylit.osti.gov)。国内常见的科技报告检索工具有：万方智搜科技报告检索、中国科技资源共享网、中国科技网等。

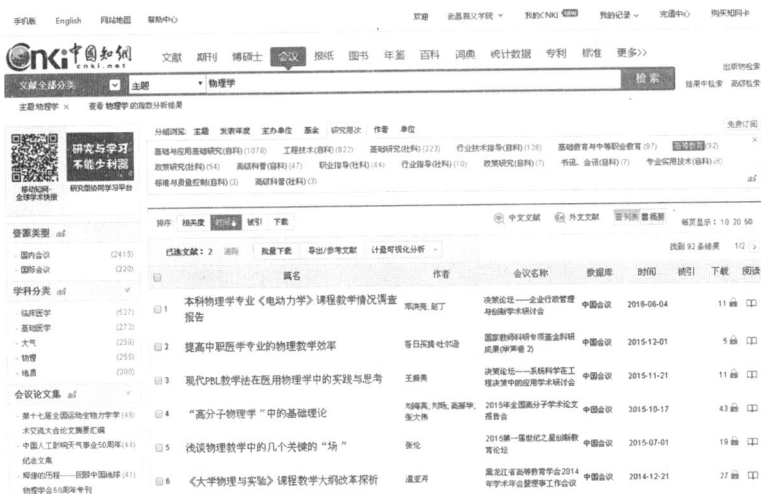

图 6-53 中国知网会议信息检索

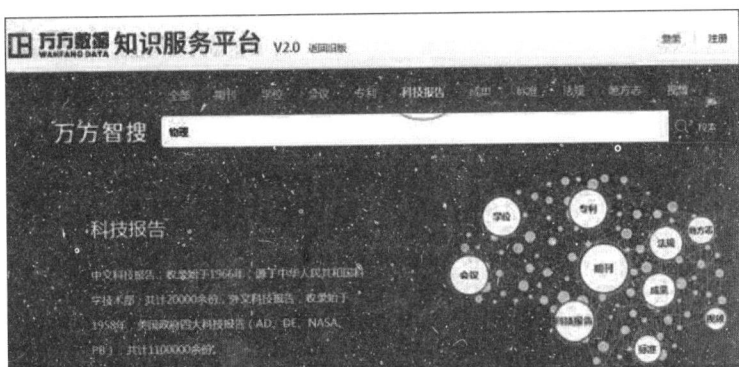

图 6-54 万方智搜科技报告检索

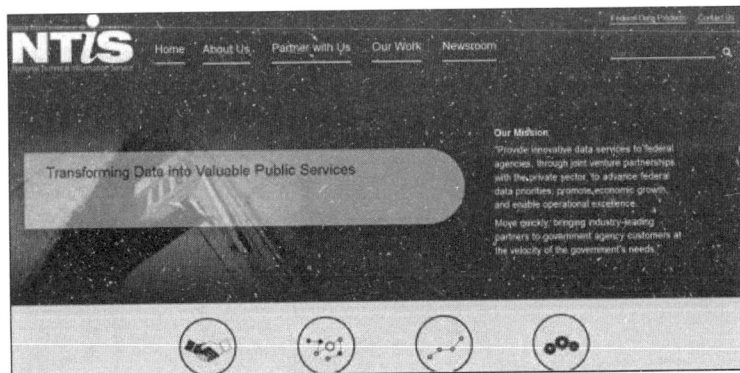

图 6-55 美国 NTIS 报告数据库

二、常用数字工具的应用

序号	1	2	3	4	5	6	7
软件名称	MATLAB	Mathematica	Maple	化学金排	chemoffice	Origin	spss
	商业数学软件	科学计算软件	通用数学和工程计算软件	专业排版辅助软件	综合性科学应用软件包	科学绘图和数据分析软件	统计分析软件
主要用途	进行矩阵运算，绘制函数和数据，实现算法、创建用户界面、连接其他编程语言编写的程序	以符号计算见长，具有高精度的数值计算，具有强大图书图形功能和动画多媒体集成功能	解决建模和仿真中的数学问题，可以在单一的环境中完成多领域的物理系统建模和仿真，符号计算、数值计算、程序设计、技术文件、报告演示、算法开发、外部程序连接等功能	基于 WORD 平台的一套专业排版辅助软件，利用该软件可以轻松实现化学中常用功能	化学、生物研究领域的应用软件。可以进行化学生物结构绘图、分子模型及仿真，可以将化合物名称直接转为结构图	科学绘图和数据分析，具有处理速度快，通用性强和界面友好等特点；同时提供了去除边缘数据功能和各种绘图工具	用于统计学分析运算、数据挖掘、预测分析和决策支持任务
获取地址	太平洋电脑网 http://dl.pconline.com.cn/download/360688.html	红软网 http://www.rsdown.cn/s/Mathematica/	华军软件园 http://www.online-down.net/soft/8732.htm	华军软件园 http://www.online-down.net/soft/1459.htm	欧普软件网 http://www.opdown.com/soft/63995.html	生物谷 http://www.bioon.com/Soft/Class1/Class19/200410/318.html	华军软件园 http://www.online-down.net/soft/57760.htm
技巧与课程	MATLAB 基础视频教程系列 http://www.iqiyi.com/w_19rrv4fn0p.html	mathematica 课程 http://www.iqiyi.com/w_19rtgo5adh.html	Maple2015 课程 https://www.imooc.com/u/1199656/courses	http://www.kingedu.net/html/765481047.html	http://www.iqiyi.com/w_19n957v6p.html	http://www.iqiyi.com/w_19tctk6o1.html	http://www.iqiyi.com/w_19rssbeokh.html
讨论社区之一	http://www.ilovematlab.cn/	https://mmaqa.com/	http://www.madio.net/forum-654-1.html	——	http://muchong.com/zhuanji-610-1	——	https://www.zhihu.com/question/22913951

三、其他获取理学类信息资源的途径

1. 学科信息门户网站

学科信息门户网站针对学科,对具有一定学术价值的网络资源进行收集、选择、描述和组织,并提供浏览、检索、导航等服务。以下列出部分理学类学科信息门户网站:

表6-20　理学类学科信息门户网站

名称	网址	简介
SciCentral	http://www.scicentral.com/	资源覆盖物理与化学、生物科学等8大学科,资源类型有专业数据库、标准与规范、报告等
Martindale's Reference Desk	http://www.martindalecenter.com/	资源覆盖数学、物理、化学、生物科学、天文学
BioTech	http://biotech.icmb.utexas.edu	物理学和化学学科的信息门户
ChemCenter	http://www.chemcenter.org	美国化学学会建设的化学领域的资源与服务门户站点
美国化学协会	http://www.acs.org	
英国物理学会	http://www.ioop.org	
Physlink	http://www.physlink.com	物理教育与研究方面的资源
Math Archives	http://archive.math.utk,edu	数学领域资源,由美国国家科学基金会资助建设的门户站点
物理数学学科信息门户	http://phymath.csdl.ac.cn	中国国家科学数字图书馆(CSDL)资助项目,全面覆盖数理学科的各种信息服务
化学学科信息门户	http://chemport.ipe.ac.cn	中国国家科学数字图书馆(CSDL)资助项目,提供化学专业信息资源
生命科学信息门户	http://biomed.csdl.ac.cn	中国国家科学数字图书馆(CSDL)资助项目,提供生命科学信息资源

2. 网络免费学术资源

随着网络的信息资源的不断发展,开放存取的资源不断发展,可以利用网络获取有用的免费学术资源。通常我们可以通过以下一些渠道去获取学术资源:

(1)百度学术

百度学术搜索是百度旗下的学术资源搜索平台,涵盖了各类学术期刊、会议论文。在百度学术搜索结果中标有"free"标志的文章是可免费下载的。使用百度学术搜索时可通过时间筛选、标题、关键字、摘要、作者、出版物、文献类型、被引用次数等细化指标提高检索的精准性。类似的还有必应学术搜索、谷歌学术搜索。

(2)网络文库

网络文库是由网友上传,其中会有一些免费的资源,其中资源类型有:课件、习题、考试题库、论文报告、专业资料等。常见的网络文库有百度文库、豆丁网、道可巴巴等。通过网络文库可以在线阅读和下载有用的资源。

(3)免费数据库

如 DOAJ、Science Direct、arxiv 等。DOAJ(Directory of Open Access Journals)是个很好的专门 OA 期刊文献检索系统,该系统收录期刊的文章都是经过同行评议或严格评审的,质量高,与期刊发行同步,且都能免费下载全文,是做研究的好帮手。DOAJ 的优势在于收录的期刊有着严格的质量限制,包括很多 SCI 收录的期刊。DOAJ 收录的 OA 期刊数量非常多,属于目前最好的 OA 期刊目录网站。Science Direct 是 Elsevier Science 检索平台。该出版的期刊是世界公认的高品位学术期刊,且大多数为核心期刊。Science Direct 数据库收录 2000 多种期刊,其中约 1400 种为 ISI 收录期刊,提供 51 本参考工具书,150 套系列丛书,164 部手册,4000 种电子图书。勾选 Open Access、Open Archive 获取其中免费文献。arxiv 是全球最大的预印本系统,特点是免费、没有出版流程文章很新,但质量会有参差不齐的情况。

(4)免费课堂

互联网上有很多高质量的名校共享课程,都可免费获取,如爱课程、网易公开课、中国大学 MOOC、ITunesU 等。

图 6 - 56　耶鲁大学公开课:基础物理 II

(5)论坛社区中的免费资源

如小木虫论坛、知乎等是一些比较好的学术互动的平台,以及各学科的一些专业社区,如博士数学家园、physics forums 物理论坛等,在专业社区里,可获取有价值的学科信息和优秀的学科资源,论坛里的这些免费资源也是重要的专业资源获取途径之一。

4. 政府网站

通过政府网站,了解相关国家政策和新闻等。相关的政府网站,如教育部官网、科学技术部官网。

图 6 - 57　中华人民共和国科学技术部网站

第七节 工学类信息素养培养

一、工学学科概况

工学是中国大学教育中一支重要的学科,与文学、理学、教育学、历史学等并列,组成了我国高等教育学科体系。工学门类下设专业类31个,169种专业,表6-21为31个专业类代码和名称。

表6-21 工学门类下设专业大类

专业代码	专业类名	专业代码	专业类名
0801	力学类	0817	轻工类
0802	机械类	0818	交通运输类
0703	仪器类	0819	海洋工程类
0804	材料类	0820	航空航天类
0805	能源动力类	0821	兵器类
0806	电气类	0822	核工程类
0807	电子信息类	0823	农业工程类
0808	自动化类	0824	林业工程类
0809	计算机类	0825	环境科学与工程类
0810	土木类	0826	生物医学工程类
0811	水利类	0827	食品科学与工程类
0812	测绘类	0828	建筑类
0813	化工与制药类	0829	安全科学与工程类
0814	地质类	0830	生物工程类
0815	矿业类	0831	公安技术类
0816	纺织类		

每个专业类下又分别设专业,31个专业类下共设169种专业,如"机械类"下设机械工程、机械设计制造及其自动化、材料成型及控制工程、机械电子工程、工业设计、过程装备与控制工程、车辆工程和汽车服务工程8个专业。

二、工学学科资源

(一)工学学科资源类型

以"机械电子工程"专业为例介绍工学学科的常用资源类型:

表6-22 机械电子工程专业常用资源

资源类型		资源名称
工具书	手册	机械设计手册等
	年鉴	中国机械工业年鉴
	标准	中国机械行业标准汇编等
	规范	美国机械工程师学会锅炉和压力容器规范
	辞典	英日汉机械工程辞典等
专利文献		中华人民共和国国家知识产权局 http://www.sipo.gov.cn/ 大为 innojoy 专利数据库等
核心期刊		机械工程学报等
数据库	专业类	CIDP 制造业数字资源平台等
	综合类	CNKI 中国知网全文数据库等
专业学会		http://www.cmes.org/中国机械工程学会等
专业社区		机械设计论坛、中国机械社区等

1. 工具书

工具书是专供查找知识信息的文献。它系统汇集某方面的资料,按特定方法加以编排,以供需要时查考使用。"机械电子工程"专业常用的工具书类型有手册、年鉴、标准、规范、辞典等。

(1)手册

手册是以简明、缩写方式提供专门领域内基本的既定知识和实用资料的工具书。手册便于查检专门知识与具体实用资料,常以叙述和列表或图解方式来表述内容,并针对某一专业学科或专门部门,收集相关的事实、数据、公式、符号、术语以及操作规程等专门化的具体资料。手册可分为综合性和专科性两种。机械电子工程专业相关的手册有《机械工程手册》《机械设计手册》《机械工业工程计算实用手册》《机械加工工艺手册》《机械工程师手册》《机械制图手册》《金属材料手册》《液压工程手册》《液压设计手册》《机械设计常用公式速查手册》《机械零件设计手册》《机械加工工艺师手册》《数控加工实用手册》《数控编程速查手册》《实用数控机床技术手册》等。

（2）年鉴

年鉴是逐年出版，提供相应年份内各行现行资料的工具书。机械电子工程专业相关的年鉴有《中国机械工业年鉴》《中国工程机械工业年鉴》《中国机械通用零部件工业年鉴》等。

特别提示：

手册与年鉴既有相似又有不同的地方，手册与年鉴的共同处：所含事实、数据等实际资料丰富；两者的区别在于手册提供的是成熟的既定知识和公认的事实、数据等，不涉及当前发展过程中的新知识、新材料；年鉴则提供发展过程中的知识与动态性资料。因此，手册用来查回溯性的实用资料；年鉴是当前新信息、新资料的主要来源。

（3）标准

标准是规范性文件之一。其定义是为了在一定的范围内获得最佳秩序，经协商一致制定并由公认机构批准，共同使用的和重复使用的一种规范性文件。机械电子工程专业相关的标准有《中国机械行业标准汇编》《机械工艺工装标准汇编》等纸质标准，另外可通过"全国标准信息公共服务平台 http://www. std. gov. cn/"和中外标准数据库获取电子版标准。

图 6-58　全国标准信息公共服务平台

通过"国家标准目录查询"查看标准基本信息,通过"国家标准全文公开"查看标准全文信息,无须注册。

(4)规范

规范是对于某一工程作业或者行为进行定性的信息规定。主要是因为无法精准定量而形成的标准,所以,被称为规范。机械电子工程专业相关的规范有《ASME 锅炉及压力容器规范国际性规范》,由 ASME 锅炉及压力容器委员会压力容器分委员会编著;中国《ASME 规范产品》协作网(CACI)翻译,可通过"读秀学术搜索"数据库检索查看。

(5)辞典

机械电子工程专业相关的辞典有《英日汉机械工程辞典》《英日汉传感技术辞典》等。

2. 专利文献

专利文献是记载专利申请、审查、批准过程中所产生的各种有关文件的文件资料。①狭义的专利文献指包括专利请求书、说明书、权利要求书、摘要在内的专利申请说明书和已经批准的专利说明书的文件资料。②广义的专利文献还包括专利公报、专利文摘,以及各种索引与供检索用的工具书等,专利文献是一种集技术、经济、法律三种情报为一体的文件资料。根据设置的专利种类,专利文献分为:发明专利说明书、实用新型专利说明书和外观设计专利文献三大类。

图 6-59 中华人民共和国国家知识产权局主页

"中华人民共和国国家知识产权局 http://www.sipo.gov.cn/"是国务院主管

专利工作和统筹协调涉外知识产权事宜的直属机构,1980 年经国务院批准成立,主管专利工作和统筹协调涉外知识产权事宜,官网提供专利信息检索、专利审查信息查询等服务,使用前需要先注册。

图 6 – 60　专利常规检索

3. 核心期刊

机械电子工程专业相关的核心期刊包括:《机械工程学报》《机电工程》《机电一体化》《机械传动》《机械工程材料》《机械科学与技术》《机械设计》《机械设计与研究》《机械设计与制造》《机械与电子》《机械制造》《机械制造与自动化》《Chinese Journal of Mechanical Engineering》《流体机械》《模具技术》《电加工与模具》《现代制造工程》《液压与气动》《机床与液压》《制造技术与机床》《制造业自动化》《组合机床与自动化加工技术》《机器人》等。

专业期刊出版频率快,是获取学科领域发展动态信息的重要渠道,其中核心期刊是学术影响较大的刊物,国内比较权威的核心期刊评价体系有:北京大学图书馆"中文核心期刊"、南京大学"中文社会科学引文索引（CSSCI）来源期刊"、中国科学技术信息研究所"中国科技论文统计源期刊"（又称"中国科技核心期刊"）、中国社会科学院文献信息中心"中国人文社会科学核心期刊"等。武昌首义学院开发的《中国核心期刊投稿指南数据库》,收录了四大权威机构的核心期刊目录,提供了刊名、ISSN 号、CN 号三种检索途径。可利用该系统查询本学科的核心期刊目录。

4. 数据库

（1）专业类数据库

常用的专业类数据库包括 CIDP 制造业数字资源平台、ASME 美国机械工程师学会数据库、IMechE 英国机械工程师学会数据库、Emerald 工程学数据库、IEEE/IET、Electronic Library(IEL)、Academic Search Complete 等。

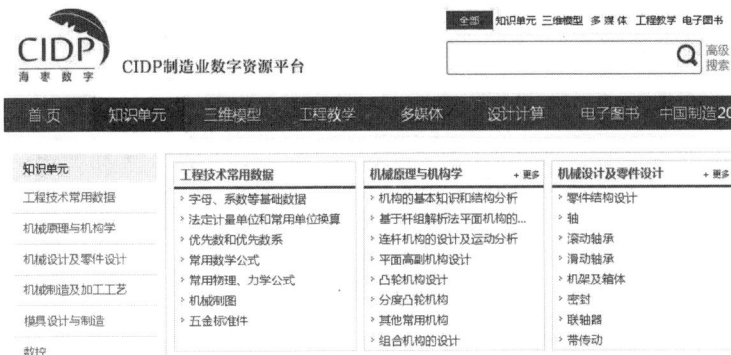

图 6-61　CIDP 制造业数字资源平台的"知识单元"

CIDP 制造业数字资源平台以我国机械工程、航空航天、电气工程、汽车与机床等制造业在长期设计制造过程中形成的海量信息资源为对象,基于制造业中的中国国家标准和行业标准,参照国际标准和制造业发达国家的国家标准,为用户提供优质丰富的数字资源。目前开通了该数据库的试用。

CIDP 平台涵盖机械设计、机械原理、机械制造技术、机电传动控制、液压气动、数控技术、数控加工工艺、数控编程、机电一体化、电气工程、工程材料、机械加工工艺、焊接工程、工程软件等在内的常用数据资料。

图 6-62　CIDP 制造业数字资源平台的"三维模型"

75 多万个机械零部件的 2D/3D 标准件模型,涵盖连接与紧固、冲模模具标准件、冲模标准模架、常用滚动轴承、专用滚动轴承、机床夹具、组合夹具、密封件、国标法兰、化工标准法兰、机械标准法兰、石化管材管件、石油化工相关法兰共 13 大类。所有 3D 零件均可用于修改、编辑与装配。

图 6 - 63　CIDP 制造业数字资源平台的"多媒体"

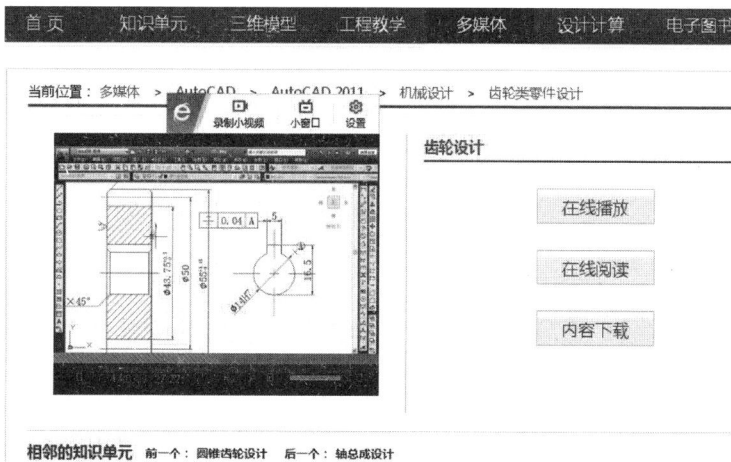

图 6 - 64　CIDP 制造业数字资源平台数字工具在线学习

另外,ASME 美国机械工程师学会数据库也是重要的专业数据库之一。美国机械工程师学会(American Society of Mechanical Engineers,ASME)成立于 1880年。ASME 出版物提供跨学科的前沿科技资讯。涵盖的学科内容包括:基础工程、能量转换、材料和结构、制造、材料储运工程、设备工程和维护、加工产业、纺织工程学、系统和设计、动力系统和控制、电气和电子封装等。

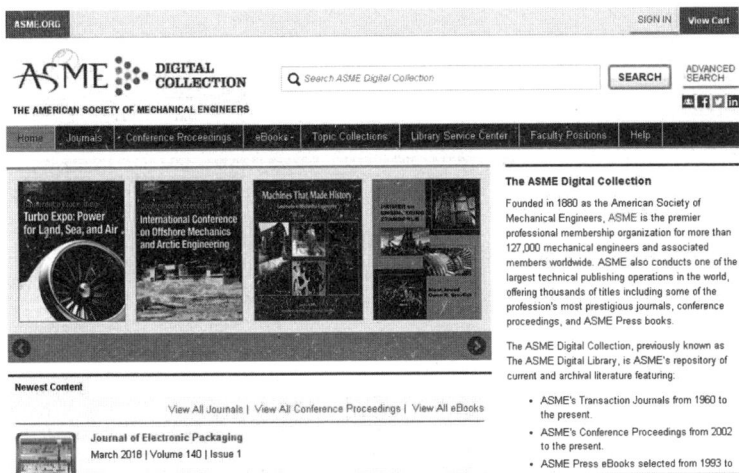

图 6 – 65   ASME 美国机械工程师学会数据库

（2）综合类数据库

常用的综合类数据库包括 CNKI 中国知网全文数据库、读秀中文学术搜索、超星数字图书馆、万方中国学位论文全文数据库、百链、Springer 外文期刊数据库、EBSCO 数据库、万方智搜学术资源发现服务、SCI《科学引文索引》、Ei Compendex 美国工程索引等。

5. 专业学会

（1）中国机械工程学会 http：//www. cmes. org/

（2）美国机械工程师学会 https：//www. asme. org/

（3）英国机械工程师学会 http：//www. imeche. org/

6. 专业社区

（1）机械设计论坛 http：//www. zgjxcad. com/

（2）中国机械社区 http：//www. cmiw. cn/

（二）工学学科相关数字工具

以机械电子工程专业为例，整理出数字工具的相关信息。

表 6 – 23   机械电子工程专业相关数字工具信息统计（一）

序号	1	2	3	4
软件名称	AUTOCAD 三维机械设计软件	UG NX 集 CAD/CAE/CAM 于一体的产品生命周期管理软件	solidworks 三维机械设计软件	ansys 通用有限元分析（FEA）软件

序号	1	2	3	4
主要用途	擅长专业的建筑工业制图软件,也可绘制其他工程图形	工业设计、产品设计	三维机械设计软件	集融结构、流体、电场、磁场、声场分析于一体的大型通用有限元分析工具
正版获取地址	AUTOCAN 官方网站 https://www.autodesk.com.cn/products/autocad/overview	网上暂无链接信息,可从软件厂商购买或代理商购买	可从软件厂商购买或代理商购买 https://www.solidworks.com.cn/	网上暂无链接信息,可从软件厂商购买或代理商购买
技巧与课程	十天学会教程 http://www.iqiyi.com/v_19rraqp984.html	UG 网 http://bbs.uggd.com/	solidworks 全套教程 2014 http://www.iqiyi.com/w_19rsx5dnuh.html	如何自学 ansys? https://www.zhihu.com/question/22854903?sort = created
讨论社区之一	小木虫 http://www.so.com	UG 爱好者 http://www.ugsnx.com/	SolidWorks 机械工程师论坛 http://www.swbbsc.com/	中国仿真技术论坛 http://www.cncaetech.com/

表6-24　机械电子工程专业相关数字工具信息统计(二)

序号	5	6	7
软件名称	Pro Engineer CAD/CAM/CAE 一体化的三维软件	Mastercam CAD/CAM 软件	MATLAB 商业数学软件
主要用途	主流的 CAD/CAM/CAE 软件之一,特别是在国内产品设计领域占据重要位置	集二维绘图、三维实体造型、曲面设计、体素拼合、数控编程、刀具路径模拟及真实感模拟等到功能于一身	进行矩阵运算、绘制函数和数据、实现算法、创建用户界面、连接其他编程语言的程序
正版获取地址	http://zh-cn.ptc.com/cn	网上暂无链接信息,可从软件厂商购买或代理商购买	
技巧与课程	proe 入门到精通视频教程 http://www.iqiyi.com/v_19rr9stiuw.html	mastercam9.1 绘图编程加过全套视频 http://www.le.com/ptv/vplay/21705604.html	MATLAB 基础视频教程系列 http://www.iqiyi.com/w_19rry4fn0p.html
讨论社区之一	野火论坛 http://www.proewildfire.cn/forum.php?gid = 3	ug 爱好者 http://www.ugsnx.com/forum-95-1.html	http://www.ilovematlab.cn/

表 6-25　机械电子工程专业相关数字工具信息统计(三)

序号	8	9
软件名称	Protel99se	inventor
	电子行业的 CAD 软件	三维可视化实体模拟软件
主要用途	设计电路原理图和 PCB 的专业软件	AutoCAD 平台开发的二维机械制图和详图软件 AutoCAD Mechanical；还加入了用于缆线和束线设计、管道设计及 PCB IDF 文件输入的专业功能模块,并加入了由业界领先的 ANSYS 技术支持的 FEA 功能,可以直接在 Autodesk Inventor 软件中进行应力分析
正版获取地址	网上暂无链接信息,可从软件厂商购买或代理商购买 https://www.autodesk.com.cn/products/inventor/free-trial	
技巧与课程	http://www.elecfans.com/zhuanti/protel99se.htm	autodesk inventor 2015 培训教程 http://www.iqiyi.com/w_19rtm8mkwt.html
讨论社区之一	五天学会 http://www.51hei.com/bbs/dpj-43179-1.html	中国 CAD 论坛 http://www.cad8.net/forum.php? mod=forumdisplay&fid=91

第八节　艺术类信息素养培养

一、艺术信息资源概述

(一)艺术信息资源的概念

"艺术信息资源"是指经过人类组织、加工,并可以存取和能够满足人类需求的各种艺术信息的集合。[1] 它首先是艺术信息的集合,其次是经过人类组织的、有序的、可存取的艺术信息的集合,然后它应是包括各种艺术载体形式如文字、声像、数字、实物、行为的艺术信息的集合。

(二)艺术信息资源的分类

按照不同的划分方式,艺术信息资源有不同的分类方式。

艺术文献按出版形式可以分为图书、期刊、会议文献、学位论文、专利文献、标准文献、产品资料、政府出版物、科技报告、科技档案等。

艺术文献按加工处理的深度划分可分为一次文献、二次文献、三次文献。一

---

[1]　房宝金主编. 艺术信息资源发现与利用[M]. 上海:上海科学技术文献出版社,2016.07.

次艺术文献是艺术文献最基本的类型,是人类研究艺术问题时创造的知识第一次被固化在一定物质载体上所形成的文献,称为原始艺术文献。二次艺术文献是对第一次艺术文献进行加工整理的产物,也就是对无序的一次文献按照主题、出处、作者、时代等规律进行整理形成的文献。三次艺术文献是利用二次文献选择有关的一次文献加以分析、综合而编写出的专职报告或专著,如综述报告、评述报告、技术报告、数据手册、一次文献的书目和索引等。

艺术文献按文献载体角度划分,可分为印刷型文献、声像型文献、电子版文献、网络版文献等。

国务院学位委员会、教育部 2012 年公布的《普通高等学校本科专业目录(2012 年)》①,新目录中增设了"艺术学"一级门类,将艺术学分为艺术学理论、音乐与舞蹈学类、戏剧与影视学类、美术类、设计学类。对于本科艺术学专业,所涉及的艺术学资源类型较多,主要结合武昌首义学院(简称"我校")艺术设计学院的专业设置:环境设计、园林设计、视觉传达设计、动画(新媒体动画方向)、产品设计五大专业,这五大专业属于设计学类,因此本节主要针对设计学专业资源类型、设计学专业资源的获取途径、设计学专业资源的检索案例这三方面对设计学类专业的信息素养培养教育进行探索。

二、本科设计学信息资源及常用资源检索途径

(一)设计学专业资源类型

设计学专业的核心在于培养学生的创新能力,是武昌首义学院学科建设中的重点学科,武昌首义学院对此专业的资源建设尤为重视,考虑到武昌首义学院学科建设和人才培养模式、图书馆的资源建设以及开设的设计学的相关专业课程的情况,设计学专业资源类型主要介绍图书、专业核心期刊、会议文献、专利文献、标准文献、商业型数据库、专业网站等 7 种资源类型,具体介绍如下:

1. 图书

图书是正规出版社正式出版的出版物。是对已有的研究成果或经验做概括。知识力求完整、系统和成熟。用于初步了解一般性问题,对某学科或者专题获得较全面系统的知识。

---

① 中华人民共和国教育部. 教育部关于印发《普通高等学校本科专业目录(2012 年)》《普通高等学校本科专业设置管理规定》等文件的通知:教高[2012]9 号[A/OL]. (2012 - 09 - 18)[2018 - 04 - 15]. http://www. moe. gov. cn/srcsite/A08/moe_1034/s3882/201209/t20120918_143152. html.

设计学专业图书从使用的角度可以分为阅读型和工具型两类。

阅读型：

教科书。也称之为教材或教学参考书。是一门专业开设课程的核心教学材料。教科书一般不是原始研究成果，而是对某学科现有知识、成果进行综合归纳和系统阐述。较少作新的探索和提出个人现点。教科书在材料的筛选、概念的解释、不同观点或学派的介绍，以及学科知识的综合归纳、分析论证和结论等方面，都应具有全面、系统、准确的特征。设计学教材强调基础理论与基本技法。设计学专业教材有：中国美术史、外国美术史、工业设计史、中国工艺美术史、美学原理、艺术概论、艺术设计概论、园林概论、环境艺术设计概论、动画艺术概论、绘画设计透视学、基础素描全程训练、艺用人体结构运动学教程、园林工程、园林景观手绘表现技法、计算机辅助视觉传达设计表现技法、环境艺术快速表现技法、影视动画技法、产品设计表现技法等。

专著。学术专著一般为对某一学术问题较为深刻的研究论述。设计学专业经典专著有：《世界现代设计史》《现代设计系》《艺术与错觉》《艺术与视知觉》《造型的诞生》等。

工具型：

词典/辞典。可分为通用词典、专科词典、综合性与百科性词典三大类。专科词典/辞典以一个或若干个学科中的专业词汇为收录材象。是解释事物概念、设计学专业知识的工具书，如：《艺术词典》《动画词典》《东西方图形艺术象征词典》《雕塑艺术辞典》《艺术与艺术家词典》；综合性与百科性词典兼收一般词汇和专业词汇，如：《辞海》，除一般名词术语外，其中艺术分册与艺术关系最为密切。百科全书(Encyclopedia)，是概述人类一切如识门类或某一专门知识门类的完备的工具书，是人类最有用知识的系统概述。艺术专业性的百科全书，如：《艺术百科全书》《美学百科全书》《世界艺术百科全书》《大英视觉艺术百科全书》等。

手册(Handbook)是汇集一般资料或专业知识的参考书，是一种便于浏览、翻检的记事的小册子，是介绍一般性或某种专业知识的简明摘要书。用于设计学专业的手册如《包装设计手册》《实用色彩设计手册》《现代设计速查手册》《欧式卡通手册》《动画师工作手册运动规律》等。

年鉴(Ycarbook)。是以全面、系统、准确地记述年度事物运动、发展状况为主要内容的资料性工具书。汇辑一年内的重要时事、文献和统计资料。是按年度连续出版的工具书。大体可以分为综合性年鉴和专业性年鉴两类。与设计学相关的年鉴有：《中国广告作品年鉴》《中国动画年鉴》《国际设计年鉴》《中国建筑年鉴》《中国电影年鉴》《红点奖全球最佳视觉传达设计年鉴》等。

2. 核心期刊

核心期刊是指那些发表该学科(或该领域)论文较多、使用率(含被引率、转摘率和流通率)较高、学术影响较大的期刊,设计学类适用的主要核心期刊如下:

新美术:(月刊)系闻名中外的中国美术学院学报,创建于 1980 年,CSSCI 南大核心期刊北大核心期刊。本刊物素以学术性强而受到人文科学研究者的推崇。在介绍传统艺术和现代具有创新意义的美术作品之外,还着重刊登中外美术理论研究论文,并致力于将艺术史研究纳入人文学科之中,使之成为人文学科的重要组成部分。重视艺术与历史、艺术与思想的关系问题,注重与艺术相关的人文科学的前沿问题。近年来,《新美术》日益受到国内外学者的重视,被评为国家核心期刊,并在《中国社会科学引文索引》(CSSCI)及《中文核心期刊要目总览》等排名中都因刊物的学术水准和办刊质量被列为美术类首位。

装饰:始创于 1958 年,杂志被北京大学图书馆(国家最权威的图书鉴定中心)确认为"中国艺术类核心期刊",列入《中文核心期刊要目总览》第一版至第五版,连续五次被认定为国家核心期刊,并被国家图书馆认定为全国中文艺术类 10 种核心期刊之一以及国家新闻出版广电总局全国百家重点图书室推荐期刊。1999年荣获国家新闻出版广电总局颁发的"首届国家期刊奖"及"全国百种重点社科期刊"称号。2002 年经中宣部、国家新闻出版广电总局评选审定,批准《装饰》进入"中国期刊方阵",获"双奖期刊"称号("国家期刊奖、全国百强期刊奖")。2003年 1 月,获国家新闻出版广电总局颁发的我国期刊的最高奖——"第二届国家期刊奖"。《装饰》也是全国艺术类期刊中唯一获此国家级大奖的期刊。2005 年 2月,《装饰》获国家新闻出版广电总局颁发的我国期刊最高奖"第三届国家期刊奖",这是《装饰》连续第三次荣获我国期刊的政府最高奖,《装饰》也是全国艺术类期刊中唯一连续三次获此国家级大奖的期刊,从而圆满地完成了"三连冠"。2008 年元月,教育部正式批准《装饰》入选"中文社会科学引文索引"(CSSCI)来源期刊(扩展版)。2013 年,《装饰》杂志正式进入"中文社会科学引文索引"(CSSCI)来源期刊(2014 – 15 年度)(正式版)。作为双核心期刊。

艺术百家:(双月刊)创刊于 1985 年 3 月 1 日,CSSCI 南大核心期刊北大核心期刊。内容着眼于国家重大文化课题,着重突出内容的艺术性、思想性、学术性、理论性,努力建立区别于其他刊物的学术眼光与文化品质,在学理框架下坚守独立的艺术思想,提倡原创,关注当代性,审视学术热点。栏目内容设置涵盖一级学科艺术学下属的二级学科艺术学、音乐学、美术学、设计艺术学、戏剧戏曲学、电影学、广播电视艺术学、舞蹈学等 8 个学科研究方向,兼顾哲学、美学、建筑学、考古学与博物馆学、经济学、管理学等学术领域中与文化有关的部分。

民族艺术：(双月刊)1985年创刊,北大版、南大版核心期刊。专业学术性刊物。发表中国各民族文化艺术研究方面的论文及调查报告。本刊思想活跃、版面新颖,近年来刊发了大量高学历、高职称作者的富有创新意识的学术论文,在学术界产生了积极影响。该刊继续欢迎各类富有创意的学术论文,尤其是有关民族民间文化艺术研究、选题独特、材料丰富、方法新颖、视野开阔的文稿。

南京艺术学院学报。美术与设计版：(双月刊)1978年创刊,北大核心期刊。美术教育刊物。普及美术知识与提高美术理论相结合,反映学院最新研究成果,给美术教学起导向作用。主要反映学院科研、创作和教学成果,广泛吸收校外专家、教授和研究生来稿,开展学术研究和交流,促进科研、创作和教学改革。面向社会各个相关高校及单位的读者,拥有大量的阅读群体。

美术研究：(季刊)2009年创刊,CSSCI南大核心期刊、北大核心期刊。本着学术至上的原则,精心策划艺术专题,邀请国内外知名专家和学术新秀撰写稿件,立足于对中国美术学科开展全面研究,介绍最新学术理论研究成果,展示优秀艺术作品。

美苑：(双月刊)1980年创刊,CSSCI南大核心期刊、北大核心期刊。继承延安鲁艺传统,振兴我国美术事业,促进高等美术教育。坚持为社会主义服务的方向,坚持以马克思列宁主义、毛泽东思想和邓小平理论为指导,贯彻"百花齐放、百家争鸣"和"古为今用、洋为中用"的方针,坚持实事求是、理论与实际相结合的严谨学风,传播先进的科学文化知识,弘扬民族优秀科学文化,促进国际科学文化交流,探索防灾科技教育、教学及管理诸方面的规律,活跃教学与科研的学术风气,为教学与科研服务。

电影文学：(半月刊)创刊于1958年,北大核心期刊。是长春电影制片厂旗下的刊物之一。创刊近60年来,依托长影的人才资源与品牌优势,发表了大量的影视文学剧本及影视学术作品,在全国广有影响。办刊宗旨:立足电影电视的理论研究,关注导演表演的创作思潮,拓展学术争鸣的文化视野,探究艺术流派的价值取向。《电影文学》在1996、2000、2004、2008年连续入选北大《中文核心期刊要目总览》,中国期刊全文数据库收录期刊,中国学术期刊综合评价数据库来源期刊,中文科技期刊数据库收入期刊。

当代电影：《当代电影》(月刊)创刊于1984年,CSSCI南大核心期刊、北大核心期刊。是由中国电影艺术研究中心主办的电影艺术专业刊物。本刊注重电影理论的研究和探索,尤其是对中国电影精品和国外电影经典作品的分析,并注重对当代电影作品的研究。本刊以敏锐、活泼而又严谨、厚重的学术素质和办刊特点而著称,在国内外具有权威影响。

3. 会议文献

是指在各种学术会议上交流或发表的论文和报告。会议文献内容新颖、专业性和针对性强,传递信息迅速,能及时反映科学技术中的新发现、新成果、新成就以及学科发展趋向。但会议论文的很多新理念往往还不够成熟。尚待在使用实践中进一步论证与完善。识别会议文献的主要依据有:会议名称、会址、会期、主办单位、会议录的出版单位等。

4. 专利文献

我国是实行专利制度的国家,专利文献是在接受申请和审批发明过程中形成的有关出版物的总称。包括专利说明书、专利公报、专利分类表、专利检索工具以及与相关的法律性文件。识别专利文献的主要依据有:专利名称、专利申请号、专利号、专利权人等。其中外观设计专利文献与设计学专业相关性较大。

5. 标准文献

是经过公认的权威机构批准的以特定的文件形式出现的标准化工作成果。其特点是对标准化对象描述详细、完整、内容可靠、实用,有法律约束力。标准文献适用范围明确,是从事生产、设计、管理、产品检验、商品流通、科学研究的共同依据,也是执行技术政策所必需的工具。识别标准文献的主要依据有:标准级别、标准名称、标准号、审批机构、颁布时间、实施时间等。设计学专业中室内设计、视觉传达设计、包装设计等专业设计标准较多。

6. 商业型数据库

商业数据库是指商业公司对某一领域的学术文献资源进行整理汇总后形成的文献资源检索工具。商业数据库比网络资源更为有序规范,检索途径也更加多样化。可供设计学专业使用的有全文型数据库:知网、维普、万方、读秀、汉斯开源学术期刊、EBSCO 外文期刊数据库、Springer 外文期刊数据库、SAGE 回溯期刊全文数据库、超星期刊数据库、新学术 SCI 期刊精选整合平台。视频型数据库:知识视界多媒体平台、设计师之家、软件通视频学习系统。

7. 专业网站

分布在网络上的艺术资源丰富多彩,艺术设计学专业常用的有以下六类:

艺术博物馆网站:中国国家博物馆、大英博物馆、大都会艺术博物馆、美国国家艺术博物馆、法国卢浮宫美术馆、英同伦敦国家艺术馆、意大利博物馆、东京国立博物馆、加拿大美术馆、澳洲国立博物馆。

艺术资讯网站:雅昌艺术网、布罗恩艺术信息网、艺术新闻网、艺术家网等。

艺术社区网站:Pixiv、Deviant Art、艺术云图。

艺术行业协会网站:洛杉矶艺术协会、美国艺术协会、美国工业设计家协会、英国美学协会、美国建筑插图师协会。

Mooc 网站:国内 Mooc 学习平台(中国大学 Mooc、学堂在线、Mooc 中国)、国外

Mooc 学习平台(Coursera 平台、Edx 平台、Future Learn 平台)。

其他常用艺术网站:中国数字艺术在线、插画中国、站酷、Coliss、数字艺术在线、UiiiUiii 灵感频道、全球顶尖设计师名站、幻觉、Pexels、500px。

(二)设计学专业资源的获取途径

对于专业资源获取会存在一些疑问,诸如:专业教师推荐学习的其他教材应该怎样快速寻找?设计学专业纸本书籍已被借出,还有其他途径可以进行阅览吗?进入专业毕业论文的撰写阶段,想了解设计学专业领域的最新动态,应该在哪里获取资源等等问题,下面的内容或许能为资源获取给出答案。

1. 专业图书获取途径

(1)专业纸质图书的获取

即使在互联网时代,大学图书馆仍是在校师生获取信息资料的重要场所之一,在我国,图书馆基本是按《中国图书馆分类法》对图书进行分类,每种图书都会有唯一的索书号,索书号由分类号和种次号组成。图书馆的纸质图书就是按照索书号来排架的。例如:《动画速写》(翁子扬著)在武昌首义学院图书馆的索书号为:J218.7/170,其中 J218 表示分类号,种次号是 170。

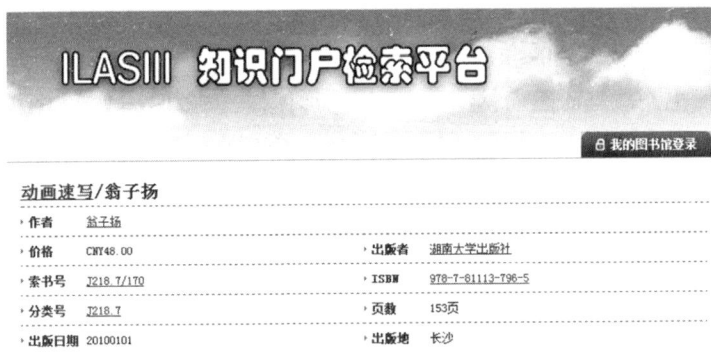

图 6-66 《动画速写》的馆藏索书号

图书馆内图书是按照索书号进行分类排架,相同学科内容的图书集中在一起,同类图书中先到馆的图书在前,后到馆的图书在后。了解这个图书排架规则后,可以直接进入书库找到所需图书的大致架位,选择所需图书。此方法获取图书较为直接,当需求不太明确时,可通过在书架上浏览同类图书来筛选自己所需图书。但是,要想充分利用好图书馆的资源,高效快捷地查找所需专业图书,最佳途径是利用图书馆的馆藏书目检索系统(OPAC)对资源进行检索查询。以武昌首义学院图书馆为例,进入图书馆主页后,在"图书"频道选择"馆藏书目检索系统"点击进入检索界面:

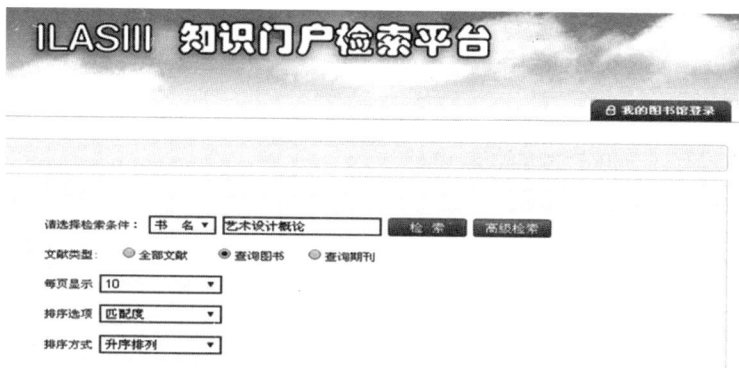

图 6 - 67　武昌首义学院图书馆 OPAC 系统入口

检索途径：书名、作者、分类号、ISBN、索书号、主题词、出版社、任意词。

检索方法：选定检索途径，在输入框内输入检索词，文献类型选择"查询图书"，然后点击"检索"按钮即可实现检索。

获取方法：通过检索图书目录基本信息包括书名、作者、出版信息、内容简介以及馆藏信息的浏览后，记下其索书号和馆藏地点，凭索书号即可到图书馆内快速查找并办理借阅。

（2）专业电子图书的获取

电子图书相较纸质图书，获取与利用更加便捷，电子图书受限于图书馆的开放时间，可以实时获取。基本上图书馆都购买有电子图书数据库，常见的电子图书数据库有：读秀学术搜索、书生之家、超星数字图书馆、方正 Apabi 数字图书馆、中国数字图书馆等。设计学专业电子图书可以通过电子图书数据库获得，以武昌首义学院图书馆购买的"读秀学术搜索"为例，进入武昌首义学院图书馆主页，在"图书"频道选择"读秀学术搜索"点击进入：

图 6 - 68　读秀学术搜索界面

　　检索途径:在读秀检索页面的"知识"频道和"图书"频道都可查找图书,在"知识"频道可以实现全文查找一段文字的出处,在"图书"频道可选择的检索途径有:书名、作者、主题词、丛书名、目次等。

　　检索方法:先选定检索途径,然后在输入框内输入检索词,点击"中文搜索"按钮即可查找图书。

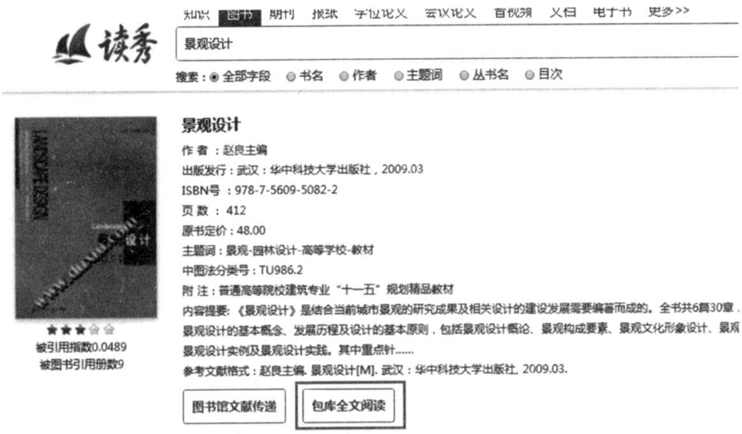

图 6-69　包库全文阅读

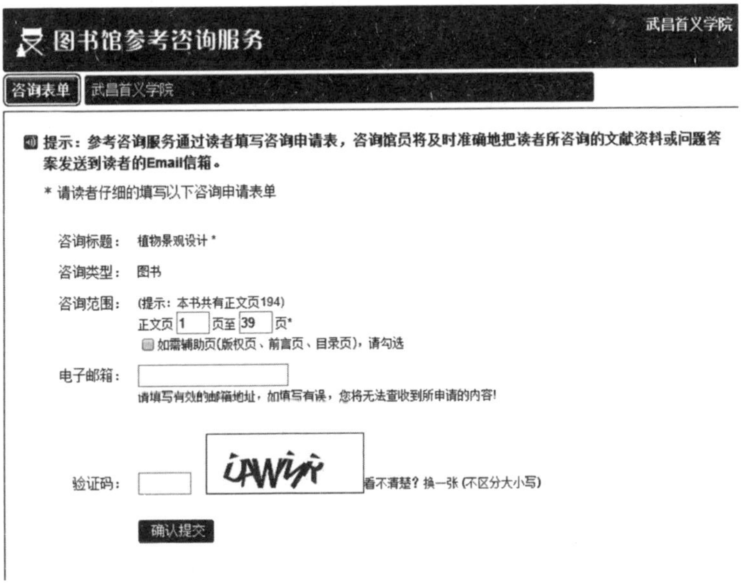

图 6-70　文献传递获取电子全文

获取方法:在读秀里有两种获取电子图书的方法,一种是包库全文,在检索结果中,若有"包库全文"的按钮,是图书馆已购买的电子图书,可直接点击打开电子图书全文;另一种方法是文献传递,在检索结果页面,如果有"文献传递"的按钮,点击后可打开图书馆参考咨询的页面,根据提示输入该书的页码范围、接收邮箱,进行提交,所咨询的电子图书便会即时以超链接的形式发送到填写的邮箱中,点击超链接即可获取咨询原文。

2. 专业期刊文献获取途径

专业期刊出版频率快,是获取学科领域发展动态信息的重要渠道,其中核心期刊是学术影响较大的刊物,国内比较权威的核心期刊评价体系有:北京大学图书馆"中文核心期刊"、南京大学"中文社会科学引文索引(CSSCI)来源期刊"、中国科学技术信息研究所"中国科技论文统计源期刊"(又称"中国科技核心期刊")、中国社会科学院文献信息中心"中国人文社会科学核心期刊"等。武昌首义学院图书馆开发的《中国核心期刊投稿指南数据库》,收录了四大权威机构的核心期刊目录,提供了刊名、ISSN 号、CN 号三种检索途径,可利用该系统查询本学科的核心期刊目录。

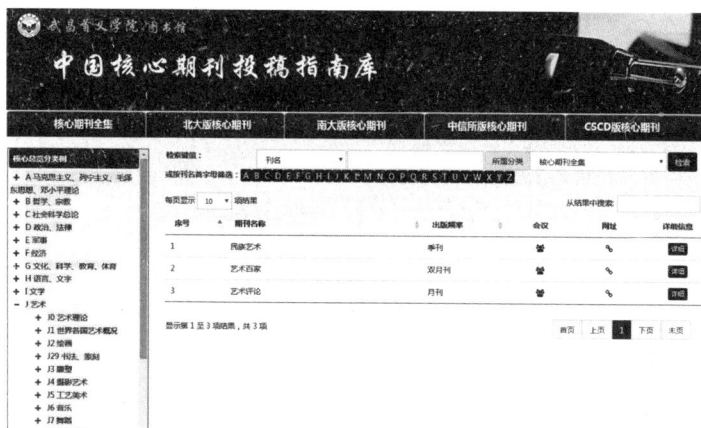

图 6-71　核心期刊投稿指南库

(1)专业纸本期刊的获取

纸本期刊的查找获取,可以利用图书馆的馆藏书目检索系统(OPAC)。以武昌首义学院图书馆藏书目检索系统为例,在检索页面选定检索途径,输入检索词,文献类型选择"期刊",然后点击"检索"按钮即可。

获取方法:通过对检索出来的期刊目录基本信息大致浏览后,确定所需要的专业期刊,记下其索书号和馆藏地点,然后凭索书号即可到图书馆内查找借阅。

图 6 - 72　武昌首义学院 OPAC 系统中期刊的查询

（2）电子期刊全文的检索

常见的电子期刊检索工具,中文有:中国知网期刊全文数据库、维普中文科技期刊全文数据库、万方中国学术期刊数据库的学术期刊数据库等;外文期刊检索工具有:EBSCO、Science Direct、ProQuest 等。以知网和 EBSCO 为例(如图:所示)。

图 6 - 73　中国知网期刊文献全文获取

图 6-74　EBSCO 外文期刊文献全文获取

检索途径:检索期刊可通过刊名、ISSN 号、CN 号、主办单位来查找;查找期刊全文可选择简单检索或高级检索,常见检索条件有主题、关键词、篇名、全文、作者、单位、摘要、来源、ISSN 号、中图分类号等。

检索方法:确定检索途径,在输入框内输入一个或多个检索词,然后点击"检索"按钮即可实现检索。

获取方法:对检索出来的文章先浏览摘要,确定是所需文献后,如果数据库提供有 HTML 格式的全文可在线阅览全文,或者下载全文保存到本机。

3. 设计学论文资源获取

(1)学位论文的检索获取

学位论文因具有一定的学术性和独创性,一般不公开出版。一般来说学位论文多保存在该作者毕业的大学图书馆及国家图书馆中。学位论文的全文获取以向各大学图书馆借阅或馆际合作文献传递为主,或者是通过学校已购买的数据库系统下载获取电子全文。设计学的学位论文数据库国内包括:中国优秀博硕士学位论文全文数据库(中国知网)、中国学位论文全文数据库(万方)、中国科学院学位论文数据库、国家科技图书文献中心的中文学位论文数据库、CALIS 高校学位论文库国家图书馆学位论文、国家图书馆学位论文等;国外学位论文数据库比较权威的有美国 ProQuest 学位论文数据库。

图 6-75　中国优秀博硕士学位论文全文数据库

图 6-76　ProQuest 学位论文检索平台 CALIS 站点

（2）会议论文检索获取

中国重要会议论文全文数据库，中国知识资源总库——CNKI 系列数据库之一（网址 http://www.cnki.net/）（图 6-8），重点收录 1999 年以来，中国科协、社科联系统及省级以上的学会、协会，高校、科研机构，政府机关等举办的重要会议上发表的文献。其中，全国性会议文献超过总量的 80%，部分连续召开的重要会议论文回溯至 1953 年。

中国学术会议文献数据库（万方中国学术会议论文），（网址 http://c.g.wanfangdata.com.cn/index.html）（图 6-9），会议资源包括中文会议和外文会议，中文会议收录始于 1982 年，收录中文会议论文共计 538 多万篇，年收集 4000 多个重要学术会议，年增 20 万篇全文，每月更新；外文会议主要来源于外文文献数据库，收录了 1985 年以来世界各主要学协会、出版机构出版的学术会议论文，共计 766 多万篇。

4. 专利资源获取途径

（1）外观设计专利资源获取

外观设计关注产品外观给人的视觉感受。通过检索利用外观设计专利资源，一方面可以申请外观设计专利保护知识产权不受侵害，另一方面可以防止自己的设计侵犯别人的权利。外观设计是一种比较特殊的知识产权，作为一种发明，它可以受到专利法的保护。

图6-77 中国专利公布公告系统

(2)外观设计专利检索工具

国家知识产权局的中国专利公布公告检索系统,时间范围:1985年9月10日至今;服务内容:中国专利公布公告;检索功能:可以按照发明公布、发明授权、实用新型和外观设计四种公布公告数据进行查询;数据范围:中国专利公布公告信息,以及实质审查生效、专利权终止、专利权转移、著录事项变更等事务数据信息。更新:每周二、五。

图6-78 国家知识产权局专利检索及分析系统

国家知识产权局专利检索及分析系统,该资源是免费资源,需要注册后使用。专利检索:常规检索、药物检索;专利分析:申请人分析、发明人分析、区域分析、技术领域分析、中国专项分析、高级分析;数据范围:收录了 103 个国家、地区和组织的专利数据,以及引文、同族、法律状态等数据信息,其中涵盖了中国、美国、日本、韩国、英国、法国、德国、瑞士、俄罗斯、欧洲专利局和世界知识产权组织等;数据更新:中外专利数据,每周三;同族、法律状态数据,每周二;引文数据,每月更新。

5. 数字工具的获取

武昌首义学院图书馆为满足艺术设计学院专业课程的软件学习引入设计师之家资源库,具体分类如表6-26所示。

表6-26　设计学数字工具一览表

专业	技能	数字工具	技巧与课程
视觉传达设计	VI 设计、字体设计、版式设计、广告海报、包装设计、淘宝美工、网页设计	Photoshop CorelDRAW Illustrator InDesign LightRoom Dreamweaver Cinema 4D	设计师之家资源库(武昌首义学院图书馆试用)
环境设计与风景园林	建筑设计、室内设计、景观设计、公共艺术设计	AutoCAD Maya 3dsMax VrayMentalRay SketchUp Revit Revit architecture Unity	设计师之家资源库(武昌首义学院图书馆试用)
动画(新媒体动画方向)	三维动画、二维动画、材质贴图、灯光渲染、动画绑定、特效模拟	3dsMax After Effect Arnold Bodypaint Cinema 4D Flash Houdini Mari Maya Mental Ray Modo Photoshop RealFlow Substance Painter TVPaint Animation Unfold3D Vray Zbrush	设计师之家资源库(武昌首义学院图书馆试用)

专业	技能	数字工具	技巧与课程
产品设计	模型与工艺设计、模型制作	3dsMax AutoCAD CorelDRAW Photoshop ProEngineer Rhino SketchUp SolidWorks Zbrush Axure	设计师之家资源库（武昌首义学院图书馆试用）

三、设计学专业资源的检索案例

艺术信息资源种类繁多，想要快速获得所需的信息，需要掌握一定的检索方法。以设计学资源常见的基础知识检索、学术文献检索及图片检索为例介绍资源检索的思路和技巧。

（一）基础知识检索

1. 设计学发展历史

通过检索设计学专业史论可以了解古今中外设计学的发展过程及一般规律，是设计学专业的入门文献。关于设计学的基础知识也可以通过检索设计学史论相关资料获得。

案例6－1：某艺术设计学院动画专业大二的学生在学习《动画概论》课程时，除指定教材的学习外，需要通过其他中文图书对动画的发展历史进行学习和了解，应该通过怎样的方式和途径进行查找和学习呢？

检索思路：

·利用武昌首义学院图书馆 opac 使用关键词"动画史"进行检索查找相关图书；

·利用"读秀"中文电子书平台图书频道进行电子图书的查找；

·利用网络资源进行查找，主要可以利用搜索引擎通过搜索语法限定"动画发展史 filetype：ppt"或"动画概述 filetype：ppt"获取网络课件了解动画的发展史。

2. 设计学名词术语

准确了解艺术专业名词术语的释义，能够更好地把握具体设计学专业领域的内涵和外延，在进行相关文章写作时，可以更加清晰地进行相应论述。一方面可以通过艺术理论书籍了解相关知识，另一方面也可以通过百科全书和专科词典/

辞典获得释义。

案例6－2：视觉传达专业的学生在学习《世界现代设计史》时，想了解关于包豪斯的详细解释。

检索思路：

·利用"读秀"中文电子书平台知识频道输入关键词"包豪斯"进行知识点的查找；

·利用网络百料（百度百科、维基百料）较为方便地查找"包豪斯"解释；

·利用数据库进行查找，如"牛津格罗夫艺术在线"注：虽武昌首义学院图书馆未购买此数据库，但是可以通过官方网站 http://www.oxfordartonline.com/进行检索查找，不影响名词术语的检索。

3. 设计学艺术流派

艺术流派是指在一定的历史阶段内，由一些思想倾向、艺术主张、审美趣味、创作方法、表现手法、艺术风格等方面相近或相似的艺术家自觉或不自觉地形成的艺术家群体。

案例6－3：查找"新洛可可派"的相关资料。

检索思路：

查找艺术流派的相关资料时，需要查找其产生的时代、发展的阶段、主要的特点、在艺术史上的地位、代表的艺术家及艺术作品。

·利用"读秀"中文电子书平台知识频道输入关键词"新洛可可派"进行知识点的查找；

·利用艺术家工具书或艺术作品工具书查找其代表人物和代表作的情况；

·利用学术文献查找其艺术影响。

(二)学术文献检索

艺术家与艺术作品的检索案例

案例6－4：《花与树》的导演是谁？是哪个动画公司出品？该艺术家的其他代表作有哪些？

检索思路：

● 利用"读秀"中文电子书平台知识频道输入关键词"花与树"进行知识点的查找；

● 利用网络百科（百度百科、维基百科）较为方便地查找《花与树》的相关知识点。

(三)图片检索

案例6－5：请寻找关于触感设计的相关图片。

检索思路:

利用网络百科(包括百度百科和维基百科)丰富对检索课题的了解,一般来说,网络百科提供的信息相比普通网页更可信。另外这类没有头绪的检索题目,需要开拓检索的思路,逐一尝试。

- 利用知网文献搜索了解触觉设计的前沿;
- 利用搜索引擎(百度或必应)查找相关图片。

第七章

本科毕业设计/论文阶段信息素养培养

毕业设计/论文是高校教学计划中最重要的实践性教学环节,是大学生综合运用所学的基本理论与专业知识,并加以融会贯通和学以致用的具体体现。它不仅可以培养学生的研究能力,而且可以提升学生的综合素质。毕业设计/论文从选题、文献综述、论文写作到研究成果的整个过程均离不开信息检索。

第一节 毕业设计/论文的分类与基本要求

本科毕业论文/设计大致有经济管理及文科类、工程设计类、实验研究类、理论探讨类(理科)、计算机软件设计类等,具体到每个院校,又会有不同的划分标准与要求,例如武昌首义学院根据所开设专业的特点,把毕业设计/论文形式分为毕业论文、毕业设计和创新成果三种类型:

(一)毕业论文

要求学生以科学研究方法的基本训练为主,根据专业特点,以理论或实践中的问题为选题,学会运用文献资料、实验或调查数据等,撰写研究论文。

1. 学生在指导教师的指导下,根据选题查阅相关文献资料,在文献综述的基础上阐述课题研究意义及目的。

2. 独立地拟定本课题研究方案和论文框架。

3. 完成本课题的相关实验研究或社会调查工作。

4. 运用所学理论知识对研究活动的过程和结果进行分析论证,撰写科学研究论文。毕业设计/论文中除图纸、程序外,理、工科类不少于 10000 字;经、管、文、法类不少于 12000 万字;外语类专业不少于 8000 单词;艺术设计类专业不少于 8000 字;创新成果类中,作品类和研究及论文类以相关成果和证明代替并附于正文处,设计类、发明专利类正文不少于 4000 字。

（二）毕业设计（工程、艺术类专业）

学生以项目设计能力的培养为主，根据专业特点，确定独立完成或团队分工合作完成的设计项目，学会按照设计规范和程序，制订设计方案并完成项目设计工作，提交完整的设计报告。

1. 学生在指导教师的指导下，根据设计项目查阅科技文献，分析项目需求、条件和技术路线，拟定设计方案。

2. 运用已学的理论知识和分析、计算、绘图等方法，完成项目设计工作。

3. 按照项目设计规范提交设计报告，报告内容应包括设计图纸、设计说明书、使用说明书等。

（三）创新成果

为提高学生运用知识解决实际问题的能力和实践创新能力，学校提倡和鼓励学生以自己的创新成果作为毕业设计/论文环节的成绩评定依据，并予以认可。创新成果包括在本科学习阶段完成并已公开发表的学术论文、文学艺术作品、已被实际采用的工程项目设计、已获批准的实用新型或发明专利、外观设计专利等。

1. 作品类

文科类专业的学生，在校期间正式发表的作品符合以下条件之一：

（1）有一定水平的、达到一定字数的已出版或公开发表的文学作品、深度报道、报告文学、评论等。要求单篇字数在6000字以上，多篇合计字数在10000字以上；

（2）影音专题作品，要求在省级以上电台和电视台播出，单篇时间在5－10分钟以上。

以上（1）、（2）两项，不含一般新闻消息报道，且学生为第一作者。

2. 研究及论文类

符合下列条件之一：

（1）在校期间在全国核心刊物及以上公开发表字数达5000字以上的独撰专业论文一篇，或在正式公开刊物上发表两篇单篇字数达5000字以上的独撰专业论文，且学生为第一作者；

（2）在校期间，参与省部级以上科研课题的研究，且撰写字数达5000字以上的论文；

（3）在校期间，为政府实际部门提供有价值的且已被实际部门采纳的对策研究（或调查报告），且字数达5000字以上。

3. 设计类

符合下列条件之一的设计成果：

（1）获区域组织或五校以上联展展出奖励的设计成果，主要成果为设计计算

说明书和设计图纸等;

(2)已被实际工程采用的设计。

以上设计,均应有相应的 4000 字以上的简要论文:说明项目的背景、要求,设计思想、理念,特色与创新,展出和应用情况等,并有采用单位证明。

4. 实用新型专利、外观设计专利、发明专利:获得国家专利局授权的专利,并撰写 4000 字以上的简要论文,说明项目的背景、创新思想、技术原理和创新点等。

各学院可根据本规范结合本院学科、专业特点和实际,按照本规范的原则要求,制订创新成果类毕业设计/论文的具体要求、质量标准和评分标准及其管理细则和实施办法,经学校审批后实施。

第二节 毕业设计/论文选题、开题

一、选题及要求

明确了毕业设计/论文的分类与基本要求之后,就进入选题阶段,选题是毕业设计/论文最关键、重要的环节,也是学生最感困惑、最费精力的阶段,依据选题确立论点、组织材料、安排论文结构,设计/论文则较容易顺利完成,选题的好坏往往直接决定着设计或论文的成败。

本科毕业设计/论文的选题对于创新性没有硬性要求,学生只要根据自己的能力和主客观条件,选择指导教师指定的或者自己感兴趣的、有一定科学价值和现实意义的课题即可。在指导教师没有直接确定题目,而是给出一些备选题目,或学生想自拟题目的情况下,仍需要查询相关工具书,了解概念;或通览领域内专家学者的学术成果,包括专著、学术论文等;或与指导老师或同学进行讨论明确研究题目。选题的具体操作不同学校有不同的要求,比如武昌首义学院"关于印发《武昌首义学院本科生毕业设计/论文工作管理办法》的通知(院教〔2016〕103号)"明确指出"指导教师提出毕业设计/论文选题",课题由指导教师提出,指导教师根据"一人一题"选题要求提出毕业设计/论文课题,采取一组一题共同完成较大项目设计的,组内各成员分工应各有侧重。课题应符合专业应用型人才培养目标,应紧密结合生产和社会实际,难度、工作量适当,体现专业综合训练要求;有50% 以上毕业设计/论文在实验、实习、工程实践和社会调查等社会实践中完成。课题内容不得重复,其难度和份量应适中,并鼓励学生创新。

二、毕业设计/论文开题

本阶段应完成毕业设计/论文开题报告撰写、外文文献翻译及开题答辩工作。毕业设计/论文开题报告:根据不同的毕业设计/论文类别,分别填写《毕业论文开题报告》(表7-1)或《毕业设计开题报告》(表7-2)。

(一)毕业论文开题报告撰写要求

课题研究的目的和意义;主要参考文献综述;课题研究的主要内容;研究方法;实施计划。主要参考文献:不少于5篇,其中外文文献不少于1篇。撰写开题报告时,所选课题的课题名称不得多于25个汉字,课题研究份量要适当,研究内容中必须有自己的见解和观点。开题报告的字数不少于3000字(艺术类专业不少于2000字),其中,主要参考文献综述字数不得少于1000字,开题报告的格式按学校《本科毕业设计/论文撰写规范》的要求撰写。

表7-1 毕业论文开题报告

学生姓名		学 号		专业班级	
学 院		指导教师		职 称	
课题名称					
1. 课题研究的目的和意义(黑体三号,下同) 1.1××××××(四号黑体,下同)					
2. 主要参考文献综述(主要阐述本选题国内外研究现状、研究主要成果、发展趋势、存在的问题及对策、措施等内容,字数不少于1000字,力求内容切题,具有综合归纳性。未经本人阅读过的文献资料不得列入其中,也不得列入参考文献之中。)					
3. 课题研究的主要内容					
4. 研究方法					

续表

5. 实施计划	
6. 主要参考文献(不少于 5 篇,其中外文文献至少 1 篇)	
指导教师意见 指导教师签字: 年　月　日	
答辩小组意见: 组长签字: 年　月　日	系(教研室)审查意见: 系(教研室)负责人签字: 年　月　日
学院审查意见: 学院负责人签字: (公章) 年　月　日	

（二）毕业设计开题报告撰写要求

课题设计的目的和意义;主要参考文献综述;课题设计的主要内容;设计方案;实施计划。主要参考文献:不少于 5 篇,其中外文文献不少于 1 篇。撰写开题报告时,所选课题的课题名称不得多于 25 个汉字,课题研究份量要适当,研究内容中必须有自己的见解和观点。

开题报告的字数不少于 3000 字(艺术类专业不少于 2000 字),其中,主要参考文献综述字数不得少于 1000 字,开题报告的格式按学校《本科毕业设计/论文撰写规范》的要求撰写。

表 7－2　毕业设计开题报告

学生姓名		学　　号		专业班级	
学　　院		指导教师		职　　称	
课题名称					

1. 课题设计的目的和意义(黑体三号,下同)

1.1 ××××××(四号黑体,下同)

2. 主要参考文献综述(主要阐述本选题国内外研究现状、研究主要成果、发展趋势、存在的问题及对策、措施等内容,字数不少于 1000 字,力求内容切题,具有综合归纳性。未经本人阅读过的文献资料不得列入其中,也不得列入参考文献之中。)

3. 课题设计的主要内容

4. 设计方案

5. 实施计划

6. 主要参考文献(不少于 5 篇,其中外文文献至少 1 篇)

指导教师意见

指导教师签字:

年　　月　　日

答辩小组意见： 组长签字： 年 月 日	系(教研室)审查意见： 系(教研室)负责人签字： 年 月 日
学院审查意见： 学院负责人签字： (公章) 年 月 日	

第三节 毕业设计/论文开题及研究阶段的资料搜集

毕业设计/论文从选题、开题到研究阶段均需要查阅大量的文献,从中掌握和了解前人在该学科领域已进行了哪些研究,有些什么成果,同时借鉴他人的研究成果,完成自己的研究任务,避免无意义的重复劳动。

一、文献查找的一般步骤

(一)分析研究主题

1. 分析检索问题提炼专业核心概念的方法

(1)专业课学习中专业词汇的积累;

(2)叙词表的利用。叙词表是将文献作者、标引者和检索者使用的自然语言转换成规范化的叙词型主题检索语言的术语控制工具,亦称主题词表、检索词典。它是一种概括某一学科领域,以规范化的、受控的、动态性的叙词(主题词)为基本成分和以参照系统显示词间关系,用于标引、存储和检索文献的词典。

叙词表大体上可以分为两类:综合性的和专业性的。综合性叙词表中比较有影响的是美国《工程与科学主题词表》和《日本科学技术情报中心主题词表》;专业性叙词表有美国的《航空和航天局主题词表》《国际核情报系统主题词表》英国的《电机工程师协会主题词表》等。中国有 60 余部叙词表,其中综合性叙词表有《汉语主题词表》和《国防科学技术主题词典》;专业性叙词表有《航空科技资料主题词表》《电子技术汉语主题词表》《化学工业主题词表》等。

（3）其他

检索词确定时,要兼顾课题的主要概念与隐含概念;考虑同义词、近义词、上位类词、下位类词;考虑检索词的全称、简称、学名、俗名;避免选择概念过于广大或者过于狭小的词语作为检索词。

2. 专业核心概念的英文表达

（1）英语基础和专业英语的学习;

（2）专业辞典,例如机电专业的英日汉机械工程辞典、英日汉传感技术辞典等;

（3）翻译工具:如中国知网的翻译小助手等。

（二）选择检索系统

中外检索工具和数据库非常多,选择合适的检索系统,能帮助我们提高检索效率。如查找中文学术期刊论文最常用的是"中国知网全文数据库"。可参见本书第三章"第二节信息检索策略"列出的选择检索工具时可参考的几个原则,比如课题学科、数据库的权威性、信息量和信息年限等。

（三）编写检索式

检索式要能准确表达课题的主题概念,要灵活运用布尔逻辑检索、截词检索、词组检索、字段限定检索等各种检索方法。本书第三章"第一节分析检索问题构建检索式"有详细阐述,可学习参考。

（四）实施检索并调整检索策略

将制定好的检索式输入到选定的检索系统进行检索,检索结果可能过多或者过少甚至为零,因此一次检索一般不可能满足信息需求,这就需要根据检索结果文献量的多少情况确定是要扩大检索范围还是缩小检索范围,具体方法请参见本书第三章"第二节信息检索策略"中的"检索结果太少时的调整方式"和"检索结果太多时的调整方式"。

（五）筛选检索结果

文献检索的结果不一定全部是符合我们需要的,这就需要进一步对检索结果进行分析和筛选,甄别高质量、高相关的文献,列出拟获取文献的目录。筛选文献的一般准则包括:

领域内权威专家撰写的文章:他们的研究通常具有极强的前瞻性和引领性,他们的观点通常引人关注,文献引用率也很高。此外,高等院校或研究机构中的学者和科研人员撰写的文献通常比新闻界、商业领域人士撰写的文献更准确、客观、可靠;核心期刊中的文章:可以通过武昌首义学院图书馆的核心期刊投稿指南数据库来了解我们专业的核心期刊信息;知名出版社出版的图书;被引用率高的文献:反复被他人引用的文献质量相对较高,学术价值较大。论文被下载和引用情况在中国知网全文数据库中均可以查看。

（六）获取原始文献

通过图书馆订购的数据库或文献传递的方式,无偿或有偿获取文献原文。

二、常用的文献检索方法

（一）直接法

直接法是指直接利用检索系统（或工具）检索文献信息的方法。通常可以通过题目、关键词、作者等方式进行检索。

（二）追溯法

追溯法是利用学术论文后面所列的参考文献（被引用文献）目录,追溯文献,查找原文的方法。追溯法可以循环使用,从而一环扣一环地追查下去,依据文献间的引用关系,获得更多、更有效的检索结果。例如中国知网全文数据库中的"知网节"就是将文献间的这种引用关系进行关联,为用户提供通过节点文献查找到更多相关文献的方法。例如:《分享经济演绎的三方协同机制:例证共享单车》一文的参考文献信息:

[1]王锋. 分享经济的可行领域及推进路径[J]. 云南社会科学. 2016(05)

[2]计海庆,成素梅. 分享经济的 STS 探源[J]. 自然辩证法研究. 2016(07)

[3]李文明,吕福玉. 分享经济起源与实态考证[J]. 改革. 2015(12)

[4]张孝德,牟维勇. 分享经济:一场人类生活方式的革命[J]. 人民论坛·学术前沿. 2015(12)

[5]代明,姜寒,程磊. 分享经济理论发展动态——纪念威茨曼《分享经济》出版 30 周年[J]. 经济学动态. 2014(07)

[6]向刚. 李炳炎的学术贡献与经济思想[J]. 海派经济学. 2011(01)

[7]王珍,沈建国. 李炳炎与威茨曼两种分享经济理论的比较[J]. 经济纵横. 2009(05)

[8]郭跃进. 论市场监管的几个基本理论问题[J]. 福建论坛(人文社会科学版). 2006(04)

[9]钟田丽,弥跃旭,王丽春. 信息不对称与中小企业融资市场失灵[J]. 会计研究. 2003(08)

[10]沈满洪,何灵巧. 外部性的分类及外部性理论的演化[J]. 浙江大学学报(人文社会科学版). 2002(01)

（三）循环法

循环法又称综合法,是交替使用直接法和追溯法,取长补短,互相配合,获得最佳的检索结果。

三、文献信息检索与利用

（一）图书信息检索

1. 读秀学术搜索

"读秀"是由海量全文数据及资料基本信息组成的超大型数据库,目前中文图书题录信息540万种,300万种中文图书可通过文献传递的方式获取,可搜索的信息量超过16亿页。

图7-1 "读秀"检索界面

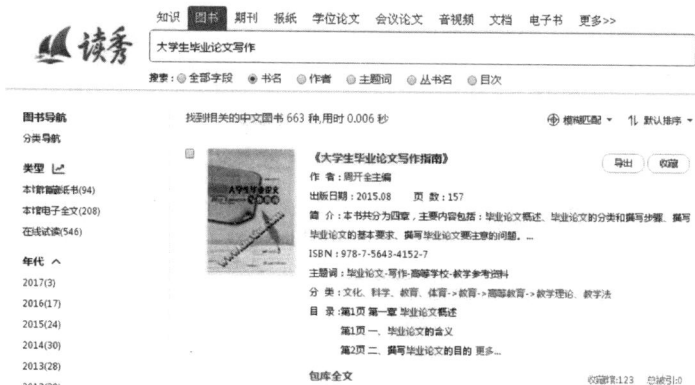

图7-2 "读秀"图书频道检索结果页面

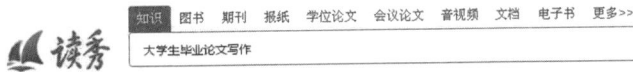

图7-3 "读秀"知识频道检索结果页面

特别提示:以武昌首义学院图书馆为例,"读秀"提供3种获取图书原文的方法,分别是:购买了电子全文的可直接点击"包库全文"进行全文阅读;整合了馆藏书目信息,如果检索结果页面显示馆藏信息,点击即可跳转到OPAC页面;文献传递。建议联网操作。

2. 大学数字图书馆合作计划(http://www.cadal.cn/)

大学数字图书馆合作计划(China Academic Digital Associative Library,简称CADAL),CADAL与"中国高等教育文献保障系统(CALIS)"一起,共同构成中国高等教育数字化图书馆的框架。项目一期建设了102.3万册中英文数字资源。该项目的长期打算是让任何人、在任何地点、任何时间免费访问万维网(WWW)上的大量图书资源。①

图7-4 CADAL首页

① http://www.cadal.cn/bqggg/gkletter.htm

(二)电子期刊、学位论文信息检索

1. 中国知网全文数据库

中国知网收录了包括期刊、博硕士论文、会议论文、报纸、年鉴等学术资料;覆盖理工、社会科学、电子信息技术、农业、医学等学科范围,数据每日更新,支持跨库检索。

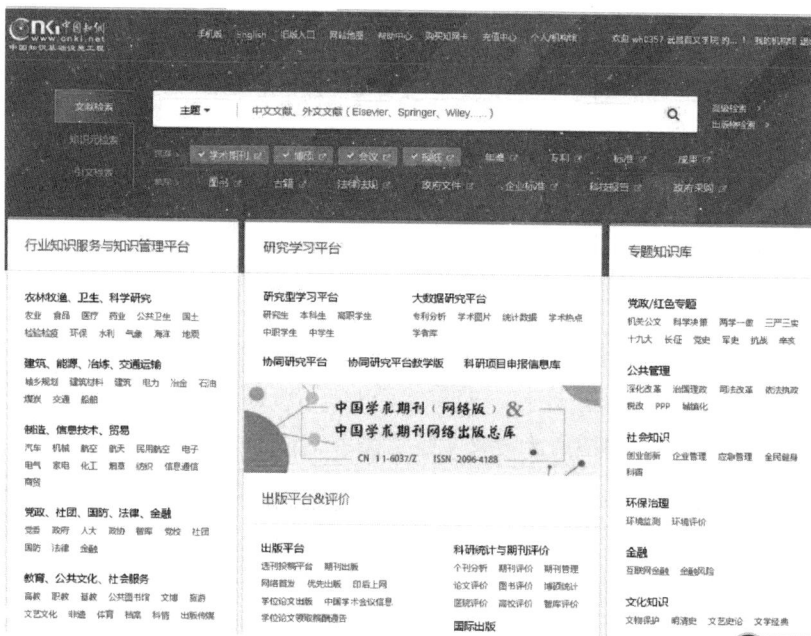

图 7-5 中国知网首页

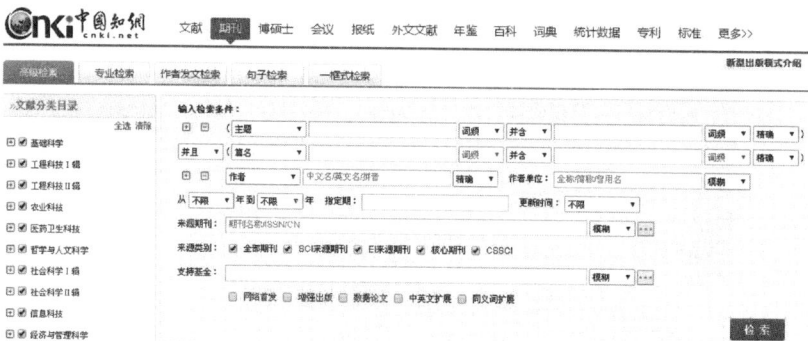

图 7-6 中国知网"期刊文献"高级检索页面

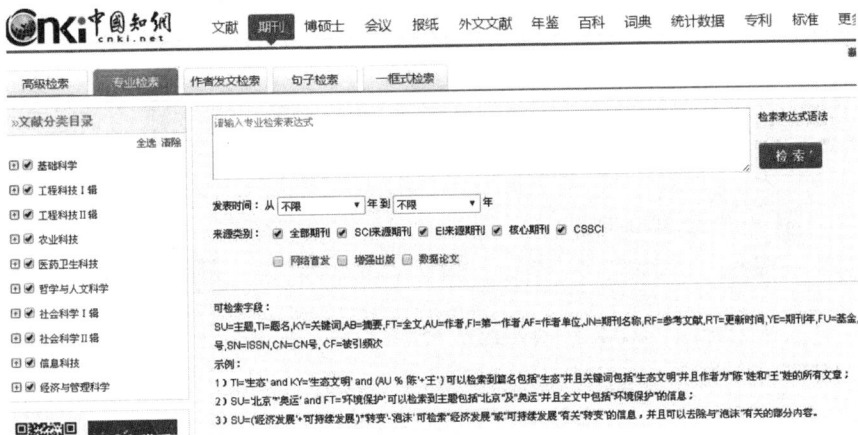

图7-7　中国知网"期刊文献"专业检索页面

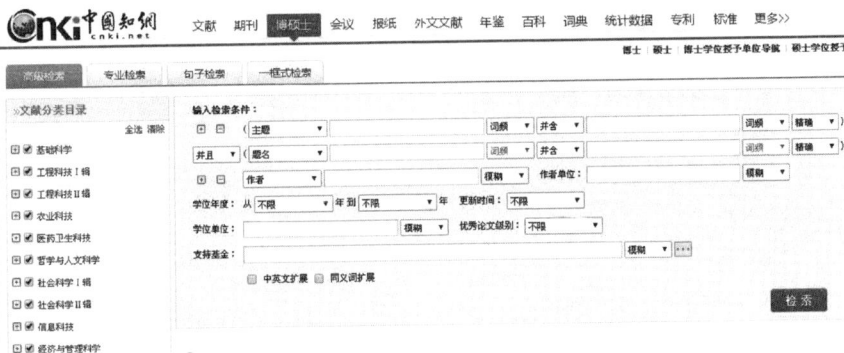

图7-8　中国知网"博硕士学位论文文献"高级检索页面

2. EBSCO 外文期刊数据库

EBSCO 数据公司是一个具有 60 多年历史的大型文献服务专业公司,提供期刊、文献定购及出版等服务,总部在美国,分部遍及全球 19 个国家。EBSCO 数据公司开发了近 100 多个电子文献数据库,包括近 3000 种期刊全文。涉及自然科学、社会科学、人文和艺术等多种学术领域。

EBSCO 数据公司两个主要的全文数据库是:Academic Search Premier(ASP)综合学科参考类全文数据库和 Business Source Premier(BSP)商管财经类全文数据库。

图 7 – 9　EBSCO 基本检索界面

点击检索界面的"选择数据库"按钮可以选择不同的数据库,如图 7 – 10 所示。

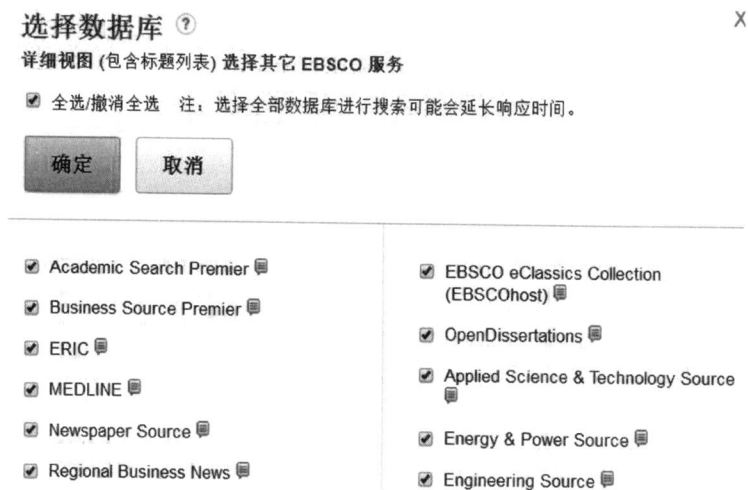

图 7 – 10　选择数据库界面

高级检索界面提供三个检索文本输入框,每个文本输入框后面对应一个字段下拉列表框。用户在检索框中输入关键词,根据需要选择检索字段,框与框之间可以使用逻辑算符进行逻辑组配。利用检索框下的各项选择可以使检索更准确。高级检索同样可以利用限制检索和扩展检索。高级检索界面如图 7 – 11 所示。

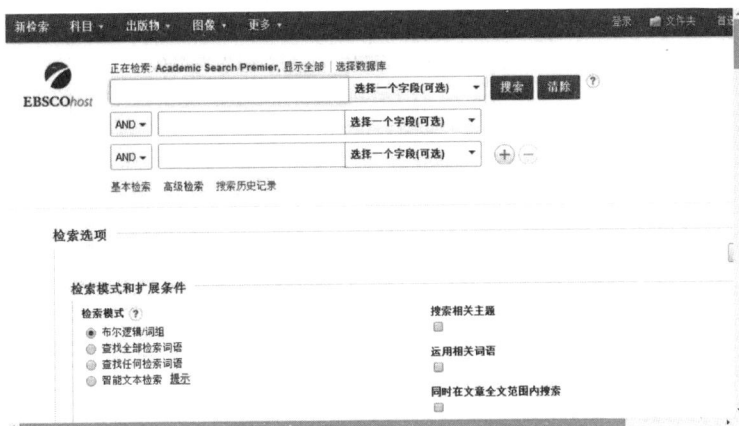

图 7 – 11　EBSCO 高级检索界面

特别提示：大家阅读电子版的学术论文经常会接触到两种格式的文件，一种是 CAJ，一种是 PDF。

CAJ 为中国学术期刊全文数据库英文缩写（China Academic Journals），也是一种文件格式。该款阅读器支持中国知网的 CAJ、NH、KDH 和 PDF 格式文件，其打印效果与原版效果一致。CAJViewer 的官方下载地址是：http://www.cnki.net/software/xzydq.htm。

PDF（Portable Document Format 的简称，意为"便携式文档格式"），是由 Adobe 公司设计的文件格式。这种文件格式与操作系统平台无关，也就是说，PDF 文件不管是在 Windows，Unix 还是在苹果公司的 Mac OS 操作系统中都是通用的。这一特点使它成为在 Internet 上进行电子文档发行和数字化信息传播的理想文档格式。越来越多的电子图书、产品说明、公司文告、网络资料、电子邮件在开始使用 PDF 格式文件。该格式文件的浏览器是 Adobe Acrobat Reader。其官方下载地址是：http://get.adobe.com/tw/reader/otherversions/。

（三）专利信息检索——以中国专利为例

1. 中华人民共和国国家知识产权局（http://www.sipo.gov.cn/）

国家知识产权局是国务院主管专利工作和统筹协调涉外知识产权事宜的直属机构，1980 年经国务院批准成立，主管专利工作和统筹协调涉外知识产权事宜。收录了包括 1985 年 9 月 10 日以来公布的全部中国专利信息，包括发明、实用新型和外观设计三种专利的著录项目及摘要，并可浏览到各种说明书全文及外观设计图形。它是免费的专利检索途径，说明书为 TIF 格式。该专利数据库内容的更新与中国专利公报的出版保持同步，即每周二更新一次。

图 7 - 12　SIPO 首页

图 7 - 13　SIPO 常规检索

特别提示:用户需先注册,登录后才能检索。

图 7 - 14　SIPO 高级检索

检索实例:检索浙江大学授权的有关"虚拟现实"的专利信息,检索得到 12 条结果。

图 7 - 15　SIPO 检索结果

图 7 - 16　著录项目页面

著录项目　全文文本　全文图像

CN107462994A[中文]

权利要求书

1.一种沉浸式虚拟现实头戴显示装置,其特征在于:

包括头部跟踪与姿态检测系统、头戴显示光学系统、图像分割系统、编码与解码系统以及处理系统;

所述头部跟踪与姿态检测系统用于拍摄人眼外围环境的图像,所述编码与解码系统将所述跟踪与姿态检测系统的图像信号解码后传输到所述处理系统,经处理系统处理后通过编码与解码系统编码后传输到所述图像分割系统,图像分割系统将接收到的图像信息分割成多个显示器图像后通过头戴显示光学系统进行显示。

2.根据权利要求1所述的沉浸式虚拟现实头戴显示装置,其特征在于:

所述的头部跟踪与姿态检测系统包括置于人的左右眼位置用于外围场景的实际拍摄的实景摄像单元、用于外围场景的全景拍摄的全景摄像单元以及位置和姿态传感器。

3.根据权利要求1所述的沉浸式虚拟现实头戴显示装置,其特征在于:

所述的头戴显示光学系统包括左右对称布置的两套单目光学系统;

所述单目光学系统包括依次设置在人眼前方的透镜组以及放置在所述透镜组之后的显示器;

所述透镜组包括至少一组菲涅尔透镜,每组菲涅尔透镜由两块刻有菲涅尔透镜锯齿结构的树脂板拼接构成;

所述的显示器为两块,分别与对应的树脂板平行;

两块所述树脂板的拼接处的顶点到眼球中心的连线与垂直于眼球的光轴之间的夹角β大于0°。

4.根据权利要求3所述的沉浸式虚拟现实头戴显示装置,其特征在于:

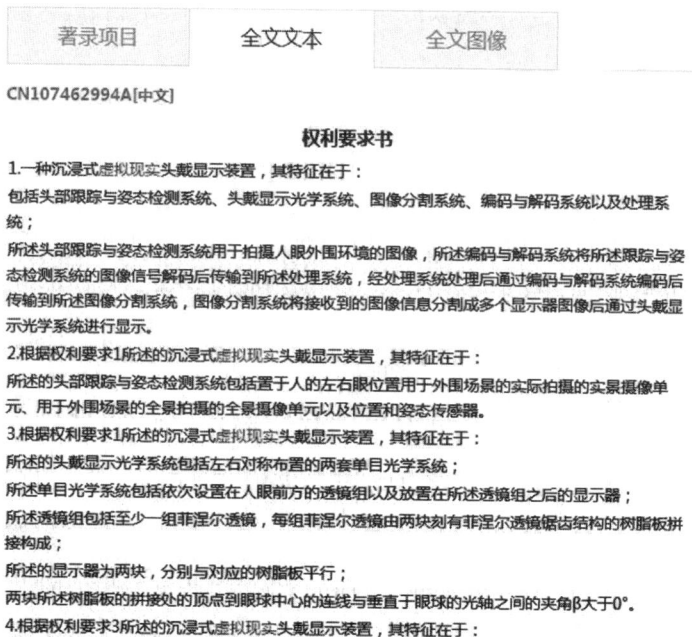

图7-17　全文文本页面

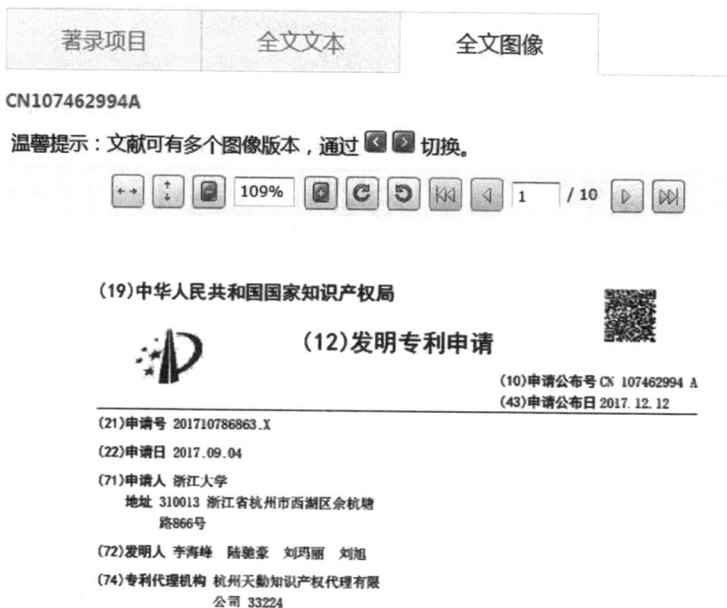

著录项目　全文文本　全文图像

CN107462994A

温馨提示:文献可有多个图像版本,通过 ◀ ▶ 切换。

← ↕ ▣ 109% ▣ ↻ ↺ ◀◀ ◀ 1 / 10 ▶ ▶▶

(19)中华人民共和国国家知识产权局

(12)发明专利申请

(10)申请公布号 CN 107462994 A
(43)申请公布日 2017.12.12

(21)申请号 201710786863.X

(22)申请日 2017.09.04

(71)申请人 浙江大学
地址 310013 浙江省杭州市西湖区余杭塘路866号

(72)发明人 李海峰　陆驰豪　刘玛丽　刘旭

(74)专利代理机构 杭州天勤知识产权代理有限公司 33224

图7-18　全文图像页面

2. 中国专利信息网(http://www.pate.com.cn/)

中国专利信息网始建于 1997 年 10 月,是国内较早提供专利信息服务的网站。用户既能实时了解中国相关的信息,又能方便快捷地查询专利的详细题录内容,以及下载专利全文资料。采用会员制管理方式向社会提供网上咨询、网上检索、检索技术、邮件管理等服务。注册、登入后方可检索,免费会员只能通过检索题录和浏览专利说明书的首页,付费会员才能浏览和下载专利说明书全文。

3. 中国知网——中国专利全文数据库

《中国专利数据库》收录了 1985 年 9 月以来的所有专利,包括发明专利、实用新型专利、外观设计专利三个子库,专利的内容来源于中国国家知识产权局知识产权出版社。相关文献、成果等信息来源于 CNKI 各大数据库,根据国际专利分类(IPC 分类)和国际外观设计分类法。可以通过申请号、申请日、公开号、专利名称、摘要、分类号、申请人、发明人、地址、专利代理机构、代理人、优先权等检索项进行检索,并下载专利说明书全文。其检索方法与 CNKI 其他数据库检索方法类似。

4. 万方资源系统——中国专利全文数据库

万方专利文献资源收录了国内外的发明、实用新型及外观设计等专利二百九十多万项,内容涉及自然科学各个学科领域。

(四)网络学术信息检索——以百度学术为例

1. 百度学术概述

百度学术搜索是百度旗下的提供海量中英文文献检索的学术资源搜索平台,2014 年 6 月初上线。涵盖了各类学术期刊、会议论文,旨在为国内外学者提供最好的科研体验。百度学术搜索可检索到收费和免费的学术论文,并通过时间筛选、标题、关键字、摘要、作者、出版物、文献类型、被引用次数等细化指标提高检索的精准性。百度学术搜索频道还是一个无广告的频道,页面简洁大方保持了百度搜索一贯的简单风格。①

2. 检索实例

(1)进入"百度学术"检索首页

(2)输入检索词进行检索

检索结果默认的排序方式是"按相关性"排序,也可以选择"按被引量"或"按时间降序"进行排序,左侧是检索结果按照"时间""领域""核心""关键词""类型""作者""机构"进行聚类,方便用户精确检索结果。

---

① https://baike.so.com/doc/5786231 - 5999017.html

每一条检索结果都有来源信息,方便用户确定获取全文的途径。

"百度学术"的"引用"页面可以方便用户复制并粘贴一种已设定好的引用格式,或利用其中一个链接导入到文献管理软件中。

百度学术搜索全面融合了互联网最优质的数据与应用内容,极大地提升了用户学术搜索体验,同样也促进了互联网大生态圈的良性发展。

四、信息检索效果评价

1. 评价指标

克兰弗登提出六项检索效果指标:收录范围、查全率、查准率、响应时间、用户负担及输出形式。其中两个主要的衡量指标是查全率和查准率。这些指标不仅可以做定性分析也可以做定量分析。

查全率是指检出的符合要求的相关文献(切题文献)占全部相关文献的比例。查全率是对所需信息被检出程度的量度,反映检索的全面性,公式为

$$查全率\ R = b/a * 100\%$$

式中,a 为相关文献;b 为切题文献。

查准率是指检出的符合条件的相关文献(切题文献)占检出的全部文献的比例。查准率是衡量检索系统拒绝非相关信息的能力,反映检索的准确性,公式为

$$查准率 = b/c * 100\%$$

式中,b 为切题文献,c 为检出的全部文献。

一般来说,在同一检索系统中查全率和查准率之间存在互逆关系,即提高查全率会降低查准率,反之亦然。检索的最佳状态就是在查全率为60% ~70%且查准率为40% ~50%。

影响查全率和查准率的主要因素主要有客观因素和主观因素。

①客观原因(针对检索系统)。系统内文献不全;收录遗漏严重;索引词汇缺乏控制;词表结构不完善;标引缺乏详尽性,没有网罗应有的内容;文献分类专指度缺乏深度,不能精确地描述文献主题;组配规则不严密。

②主观原因(针对检索者)。检索课题要求不明确;检索工具选择不恰当;检索途径和方法过少;检索词缺乏专指性;检索词选择不当;组配错误等。

2. 提高检索效率的方法

提高检索效率,应从以下几方面着手:

(1)提高检索者的信息素质

检索者的检索水平是提高检索效率的核心因素,能正确理解检索课题的实质要求,选取正确的检索词,合理使用逻辑组配符号完整地表达信息需求的主题;要

灵活运用各种检索方式和检索途径,制定最优的检索策略。

（2）选择质量高的检索工具

评价检索工具的优劣主要是看它的存储功能和检索功能。检索工具的收录范围、索引语言、标引深度与准确性、提供的检索途径、检索方法等是影响检索效果的重要方面。

（3）优选检索词

优选检索词是提高检索效果的重要手段。检索前应当将课题分解和转换为检索系统认可的规范词,列出其同义词、近义词、广义词、狭义词、分类号,化学物质还应找出其分子式、登记号、别名、俗名和商品名等。避免使用意义泛指的词,尽量使用专指性强的词或短语,要小心和避免使用一词多义的词,避免使用错别字,适当使用截词运算。

（4）合理调整查全率和查准率

提高查全率时,调整检索式的主要方法有:降低检索词的专指度,从词表或检出文献中选一些上位词或相关词;减少 AND 组配,如删除某个不甚重要的概念组面（检索词）;多用 OR 组配,如选同义词、近义词等并以 OR 方式加入到检索式中;族性检索,如采用分类号检索;截词检索;放宽限制运算,如取消字段限制符,调整位置算符等。

提高查准率时,调整检索式的主要方法有:提高检索词的专指度,增加或采用下位词和专指性较强的检索词;增加 AND 组配,用 AND 连接一些进一步限定主题概念的相关检索项;减少 OR 组配;用逻辑非 NOT 来排除一些无关的检索项;加权检索;利用文献的外表特征进行限制,如限制文献类型、出版年代、语种、作者等;限制检索词出现的可检字段,如限定在篇名字段和叙词字段中进行检索;使用位置算符进行限制。

五、文献管理工具

代表性工具软件包括:NoteExpress、NoteFirst、EndNote 等。这几款软件各有千秋,用户可以按个人使用习惯来选择使用。NoteExpress 是国内主流的文献管理软件,其核心功能包括知识采集、管理、应用、挖掘等知识管理的几乎所有环节,可以有效推进学术研究和知识管理。NoteFirst 于 2009 年年底正式发布,是国内唯一的网络版文献管理软件。针对个人用户,它集成了文献收集与管理,论文参考文献自动生成,参考文献自动校对等功能,支持多种其他软件的文件格式;针对学术团队,它推出了团队科研协作的功能,帮助科研团队收集和管理知识,实现科研文献管理和开放存取、科研资源交流和共享相结合,由此更好地管理团队以及促进团队成长。① EndNote 可以在线搜索文献,直接从网络搜索相关文献并导入到 End-note 的文献库内;建立文献库和图片库,收藏,管理和搜索个人文献和图片、表格;定制文稿,直接在 Word 中格式化引文和图形,利用文稿模板直接书写合乎杂志社要求的文章;引文编排,可以自动帮助我们编辑参考文献的格式。

第四节　毕业设计/论文的写作过程

一、确立题目

论文题目其实在选题阶段就已经确立好,但是往往经过开题之后,在指导老师和毕业设计/论文学术委员会专家的指导下,论文题目会有变动,小的变动可能是措辞用语上,大的变动则会涉及题目的整个研究侧重点。因此,毕业设计/论文写作的第一步便是确立题目,以便为后面的写作明确范围,指明方向。

二、确立题目收集资料

毕业设计/论文的“论点”必须建立在坚实的资料和论据的基础上,收集的资料也是“引言部分”的基础,还是作为论据的材料。没有资料的观点不是学术结论,而是个人印象,它没有任何学术价值。因此,充分收集资料时毕业设计/论文写作的物质基础,此项工作贯穿毕业设计/论文写作的全过程。收集资料的基本途径与方法可参考本章第三节内容。

三、编写提纲

编写提纲是毕业设计/论文写作中非常重要的一步,提纲是论文构成的蓝图和基本逻辑框架。编写提纲就是给论文搭一个骨架,即作者将自己的研究构思以简洁的语言符号形式记录下来的论文框架结构。一般应包括:

(1)论文题目。

(2)总论点。

(3)各个分论点(也称为上位论点)。

(4)各个小论点(或叫下位论点)。

(5)各个小论点从属的论据(如事实论据、理论、数据、图表等)。

---

① 李振华主编,文献检索与论文写作,清华大学出版社,2016.01,第 60~65 页

（6）结论。

（7）建议（可略）。

总之，就是用目录的方式将论文的框架有层次地搭建出来，形成毕业设计/论文写作的初步提纲。编写提纲要有全局观念，要中心突出、层次分明、逻辑严谨、主次详略得当。要从整体出发去检查每一部分在论文中所占的地位和作用，看看各部分的比例分配是否恰当，篇幅的长短是否合适，每一部分能否为中心论点服务；要从中心论点出发，决定材料的取舍，把与主题无关或关系不大的材料毫不保留地舍弃。有所失，才能有所得；要考虑各部分之间的逻辑关系，必须有虚有实，有论点有例证，理论和实际相结合，论证过程有严密的逻辑性。切忌论点和论据没有必然联系，或者只限于反复阐述论点，而缺乏切实有力的论据；或者材料一大堆，论点不明确；或者各部分之间没有形成有机的逻辑关系，这样的毕业设计/论文的提纲都是没有说服力的。

四、撰写初稿

根据编写好的毕业设计/论文提纲，通常将论文按照提出问题、分析问题、解决问题的思路展开，形成毕业设计/论文的绪论、本论和结论这样的三段式论文初稿。

（一）绪论即是毕业设计/论文的开场白，交代清楚写作的缘由，提出论证的问题，阐明写作的目的和意义。其目的在于提出问题，引出本论。但要注意提出的问题要明确具体、开门见山，不要离题万里，不着边际，在文中所占比例要小。

（二）本论是毕业设计/论文的主体，是展开论题、表达作者成果的部分，是内容最丰富、最集中的地方。毕业设计/论文水平的高低、质量的好坏，就在这一部分得以体现。它要求材料丰富、典型、新颖，观点和材料要高度统一，论证要符合逻辑规律。条理清楚、层次分明是本论的写作要旨。

（三）结论是毕业设计/论文通过严密论证得到的结果，是全文的收尾部分。它应是绪论中提出、本轮中分析论证，水到渠成、瓜熟蒂落的必然结果。结论的措辞，要严谨科学、恰如其分，既要与绪论中提出、本论中论证的内容一致，又不能在文字上重复。

当然，这种三段式的写作模式是最常用的，但又不是一成不变的、死板的公式。在实际写作中，可根据表达的内容和具体情况灵活变通处理。

五、修改与定稿

论文的初稿完成以后，只能说是完成了论文50%的工作，其后50%的工作是修改、补充与润色。前人说,"文章不厌改,佳作出苦心""善作不如善改",可见修改是写好学位论文必不可少的重要步骤。实际上论文的修改,贯穿于整个写作过程的始终,学生在撰稿的过程中,要边写边改。完成第一稿后,交给导师,在导师的具体指导下,对论文进行反复的修改。尽管修改工作在学位论文撰写的过程中必不可少,尤其是在初稿成形以后,但撰写学位论文的重点应放在前一阶段,避免大返工。特别是论文的体系与结构应尽可能地避免推倒后重来。因为学位论文必须在限定的时间内交出,如果修改时间过长,时间太仓促,会影响论文答辩的顺利进行。

论文的定稿是在论文反复修改的基础上进行的,但在定稿阶段仍有许多工作要做,如检查文中段落层次是否清楚,前后顺序是否颠倒,遣词用句是否恰当等,概括起来主要有以下几个方面:(1)审查书写是否正确、准确;(2)审查遣词用句是否得当;(3)审查引文是否准确、适当;(4)审查标点的使用是否完全准确;(5)誊清论文。总之,论文的定稿工作也是保证学位论文质量的一个重要环节。

六、论文的检测、提交与答辩
本章第五节和第七节详细讲解相关内容。

第五节　学术诚信与学位论文学术不端行为检测

毕业设计/论文是大学生涯的最后一份,也是最重要的一份作业,大部分同学可以在指导老师的带领下,认真对待并取得优异成绩,但是也有少数同学由于各种主客观原因,存在"拿来"思想。针对毕业设计/论文写作过程中的存在的东拼西凑学术不端现象,从2009年起多家高校启用中国知网开发的"'中国知网'大学生论文检测系统",监控论文中是否存在抄袭剽窃的学术不端行为,及时开展学术诚信教育。

一、学术诚信与参考文献的合理引用
何为学术诚信?诚信就是"做正确的事,即使在没有人注视你的时候"①。这是美国休斯顿大学商学院对学术诚信简洁直观的定义。

① 张月红.学术与诚信:"做正确的事,即使在没人注视时"[N].健康报,2018-02-10(004).

（一）参考文献及作用

按照 GB/T7714-2015《信息与文献　参考文献著录规则》的定义,文后参考文献是指:为撰写或编辑论文和著作而引用的有关文献信息资源。参考文献是科技论文的重要组成部分,正确标注参考文献是对学位论文作者最基本的要求。

可以说,任何科学研究都是站在前人研究成果的基础上开展的,都需要学习、借鉴和参考他人的研究成果与经验,因此,我们应该尊重他人的劳动成果,在撰写论文过程中,不管你是参考了他人的一个观点、一句话、一张图或一个表,都应该标明出处。①

学位论文后列出参考文献的目的及作用:

1. 尊重他人的智力劳动成果,同时也表明作者研究课题的态度的研究性;

2. 反映真实的科学依据,文责自负,文中引用万一有错时便于核查;

3. 反映了作者为撰写论文而进行阅读的文献的范围和水平;

4. 著录参考文献有助于科技信息人员进行信息研究和文献计量学研究;

5. 使指导老师能清楚地了解作者对问题研究的深度和广度;

6. 便于在毕业论文答辩时进行审阅和评定成绩。

（二）文后参考文献的著录规则

GB/T7714-2015《信息与文献　参考文献著录规则》主要文献类型的著录格式:

新版 GB/T7714-2015《信息与文献　参考文献著录规则》代替 GB/T7714-2005《文后参考文献著录规则》已于 2015 年 5 月 15 日颁布,并于 2015 年 12 月日起正式实施。为此,将常用的各种类型参考文献的新著录方法及其示例列举如下:

1. 普通图书

著录格式:[序号]主要责任者. 题名:其他题名信息[M]. 其他责任者. 版本项. 出版地:出版者,出版年:引文页码[引用日期]. 获取和访问路径(电子资源必备). 数字对象唯一标识符(电子资源必备).

示例:[1]罗杰斯. 西方文明史:问题与源头[M]. 潘惠霞,魏婧,杨艳,等译. 大连:东北财经大学出版社,2011:15-16.

2. 论文集、会议录

著录格式:[序号]主要责任者. 题名:其他题名信息[C]. 出版地:出版者,出版年[引用日期]. 获取和访问路径(电子资源必备). 数字对象唯一标识符(电子

_____
① 武丽志,陈小兰:《毕业论文写作与答辩》,高等教育出版社,2015 年版。

资源必备).

示例:[1]雷光春. 综合湿地管理:综合湿地管理国际研讨会论文集[C]. 北京:海洋出版社,2012.

3. 报告

著录格式:[序号]主要责任者. 题名:其他题名信息[R]. 出版地:出版者,出版年[引用日期]. 获取和访问路径(电子资源必备). 数字对象唯一标识符(电子资源必备).

示例:[1]World Health Organization. Factors regulating the immune response:Report of WHO Scientific Group[R]. Geneva:WHO,1970.

4. 学位论文

著录格式:[序号]主要责任者. 题名[D]. 大学所在城市:大学名称,出版年[引用日期]. 获取和访问路径(电子资源必备). 数字对象唯一标识符(电子资源必备).

示例:[1]马欢. 人类活动影响下海河流域典型区水循环变化分析[D]. 北京:北京大学,2011.

5. 专利文献

著录格式:[序号]专利申请者或所有者. 专利题名:专利号[P]. 公告日期或公开日期[引用日期]. 获取和访问路径(电子资源必备). 数字对象唯一标识符(电子资源必备).

示例:[1]张凯军. 轨道火车及高速轨道火车紧急安全制动辅助装置:201220158825[P]. 2012 – 04 – 05.

6. 标准文献

著录格式:[序号]主要责任者. 标准名称:标准号[S]. 出版地:出版者,出版年:引文页码[引用日期]. 获取和访问路径(电子资源必备). 数字对象唯一标识符(电子资源必备).

示例:[1]全国信息与文献标准化技术委员会. 文献著录:第4部分非书资料:GB/T3792.4 – 2009[S]. 北京:中国标准出版社,2010:3.

7. 期刊文献

著录格式:[序号]主要责任者. 题名:其他题名信息[J]. 期刊名,年,卷(期):页码[引用日期]. 获取和访问路径(电子资源必备). 数字对象唯一标识符(电子资源必备).

示例:[1]袁训来,陈哲,肖书海,等. 蓝田生物群:一个认识多细胞生物起源和早期演化的新窗口[J]. 科学通报,2012,55(34):3219.

8. 报纸文献

著录格式:[序号]主要责任者. 题名:其他题名信息[N]. 报纸名,出版日期(版面数)[引用日期]. 获取和访问路径(电子资源必备). 数字对象唯一标识符(电子资源必备).

示例:[1]丁文祥. 数字革命与竞争国际化[N]. 中国青年报,2000 – 11 – 20(15).

9. 电子资源(不包括电子专著、电子连续出版物、电子学位论文、电子专利)

著录格式:[序号]主要责任者. 题名:其他题名信息[EB/OL]. 出版地:出版者,出版年:引文页码[引用日期]. 获取和访问路径(电子资源必备). 数字对象唯一标识符(电子资源必备).

示例:[1]萧钰. 出版业信息化迈入快车道[EB/OL]. (2001 – 12 – 19)[2002 – 04 – 15]. http:www. creader. com/news. 20011219/200112190019. html.

(三)参考文献标注中常见的问题

大学生在毕业设计/论文时,参考文献标注问题较多,主要归纳如下:

1. 不标注。有的学生写的毕业论文全文没有一个参考文献。作者自话自说或者直接拿来别人的文章东拼西凑,毫无严谨可言。

2. 少标注。有的学生写的毕业论文对文献信息标注不全,如只写出作者、书名、出版社,而没有出版年、页码等。

3. 标假注。有的学生对文献信息记录不全,也不进行追溯,直接随意编造,这就是标假注。这种写作态度是非常错误和危险的,不可取。

4. 标乱注。有的学生文内的参考文献序号与文后的参考文献表无法对应,甚至连数量都对不上。这让阅读者无法进一步追溯文献。

5. 标错注。有的学生的毕业论文的参考文献有错字、漏字、多字等现象,缺乏认真、严谨的态度。

6. 不统一。有的学生一篇文章中有多种文献著录方式,格式不统一。

7. 文献旧。有的学生的毕业论文中引用的参考文献大都是几十年前的,给人陈旧之感。参考文献尽量新,因为近期文章更能反映科学研究的最新进展。

8. 数量少。不同高校都指定有相关的毕业论文工作规范,有的学生的毕业论文的参考文献数量达不到规范的要求。

9. 不权威。有些学生的毕业论文引用了很多非学术期刊、非权威期刊的文章,或者是教材上的材料,使得论文的可信度和权威性大大降低。

二、学位论文学术不端行为检测

"'中国知网'大学生论文检测系统"是以《中国学术文献网络出版总库》为全文比对数据库,可以对学位论文中的抄袭、伪造及篡改数据等学术不端行为进行快速检测,是检测学术及学位论文学术行为的辅助工具。该系统设有总检测指标和子检测指标两部分指标体系,涉及重合字数、文字复制比、首(尾)部复制比等多项内容,从多个角度对学位论文中的文字复制情况进行详细描述,根据指标参数及其他数据相关信息,自动给出预判的诊断类型并生成检测报告。

表7-3　学位论文抄袭类型划分①

类型	重合文字条件	总文字复制比
轻度句子抄袭	各连续重合文字均<200	<10%
句子抄袭	各连续重合文字均<200	>=10%
轻度段落抄袭	存在连续重合文字>=200	<30%
段落抄袭	存在连续重合文字>=200	>=30%且<50%
整体抄袭	>=(总字符数/2)	>=50%

三、武昌首义学院学位论文作假行为处理实施细则

(一)总则

为规范我校学位论文管理,建立良好学风,提高人才培养质量,严肃处理学位论文作假行为,根据《中华人民共和国学位条例》《学位论文作假行为处理办法》(教育部令第34号),制订本细则。向我校申请学士学位所提交的本科学生毕业论文(毕业设计或其他毕业实践环节)(统称为学位论文),出现本细则所列作假情形的,依照本细则的规定处理。

(二)"学位论文作假行为"解读

1. 学位论文作假行为包括以下情形:

(1)购买、出售学位论文或者组织学位论文买卖的;

(2)由他人代写、为他人代写学位论文或者组织学位论文代写的;

(3)剽窃他人作品和学术成果的。包括原封不动或基本原封不动地复制他人作品和学术成果的;使用他人学术观点构成自己学位论文的全部核心或主要观点,将他人学术成果作为自己学位论文主要部分或实质部分等行为;

---

① 葛怀东:《信息检索与利用》,上海交通大学出版社,2010年版。

（4）伪造数据的。包括主观臆断地在学位论文中捏造或篡改研究成果、调查数据、实验数据或文献资料等行为；

（5）有其他严重学位论文作假行为的。包括引用文献、图表、模型欠缺客观、公允，注明和注释不当的；未经他人许可，不当使用他人署名的；没有参加创作，在他人学术成果上署名等其他学位论文作假行为。

2. 不属于作假行为的情形：

具有以上第（3）、（4）、（5）条情形的涉嫌作假行为，若具备下列情况之一，可以认定为不属于论文作假行为：

（1）表现形式相同或相似，但确为两个独立的创作活动所取得的；

（2）翻译、评论、介绍、综述他人作品且加以注明，引用总字数不超过本人撰写论文总字数的40%；

（3）借鉴采用他人的实验方法和手段、实验装置和仪器设备得出不同的实验结果和结论的；

（4）能够提供详实的原始材料和数据证明论文为自己原创的；

（5）其他经教务处认定不属于作假行为的情形。

（三）责任与义务

1. 学位申请人应当恪守学术道德和学术规范，在指导教师指导下独立完成学位论文。

2. 文件同样对指导教师应当对学位申请人进行学术道德、学术规范教育及对学位论文研究和撰写过程的指导等方面给予明确要求，在此不赘述。

3. 各学院应当加强学术诚信建设，健全学位论文审查制度，明确责任、规范程序，审核学位论文的真实性、原创性。

（四）调查和处理机构及程序

在学校学位评定委员会的统一领导下，学校教务处负责本科生学位论文作假行为认定工作的组织和管理；各学院负责本学院本科生学位论文作假行为认定工作的调查。

通过论文抽样检查、专家评审、论文答辩、他人举报等方式发现学位论文作假行为，经学院调查，情况属实的，上报学校教务处。教务处负责对学位论文作假行为进行最后认定，并形成书面认定结果和处理意见。

（五）学位论文作假行为的处理

1. 学位申请人的学位论文出现购买、由他人代写、剽窃或者伪造数据等作假情形的，取消其学位申请资格；已经获得学位的，依法撤销其学位，并注销学位证书。学校将向社会公布取消学位申请资格或者撤销学位的处理决定。从做出处理决定之日起至少 3 年内,不再接受其学位申请。学位申请人为在读学生的,给予开除学籍处分;为在职人员的,将通报其所在单位。

2. 为他人代写学位论文、出售学位论文或者组织学位论文买卖、代写的人员,属于在读学生的,给予开除学籍处分;属于学校教师和其他工作人员的,给予开除处分并解除聘任合同。

3. 指导教师未履行学术道德和学术规范教育、论文指导和审查把关等职责,其指导的学位论文存在作假情形的,学校给予警告、记过处分;情节严重的,降低岗位等级直至给予开除处分。

4. 多次出现学位论文作假或者学位论文作假行为影响恶劣的学院,核减其招生计划,对该学院予以通报批评,追究其主管领导的相应责任。

5. 对学位申请人、指导教师及其他有关人员做出处理决定前,应当告知并听取当事人的陈述和申辩。当事人对处理决定不服的,可以依法提出申诉、申请行政复议或者提起行政诉讼。

6. 学位论文作假行为违反有关法律法规规定的,依照有关法律法规的规定追究法律责任。

第六节　本校本科毕业设计/论文编纂格式规范与示例

毕业设计/论文是学生在教师的指导下经过调查研究、科学实验或工程设计,对所取得成果的科学表述,是学生毕业及学位资格认定的重要依据。其撰写在参照国家、各专业部门制定的有关标准及语法规范的同时,应遵照本规范:

(一)结构及写作要求

毕业设计/论文应包括题目(中、外文)、摘要与关键词(中、外文)、目录、正文、致谢、参考文献和附录等部分。

1. 题目

题目应该简短、明确、有概括性。毕业设计/论文题目包括中文题目和外文题目,毕业设计/论文题目一般中文字数不超过 25 个字,不使用标点符号,中外文题名内容应一致。题目中若需使用英文缩写词时,应使用本行业通用英文缩写词。毕业设计/论文封面上题目用一号黑体字,其他用三号黑体字,英文标题用一号 Times New Roman 字体(加粗),英文标题中的实词首字母一律大写。毕业设计/论文封面要求统一使用本校特制的毕业设计/论文封面纸打印。

2. 摘要与关键词

摘要包括中文摘要与外文摘要。摘要是对毕业设计/论文内容不加注释和评论的简短陈述,要求扼要说明研究工作的目的、主要材料和方法、研究结果、结论、科学意义或应用价值等,是一篇具有独立性和完整性的短文。摘要中不宜使用公式、图表以及非公知公用的符号和术语,不标注引用文献编号。中文摘要 350 字左右,特殊情况字数可以略多;外文摘要应与中文摘要内容一致。中、外文摘要与关键词分别单独成页置于目录前,编排上中文在前,外文在后。中文题头摘要用三号黑体字居中排写,隔一行书写具体内容,内容文字用小四号宋体字。空一行后书写关键词。顶格用四号黑体字书写关键词,紧接着用小四号宋体字书写词条,各词条间空一个汉字间格隔开。外文摘要用小四号 Times New Roman 字体。题头 Abstract(小二加粗),其他格式同上。

关键词是为了文献标引工作从论文中选取出来用以表示全文主题内容信息款目的单词或术语。应采用能覆盖论文主要内容的通用词条(参照相应的专业术语标准),一般列 3—8 个,按词条的外延层次从大到小排列,应在摘要中出现。

3. 目录

三级目录全部顶格书写,排列整齐。应包括摘要与论文中全部章节的标题及页码,含摘要、Abstract、正文的章、节、条题目(理、工科类要求编写到第 3 级标题,即□. □. □。经、管、文、法类可视论文需要,编写到 2—3 级标题)、致谢、参考文献、附录等。

目录题头用三号黑体字居中排写,隔行书写目录内容。目录中各章题序及标题用小四号黑体,节(条)题序及标题用小四号宋体字。目录中对应的页码编号数字用小四号 Times New Roman 字体。

创新成果类目录参照以上要求书写。

4. 正文

设计/论文正文包括绪论、设计/论文主体及结论等部分。毕业设计/论文中除图纸、程序外,理、工科类不少于 1 万字;经、管、文、法类不少于 1.2 万字;外语类专业不少于 8000 单词;艺术设计类专业不少于 8000 字;创新成果类中,作品类和研究及论文类以相关成果和证明代替并附于正文处,设计类、发明专利类正文不少于 4000 字。

(1)绪论

绪论简要说明本设计/论文课题在国内外发展概况,选题背景和意义,以及设计/论文所要研究的主要内容,本人对所研究问题的认识并提出问题。不要与摘要雷同,不要成为摘要的注释。一般教科书中有的知识,在绪论中不必赘述。

（2）设计/论文主体

设计/论文主体是设计/论文的主要部分,应该结构合理,层次清楚,重点突出,文字简练、通顺。例如工科类可包括方案论证(各种方案的分析与比较,所采用方案的特点)、过程论述(要求论理正确、论据确凿、逻辑性强、层次分明、表达确切)、结果分析(进行定性定量分析得出结论和推论)等部分。

·章节标题

章节标题应突出重点、简明扼要,独占一行,字数一般在 15 字以内且一般不使用标点符号。标题中尽量不采用外文缩写词,对必须采用者,应使用本行业的通用缩写词。

·层次

每章标题应置于页首,其他层次标题不得置于页面的最后一行(孤行)。层次根据实际需要选择,以少为宜。

毕业设计/论文要求统一使用 Microsoft Word 软件进行文字处理,统一采用本校特制的毕业设计/论文纸单面打印。其中上边距 3.4 厘米、下边距 2.8 厘米、左边距 3.0 厘米、右边距 2.6 厘米。字间距为标准,行距为固定值,设置值为 23。除特别说明外,内容文字用小四号宋体字。页码在下边线下居中放置,Times New Roman 小五号字体。摘要、关键词、目录等文前部分的页码用罗马数字（Ⅰ、Ⅱ……）编排,正文以后的页码用阿拉伯数字(1、2……)编排。

毕业设计/论文定稿前必须校对,不能有错漏。若有错漏,毕业设计/论文成绩将被扣除 2—5 分(大于万分之三至小于万分之六的错漏应印勘误表更正)。

（3）结论

设计/论文的结论是最终的、总体的结论。应突出设计/论文的创新点,以简练的文字对设计/论文的主要工作进行评价。若不可能导出应有的结论,则进行必要的讨论。可以在结论或讨论中提出尚待解决的问题及进一步开展研究的设想、建议等。结论作为单独一章排列。

研究或成果与社会、环境、文化、经济、环保等关系。在正文中,以 500 字左右的篇幅,阐述设计/论文的研究或成果与社会、环境、文化、经济、环保等(可结合实际选择一个或几个点进行阐述)的关系以及可持续发展的影响,并理解应承担的责任。

5. 致谢

简述本人通过毕业设计/论文的体会,向给予指导、合作、支持及协助完成研究工作的单位、组织或个人致谢。内容应简洁明了、实事求是,避免俗套。

6. 参考文献

（1）参考文献反映设计/论文的取材来源、材料的广博程度。设计/论文中引用的文献应以近期发表的与设计/论文工作直接有关的学术期刊类文献为主。应是作者亲自阅读或引用过的,不应转录他人文后的文献。参考文献数量应不少于15篇,其中外文文献(原文)应不少于2篇。参考文献应单独成页。

(2)文献标识

设计/论文正文中引用的文献的标识采用顺序编码制。须标识参考文献编号,按出现顺序用小五号字体标识,置于所引内容最末句的右上角(上标)。文献编号用阿拉伯数字置于方括号"[ ]"中,如:×××××[1];×××××[4,5];××××[6-8]。当提的参考文献为文中直接说明时,其序号应该与正文排齐,如"由文献[8,10—14]可知……"。

设计/论文中引用文献原文应加引号;若引用原意,文前用冒号或逗号,不用引号。较完整的长段引文应提行独立成段,即在冒号后另起一段。为区别正文,书写时整体缩进两格(首行相对正文缩进四格),采用楷体五号字书写,引文头尾处不必再加引号。

(3)书写格式

参考文献题头用黑体三号字居中排写。其后空一行排写文献条目。

参考文献书写格式应符合 GB7714-2005《文后参考文献著录规则》。按引用顺序编排,文献编号顶格书写,加括号"[ ]",其后空一格写作者名等内容。版次第1版不著录,其他版本说明需著录。文字换行时与作者名第一个字对齐。常用参考文献编写规定如下:

著作图书类文献——[序号]□作者. 书名. 版次. 出版地:出版者,出版年:引用部分起止页.

例:[1]余敏. 出版集团研究. 北京:中国书籍出版社,2001:179-193.

[2]CRAWFPRD W,GORMAN M. Dreams,Madness,& Reality. Chicago:American Library Association,1995.

翻译图书类文献——[序号]□作者. 书名. 译者. 版次. 出版地:出版者,出版年:引用部分起止页.

例:[1]尼葛洛庞帝. 数字化生存. 胡泳,范海燕译. 海南:海南出版社,2001:23-29.

学术刊物类文献——[序号]□作者. 文章名. 学术刊物名. 年,卷(期):引用部分起止页.

例:[1]何龄修. 读顾城《南明史》. 中国史研究. 1998,(3):167-173.

学位论文类文献——[序号]□学生姓名. 学位论文题目. 出版地:出版者,出版年:引用部分起止页.

例:[1]张志强. 间断动力系统的随机应用. 北京:北京大学数学学院,1998: 2 - 3.

说明:(1)文献作者为多人时,一般只列出 3 名作者,不同作者姓名间用逗号相隔。例:[1]李晓东,张庆红,马娟等. 经济全球化的重要性. 北京大学学报: 1999,35(1):101 - 106.

(2)外文姓名按国际惯例(作者姓,作者名的缩写)。

(3)学术刊物文献无卷号的可略去此项,直接写"年,(期)"。

(4)文中□为中文字的空格(一个空格大小占一个汉字或两个英文字符位置)。"引用部分起止页"只适用于设计/论文正文中进行标识的参考文献。

7. 附录

(1)不宜放在正文中但有重要参考价值的内容(如公式的推导、程序流程图、图纸、数据表格等)可编入设计/论文的附录中。

(2)公式

原则上居中书写。若公式前有文字(如"解""假定"等),文字顶格书写,公式仍居中写。公式末不加标点。公式序号按章编,并在公式后靠页面右边线标注,如第 1 章第一个公式序号为"(1 - 1)",附录 2 中的第一个公式为"(② - 1)"等。文中引用公式时,一般用"见式(1 - 1)"或"由公式(1 - 1)"。

公式较长时在等号" = "或运算符号" + 、- 、× 、÷ "处转行,转行时运算符号书写于转行式前,不重复书写。公式中应注意分数线的长短(主、副分线严格区分),长分线与等号对齐。

公式中第一次出现的物理量应给予注释,注释的转行应与破折号"——"后第一个字对齐,格式见下例:

式中　　M_f——试样断裂前的最大扭矩($N \cdot m$)

　　　　　θ_f——试样断裂时的单位长度上的相对扭转角

(3)插表

表格一般采取三线制,不加左、右边线,上、下底为粗实线(1.5 磅),中间为细实线(0.5 磅)。比较复杂的表格,可适当增加横线和竖线。

表序按章编排,如第 1 章第一个插表序号为"表1 - 1"等。表序与表名之间空一格,表名不允许使用标点符号。表序与表名置于表上,居中排写,采用黑体五号字。

表头设计应简单明了,尽量不用斜线。表头中可采用化学符号或物理量符号。全表如用同一单位,将单位符号移到表头右上角,加圆括号。表中数据应正确无误,书写清楚。数字空缺的格内加"——"字线(占 2 个数字宽度)。表内文字和数字上、下或左、右相同时,不允许用"″""同上"之类的写法,可采用通栏处理方式。

经、管、文、法类论文插表在表下一般根据需要可增列补充材料、注解、资料来源、某些指标的计算方法等。补充材料中中文文字用楷体五号字,外文及数字用Times New Roman 体五号字。

（4）插图

插图应符合国家标准及专业标准,与文字紧密配合,文图相符,技术内容正确。

（5）图题及图中说明

图题由图号和图名组成。图号按章编排,如第 1 章第一图图号为"图 1 – 1"等。图题置于图下,图注或其他说明时应置于图与图题之间。图名在图号之后空一格排写,图题用黑体五号字。引用图应说明出处,在图题右上角加引用文献编号。图中若有分图时,分图号用 a)、b)标识并置于分图之下。图中各部分说明应采用中文(引用的外文图除外)或数字项号,各项文字说明置于图题之上(有分图题者,置于分图题之上),采用楷体五号字。

（6）插图编排

插图与其图题为一个整体,不得拆开排写于两页。插图应编排在正文提及之后,插图处的该页空白不够时,则可将其后文字部分提前排写,将图移到次页最前面。

（7）照片图

设计/论文中照片图均应是原版照片粘贴,不得采用复印方式。照片应主题突出、层次分明、清晰整洁、反差适中。对显微组织类照片必须注明放大倍数。

（8）附录

附录序号采用"附录 1""附录 2"或"附录一""附录二"等,用三号黑体字左起空两格排写,其后不加标点符号,空一行书写附录内容。附录内容文字字体字号参照正文要求。

（二）其他

1. 毕业设计/论文装订

毕业设计/论文使用统一毕业设计(论文)封面,按题目(中、外文)、摘要与关键词(中、外文)、目录、正文、致谢、参考文献、附录和《武昌首义学院成绩评定表》顺序装订成册。

创新成果类"论文主体"按文件清单、简要论述、成果材料、证书证明等次序装订,不便装订的附于其后,如设计图纸、光盘等。

2. 本规范适用于全校各专业。外语、艺术设计等有特殊要求的专业由专业所在学院在本规范的基础上提出调整方案,报学校审批后执行。

特别提示:"武昌首义学院毕业设计/论文格式示范样本"见本书后的附件。

第七节　毕业设计/论文答辩

毕业设计/论文答辩是一种有组织、有准备、有计划、有鉴定的比较正规的审查论文的重要形式,是大学生学习的重要环节,其目的一是为了进一步审查论文,检验论文作者对相关基本理论、专业知识与技能的掌握情况;二是对学生表达能力、学术涵养进行培养和训练,提高学生的应变能力;三是加强师生之间的学术对话,进一步完善毕业设计/论文的内容。

一、准备工作

为了做好毕业设计/论文答辩,答辩者(毕业设计/论文的作者)需要做好以下几方面的准备:

(一)要写好毕业设计/论文的简介,主要内容应包括论文的题目,指导教师姓名,选择该题目的动机,论文的主要论点、论据和写作体会以及本议题的理论意义和实践意义。

(二)要熟悉自己所写论文的全文,尤其是要熟悉主体部分和结论部分的内容,明确论文的基本观点和主论的基本依据;弄懂弄通论文中所使用的主要概念的确切涵义,所运用的基本原理的主要内容;同时还要仔细审查、反复推敲文章中有无自相矛盾、谬误、片面或模糊不清的地方,有无与党的政策方针相冲突之处等。如发现有上述问题,就要作好充分准备——补充、修正、解说等。这样在答辩过程中,就可以做到心中有数、临阵不慌、沉着应战。

(三)要了解和掌握与自己的毕业设计/论文相关联的知识和材料。如自己所研究的这个论题学术界的研究已经达到了什么程度? 存在着哪些争议? 有几种代表性观点? 各有哪些代表性著作和文章? 自己倾向哪种观点及理由;重要引文的出处和版本;论证材料的来源渠道等。这些方面的知识和材料都要在答辩前做到有比较好的了解和掌握。

(四)设计/论文还有哪些应该涉及或解决,但因力所不及而未能接触的问题,还有哪些在论文中未涉及或涉及很少,而研究过程中确已接触到了并有一定的见解,只是由于觉得与论文表述的中心关联不大而没有写入等。

(五)设计/论文有没有创新点,创新点在哪里? 哪些是别人的观点? 哪些是自己的观点? 对于本科毕业设计/论文,有1—2点创新点已经足够,千万不要牵强附会,避免使用"首创""填补了空白"等语言。

二、答辩流程

(一)毕业设计/论文内容汇报:主要内容包括论文标题;课题背景、选择此课题的原因及课题现阶段的发展情况;研究的内容与方法也是答辩的主体部分,大部分研究中,往往采用多种研究方法,不同的内容所用的方法不同或相互交叉,正确地使用各种研究方法,不仅保证了研究的科学性,同时体现了作者的学术综合能力;有关课题的具体内容,其中包括答辩人所持的观点看法、研究过程、实验数据、结果;答辩人在此课题中的研究模块、承担的具体工作、解决方案、研究结果;课题研究的意义、不足之处、难点和创新点、价值和展望及自我评价,其中研究的意义包括理论意义和实践意义两个方面,研究意义往往和研究来源密切相关,需要做到"前后呼应",毕业设计/论文完成后是否完全或部分解决了自己开篇所提出的问题? 还存在哪些不足和需要完善之处? 这是需要答辩者进行回答的。对研究的难点和创新点的阐述可以体现答辩者研究的深入程度,也表明研究的创新意义。

(二)评审老师提问与学生回答:答辩者汇报完毕业设计/论文内容后,答辩老师会提出 3—5 个问题,有问有答,是答辩中相对灵活的环节,是一个相互交流的过程。一般为,采用由浅入深的顺序提问,采取答辩人当场作答的方式。老师会从哪些角度进行提问是答辩者关心的问题,针对不同类型学科专业,答辩老师所提出的问题不尽相同,在此介绍几点,供同学们参考:第一,毕业设计/论文的题目,题目直接反映了研究的对象和内容,题目是否科学? 是否能够概括所做的研究? 题目和内容是否相符? 第二,与毕业设计/论文相关的研究成果,例如:关于平台建设、产品设计类的设计/论文,就需要展示平台或者产品样本,这部分内容是研究的点睛之处,这也是答辩老师最为关注的,在答辩的汇报过程中,建议多分配些时间在此块内容上;第三,采用的研究方法,如果设计/论文中采用了问卷调查法,老师可能会问到问卷的发放方式、样本数量及实施过程等细节问题;第四,研究创新,如你的设计方案与其他人的设计方案相比有哪些不同或优势?

三、答辩细节

答辩过程中,除了专业知识的展示外,一些细节也不容忽视。

(一)时间控制:毕业设计/论文学生在进行答辩时应重视答辩时间的掌握。对答辩时间的控制要有力度,到该截止的时间立即结束,这样,显得有准备,对内容的掌握和控制也轻车熟路,容易给答辩老师一个良好的印象。故在毕业论文答辩前应该对将要答辩的内容有时间上的估计。当然在毕业论文答辩过程中灵活地减少或增加也是对论文答辩时间控制的一种表现,应该重视。

（二）仪态:首先衣着要得体,毕业设计/论文答辩时学术研究和交流的重要场合,答辩者一定要挑选适合的衣服。男生可以穿长裤和衬衫,女生可以选择裤子和衬衫或者较正式的及膝长裙。衣着之外,体态也非常重要。

（二）心态与表达:毕业设计/论文答辩是大学四年的一项重要的综合型考察专业知识运用、解决复杂专业问题的实战,面对答辩,同学们难免会紧张,这就需要答辩者提前熟悉答辩的各个环节并结合研究提前经过思考、整理,写成提纲,记在脑中,这样在答辩时就可以做到心中有数,从容作答,另外在回答答辩老师提问的时候,也要注意语言的表达方式,做到谦虚、礼貌。参加答辩的老师都是本领域的专家,如若对某一个问题确实没有搞清楚,要谦虚地向答辩老师请教,尽量争取老师的提示,巧妙应对,切不可高傲自负或固执己见。

四、毕业设计/论文成绩的评定

附武昌首义学院的"本科毕业设计/论文答辩审批表""评分标准"和"优秀毕业设计/论文评价指标体系"。

表7-4　武昌首义学院本科毕业设计/论文答辩审批表

学院		专业班级		
学生姓名		指导教师		
课题名称				
毕业设计/论文内容、格式是否满足"任务书"要求			达标	不达标
毕业设计/论文撰写规范	开题报告格式规范,字数≥2000字(艺术类≥1000字)		达标	不达标
	题目、摘要、关键字(中、英文)		有	无
	摘要(≥350字)、关键字(3~8个)		足	不足
	目录层次		规范	不规范
	毕业设计/论文份量:具体字数要求参见本《工作规范》第二条之相关规定		足	不足
	致谢		有	无
	参考文献(≥15篇,其中外文≥2篇)		足	不足
	参考文献标注格式		规范	不规范
	图格式		规范	不规范
	表格式		规范	不规范

续表

指导教师意见	指导教师(签字)　　　　　　　　　　　　年　　月　　日	
系(教研室)审查意见	系(教研室)主任(签字)　　　　　　　年　　月　　日	学院(盖公章)

表7-5　武昌首义学院本科生优秀毕业设计/论文评价指标体系

序号	项目	权重	具体要求
1	选题	0.10	选题来自科学研究、工程实践、社会实践,有较大理论意义和现实意义,难度适宜
2	调研论证	0.10	在查阅文献及调研的基础上,能较好地理解课题任务并提出合理技术路线和实施方案,立论正确
3	方法、内容、结果	0.10	研究方法合理、科学
		0.20	分析、论证充分,设计合理、科学、新颖,实验、调查方案合理,计算科学
		0.10	对专业技术问题和社会发展问题能提出有意义的改进和政策建议
		0.20	成果具有一定的创新性和特色,或具有较大实际实用价值
4	论文相似性检测	0.10	论文相似性小于40%为合格　不扣分 论文相似性大于40%为不合格　不得分
5	论文撰写规范	0.10	结构严谨,文字通顺,用语规范;设计图纸规范;达到学校的毕业设计/论文规范要求

习　　题

1. 理解大学生进行毕业设计/论文写作的意义。

2. 结合自身专业知识,利用图书馆资源或免费网络学术资源,确定一个选题并拟定一份学位论文大纲。

第八章

信息素养与终身学习能力培养

我们知道,信息素养教育的目标是培养终身学习能力。简单而言,就是能够通过信息检索获取所需信息,解决所遇问题,同时还能将所获取的有效信息融入自身的知识结构,把获取信息的过程和经历内化为自身的学习能力。

终身学习,顾名思义,指社会成员为适应社会变化和实现个体的发展需求,贯穿其一生不断学习的能力。我国自古就有"活到老,学到老""学无止境"等说法。关于"终身学习能力"的定义,学界说法众说纷纭。欧盟(EU)把终身学习能力定义为:"是个人实现完满生活,养成良好的公民素养,促进社会融入与充分就业时所需的相应能力,其融合了知识、技能及态度等要素。"①而经合组织(OECD)认为终身学习能力是指:"一组促进个体成功融入社会的关键能力,该组能力是由个体实现继续学习所需的基本学习能力组成。"它能让人们更好地生存、更幸福地生活与工作,充分激发自身潜能并促进自身全面发展。②

从上述定义我们可知,终身学习能力能够通过我们不断学习新知识与新技能,更好地适应社会,有助于实现理想中的生活,提升自身的幸福。信息素养所要求的信息获取能力、信息评价能力、信息应用能力及知识重构能力是终身学习的能力基础,而获得终身学习能力是信息素养教育的核心目标。③

关于信息素养教育,2000 年,美国大学与研究图书馆协会(ACRL)专门针对高等教育制定了《美国高等教育信息素养能力标准》,具体包括以下五类标准。

标准一:具有信息素养的学生能确定所需信息的性质和范围。

标准二:具有信息素养的学生能有效地获取所需信息。

---

① Communities E. Key competences for lifelong learning:European Reference Framework［J］. Pub-lications Office of the European Union,2007.

② Dominique Simone Rychen,Laura Hersh Salganik,滕梅荒等. 勾勒关键能化打造优质生活 OECD 关键能力框架概述［J］. 远程教育杂志,2007(5):24 - 32.

③ 陈小玲、倪梅主编;刘晓建副主编,信息检索与利用,哈尔滨工程大学出版社,2016.05,第8 页.

标准三:具有信息素养的学生能鉴别信息及其主要来源,并能选择信息融入自己的知识基础和价值系统。

标准四:具有信息素养的学生能有效地利用信息去完成一项特定的任务。

标准五:具有信息素养的学生能了解、利用信息所涉及的经济、法律和社会问题,并合理、合法地获取和利用信息。

通过上述标准,具有信息素养的读者,其获取信息、辨别信息、利用信息的能力能够更好地解决其问题,而这些能力本身也是终身学习能力的一种。2015 年,ACRL 在美国图书馆协会网站发布《高等教育信息素养框架》(简称 ACRL《框架》),该框架中对信息素养能力提出了新的要求,明确提出拥有终身学习能力便是其中之一。这也要求我们不断地学习新技能,才能在瞬息万变的社会中更好地获取信息。本章选取了大学生即将面对的考研、职场、生活三方面的问题,希望通过这些问题的解决提升大学生的信息素养能力,培养其终身学习能力。

第一节 利用信息检索备战研究生考试

近年来,研究生考试又形成一股热潮,每年报考人数也在不断地增加。2018年,研究生报考人数达 238 万人,比 2017 年增加 37 万人。面对愈来愈多的考研竞争者,在互联网时代,如何获取有效的考研信息成为考研学子面临的一大挑战。如何选择专业、确定哪所院校以及院校的招生简章等都是考研学生一开始必须了解的。本节,我们将从信息检索的角度指导学生如何获取有效的考研信息。

表 8 - 1 获取考研信息的有效途径

信息需求	途径与工具	名称
1. 报考学校与专业信息 2. 招生简章 3. 复习参考书 4. 复试、调剂信息	官方机构	中国研究生招生信息网、教育部高校学生司网站、学位管理与研究生教育司网站、中国学位与研究生教育信息网
		报考高校研究生官网、微博、微信公众号
	网络资源	中国考研网、考研帮等(包括各类 APP)
	导师/学长	面对面/电话/邮件/微博/微信等

中国研究生招生信息网:该网站隶属于教育部,是教育部唯一指定的研究生入学考试网上报名及调剂网站。它既是各研究生招生单位的宣传咨询平台,又是研招工作的政务平台。网站以考研信息为主,覆盖各个方面,如研究生网上报名

及调剂、各类考研政策、咨询、院校信息、调剂信息、考试辅导等多方面的服务和信息指导。该网站还提供了复试方面的指导信息。提供给准备复试的通过研究生笔试的同学。该网站内容贯穿研究生招生宣传、招生咨询、报名管理、生源调剂、录取检查整个工作流程,实现了研究生招生信息管理一体化。

　　各高校研究生院网站作为研究生培养的权威信息发布平台,通过高校的研究生官网可以了解有效的研究生招生信息。以报考 2019 年武汉大学研究生为例,通过武汉大学研究生院官网查看所需信息。

图 8-1　武汉大学研究生院官网

　　除了通过权威的官方机构获取有效信息外,读者还可通过综合搜索引擎搜索"考研论坛",进入所报考院校论坛,如中国考研网、考研帮等,查看大量的考研学生分享的经验。依旧以报考武汉大学研究生为例,通过考研帮查询考研成功的学长们分享的经验。

　　进入"武汉大学"论坛,可以查看考研人分享的复习经验、各类复习资料以及复试经验。

　　面对面的交流是获取信息最有效的途径。如果可以和导师、学长们进行面对面的交流当然最好,不过很多时候,我们都没有机会和导师当面交流,这时我们可以借助一些免费数据库查找导师的邮箱,通过发邮件的形式和导师进行联系。

第二节 利用信息检索掌握职场信息

大学毕业,职场是我们必须面临的一大挑战。从求职信息的获取到初入职场再到职场精英,有很长的一段路要走。那我们如何通过信息检索查找自己需要的职场信息呢?

临近毕业,找工作成为大学生最急切的事情。除了校园就业网、求职海报等信息,同学们使用频率最高的可能还是在网上查找求职信息。通过百度等综合搜索引擎,求职信息五花八门,真假难辨。尤其是近些年因为通过网上求职信息被骗入传销组织的新闻时有发生,通过网上求职更需小心谨慎。

每年求职季,有些权威媒体都会发布正规求职网站。通过搜索汇总,笔者列举一部分求职网站如下:

表8-2 求职类网站信息

求职网站类型	求职网站名称	获取途径
国家一级毕业生就业信息网	全国大学生就业公共服务立体化平台(新职业网)	http://www.ncss.org.cn/
	中国国家人才网	http://www.newjobs.com.cn/
	中国人力资源市场网	http://www.chrm.gov.cn/
	中国人事考试网	http://www.cpta.com.cn/
	中国中小企业信息网	http://www.sme.gov.cn/
大型人才招聘网站	智联招聘	https://www.zhaopin.com/
	前程无忧	https://www.51job.com/
	大街网	https://www.dajie.com/
	应届生求职网	http://www.yingjiesheng.com/
	中华英才网	http://www.chinahr.com
	高校人才网	http://www.gaoxiaojob.com/
各地高校毕业生就业信息网	北京市人力资源和社会保障局	http://www.bjrbj.gov.cn/
	浙江省大学生网上就业市场	http://www.ejobmart.cn/
	湖北毕业生就业网	http://www.hbbys.com.cn/
	湖北人才网	http://www.jobhb.com/

求职网站类型	求职网站名称	获取途径
各高校就业 指导中心网站	华中科技大学大学生就业信息网	https://job.hust.edu.cn/
	华中师范大学就业信息网	http://career.ccnu.edu.cn/
	武汉理工大学学生就业创业指导中心	http://scc.whut.edu.cn/
	北京大学就业指导服务中心	https://scc.pku.edu.cn/home.action

类似的网站还有很多,笔者并没有一一列举。有需求的读者可以再次检索。

全国大学生就业公共服务立体化平台(新职业网):2008年开通,由教育部主办、全国高校毕业生就业网络联盟支持,其目的主要是利用网络技术和全国高校毕业生就业工作系统的资源,采取网上服务和网下服务相结合的方式,努力从根本上解决供求信息不对称的问题。平台将主要围绕毕业生和用人单位的需要,发挥教育行业资源优势,开展多种服务,带动省市、行业、高校提升就业指导服务水平。其最终建设目标是集双向选择、网络招聘、远程见面、信息咨询、指导培训、弱势帮扶、政策发布、经验交流、研究监测、辅助管理等功能为一体的示范性就业服务平台。

高校人才网:2007年创办,是一家专注于发布大中专院校、科研机构、事业单位、知名企业、中小学招聘信息的专门网站,是国内访问量、信息量领先的高层次人才需求信息平台。

这些求职网站汇总发布了大量的求职信息,同学们可根据需要进行检索,再有的放矢地求职。致力于教育事业的学生还可查看专门的教育类求职网站,如高校人才网。正如上文所说,该网站汇总发布各类学校信息,对于有需求的学生而言,能节省不少时间。

第三节　利用信息检索解决生活问题

2009年10月1日,美国白宫发布了奥巴马签署的公文,将10月定为全民信息素养意识月,该公文强调了信息素养在当今社会的重要作用,尤其是在人们日常生活中的应用。文中明确指出:

The ability to seek, find, and decipher information can be applied to countless life decisions, whether financial, medical, educational, or technical. ①

---

① BARACK OBAMA, National Information literacy awareness month, 2009 By The President of The United States of America a proclamation, The International Information & Library Review, Volume 41, Issue 4, December 2009, Page 316.

随着移动技术的快速发展,信息呈幂次方的传播。就我国而言,"标题党"的谣言传播速度惊人,令人防不胜防。如何在信息的海洋中找到对自己有用的信息,学会信息检索尤其重要。本章将从购物、健康饮食、旅游三个方面,探讨如何利用信息检索更好地解决生活问题,提高生活质量。

一、如何买到物美价廉的东西

近年来,网购成为我们日常生活不可或缺的部分。自 2003 年淘宝网成立以来,经过 10 多年的发展,人们的生活方式发生了很大的变化,一说到买东西,人们第一想到的就是网络。淘宝、天猫、京东、当当、亚马逊等,人们的选择越来越多。2009 年开始,每年的 11 月 11 号,以天猫为代表的大型电子商务网站会进行大规模的打折促销活动。经过近 10 年的发展,"双 11"已经成为全世界人民购物的狂欢节。

表 8 – 3　2014 年 – 2017 年"双 11"淘宝当天购物总金额

时间	当日销售总额(亿元)
2014 – 11 – 11	571
2015 – 11 – 11	912. 17
2016 – 11 – 11	1207
2017 – 11 – 11	1682

随着网络购物风靡全球,很多人都有了自己的网络购物体验,也在不断的网络购物体验中,形成了自己的购物偏好。但总的来说,网购省钱还是我们重点考虑的一个因素。如何通过网购省钱,也许很多人采用的方法是在购买商品时,去各个网站搜索相同的商品来比较价格。这样做耗时耗力,我们是否有别的办法在最短的时间买到最便宜的商品呢?通过信息检索比价网,我们可以非常直观地看到来自不同购物网站同一商品的价格。

表 8 – 4　部分比价购物网站

比价购物网站	获取途径
比购	http://www.51bi.com/
慢慢买	http://www.manmanbuy.com/
惠惠网	http://www.huihui.cn/

慢慢买:2010 年成立,主要做家电导购比价。2011 年开始全面涉及比价行业。是一家集网购折扣推荐、全网搜索比价和历史价格查询为一体的购物导购网

站。其核心是一个购物比价搜索引擎,帮助用户实现一站式比价选购,买到高性价比的商品。目前合作的网上商城都是国内知名的 B2C 网站,已有多年积累,以保证消费者买到价格实惠的优质产品。

比价网站这么多,我们究竟用哪一个更好?而且随着新生事物的不断涌现,也许还会出现更好的比价网站。我们要不断地更新自己的检索技能。就上述比价网站,我们可以首先尝试一下所有这些比价网站,看看哪个检索工具更理想,如相关度更高、检索速度更快、页面更优化、价格更便宜等。通过这几个方面的对比,找到更好用的、更适合自己的比价购物网站。

二、聪明饮食,健康体魄

近些年,媒体报道了大量的职工猝死的新闻,而且呈年轻化倾向。身体是革命的本钱,无论什么时候,拥有健康的体魄都是我们最宝贵的财富。我们知道,饮食与健康有着密切的联系。随着生活水平的不断提高,人们追求的不再是吃饱,"吃顿好的"逐渐成为了人们的口头禅,影响健康的风险也在不断增加。随着自媒体的兴起,各种关于食物的谣言也在日益增加,你所在的微信群中,可能每天都有长辈发送关于食物的谣言,面对这样的现象,我们如何通过信息检索来查找健康的饮食习惯,健康自己的体魄呢?

表 8 - 5　获取健康饮食信息途径

所需信息	途径与工具	示例
1. 健康饮食信息 2. 食物谣言的真相	权威机构	(国内)中国营养学会、中华医学会及相关专业分会(如肠外肠内营养学分会等)、中国医师协会营养医师专业委员会……
		(国外)美国营养学会、联合国粮农组织/世界卫生组织(FAO/WHO),美国儿科学会(AAP, American Academy of Pediatrics),欧洲肠外肠内营养学会(ESPEN, European Society for Parenteral and Enteral Nutrition),北美儿科胃肠肝病营养学会(NASPGHAN, North American Society of Pediatric Gastroenterology Hepatology and Nutrition),美国肠外肠内营养学会(ASPEN, American Society for Parenteral and Enteral Nutrition),美国营养及膳食研究院(AND, Academy of Nutrition and Dietetics)……
	国内著名的营养师	个人微博、微信、邮箱
	科学论坛、APP	果壳、丁香医生……

中国营养学会:始创于 1945 年,1984 年加入国际营养科学联合会(IUNS),1985 年加入亚洲营养学会联合会(FANS)。是中国营养科技工作者和从事营养研

究的科技、教学及设有营养研究机构的企事业单位自愿结成,并依法登记的全国性、学术性和非营利性的社会组织,是党和国家联系我国营养科技工作者的桥梁和纽带,是发展中国营养学科学技术事业的重要社会力量。

中国营养学会的宗旨为坚持科学技术是第一生产力的思想,团结和动员全国营养科技工作者,遵守宪法、法律、法规及国家政策,遵守社会道德风尚;促进营养科学技术的发展、普及和推广,促进科技人才的成长和提高,促进科学技术与经济建设的结合;反映会员及营养科学技术工作者的意见,维护其合法权益;为经济社会发展服务,为提高全民营养科学素质服务,为营养科学技术工作者服务,为促进我国营养科技事业的发展,提高人民健康水平而努力奋斗。

中国营养学会于 1989 年首次制定了《中国居民膳食指南》(简称《指南》),并先后进行修订,最新版于 2016 年发布,结合中华民族饮食习惯以及不同地区食物可及性等多方面因素,并参考其他国家膳食指南制定的科学依据和研究成果,对部分食物日摄入量进行调整,从而提出符合我国居民营养健康状况和基本需求的膳食指导建议。[1]

通过中国营养学会官方网站,可以看到,该网站提出了全面权威的健康饮食信息。对成人、婴儿、学龄前儿童、孕妇等不同群体给出了不同的膳食指南。参照该饮食指南,对居民养成健康的体魄有着重要意义。

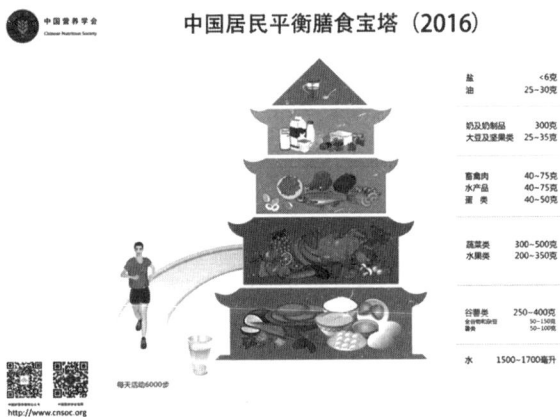

图 8 - 2   中国居民平衡膳食宝塔(2016)

---

① 本刊综合新华网、中新网等报道.《中国居民膳食指南(2016)》解读[J]. 就业与保障,2016(08):58 - 60.

三、畅行万里路

2018 年春节期间,一款名为"旅行青蛙"的游戏一时之间风靡年轻人群中;"世界那么大,我想去看看"短时间内成为脍炙人口的网络热词……随着经济的发展,人们生活水平的提高,近年来,旅行成为我们生活方式中必不可少的一部分。

古人云"读万卷书,行万里路",从学生阶段进入职场,我们有了自己的时间和金钱,"一场说走就走的旅行"成为更多年轻人的选择。

古人云"凡事预则立",现在我们也常常听到"提前做功课"这个词,从古至今,做事之前提前做计划都很重要。在当今这个信息社会,出门旅游前,做好"功课"很有必要:目的地有哪些必去的景点、好吃的特色美食、交通是否方便、住宿情况怎样等都是功课的一部分。通过现有的网络搜索引擎和专门的网站、APP,每个人都可以提前做好行程规划,列出注意事项清单,而且就算在旅游中遇到问题,大家也不会慌张,随手拿出手机,打开专业的 APP,问题迎刃而解。移动端的信息检索变得越来越方便,也愈发受到用户的青睐。表 8 - 6 是笔者搜集汇总部分网友分享的好用的与旅游相关的信息。

表 8 - 6　部分旅游类信息汇总

信息需求	工具	示例
1. 查询旅游信息	官方网站	中华人民共和国文化和旅游部、各地旅游局官网
	旅游攻略商业类网站	蚂蜂窝、穷游……
2. 规划行程	商业网站类	去哪儿、穷游行程助手(可多人同时编辑)、tripadvisor……
	商业类 APP	穷游行程助手、去哪儿、背包兔、行程助手……
3. 查询交通信息	商业类 APP	去哪儿、天巡、12306、航旅纵横、飞常准、携程、畅途网汽车票……
4. 查询住宿信息	商业类 APP	AIRBNB、AGODA、Booking、途家、今夜酒店特价、携程、艺龙
5. 查询其他信息	商业类 APP	旅行翻译官、vocre、旅行箱、TripAdvisor、景点特价门票、美食行、imoney、icurrency

计划旅行,旅行行程规划必不可少。如何进行旅行规划,信息检索可以帮助我们更好地规划行程。通过搜索引擎搜索"行程规划",在结果中可以找到很多网友分享的经验,还有很多行程规划的软件(见表 8 - 6)。这些软件可以帮助我们

规划旅游行程,同时可多人编辑,或下载至移动设备,方便出去游玩时随时随地查看,让人们享受更多旅行的乐趣。

行程规划设定之后,行和住也是我们关注的重点问题。通过信息搜索,我们可以找到很多这方面的APP。"行"的方面有12306、去哪儿、携程、畅途网汽车票等。关于"住"的APP更是数不胜数,除了我们平常使用较多的预定酒店的APP外,这里给大家推荐的是遇到突发情况需要临时预订酒店的时候使用的"今夜特价酒店"APP。

随着市场的细分,各类针对性的APP也是层出不穷。吃喝玩乐类、语言翻译类、欧洲游类、东南亚游类、汇率兑换类等。有需要的读者可通过信息检索搜索相关APP,让自己的旅游更轻松、方便。

当然,旅行中还可能遇到其他的问题,本表中包含的信息可能无法解决。读者可通过信息检索的方法不断尝试,找到最适合自己的解决方法。

第四节 信息素养是终身学习者必备的能力

当今时代,知识更新的速度越来越快,如果不学习,很容易被时代所淘汰。随着生活方式的不断变化,想要更好地融入社会,提升自己的幸福感,在最短时间内获取有效信息的能力尤其重要。一个大学生,很可能一出校门就会发现自己在课堂上学的知识有一部分已经过时了。而初出校门,初入职场正是遇到问题最多的时候。当遇到问题,我们选择什么方式解决问题?平常生活中,我们如何通过信息检索高效地学习,更好地适应日新月异的社会,这都是我们终身学习能力提升的关键。

本章选取的话题与我们的日常生活息息相关,当然,日常生活中我们遇到的问题绝不仅仅于此。面对具体问题时,我们不可能记住所有需要的知识,但只要拥有搜集信息、辨别信息、利用信息的素养,解决问题就会快人一步。拥有信息素养能力是解决问题的关键,是终身学习者必备的能力。

在信息快速发展的时代背景下,学习者的信息素养能力直接影响终身学习的高度。想要不被时代淘汰,就要不断更新自己,紧跟时代的步伐,积极学习各种信息技术,养成高效查询有效信息的思维方式,在"到处都是水"的大数据时代,通过收集和筛选有效的信息,找到可以"喝的那滴水",并加以处理、整合,最终被自己所用,不断地解决自己遇到的问题,满足自己的需求,提升自己的终身学习能力。

参考文献

［1］陈小玲,倪梅. 信息检索与利用［M］. 哈尔滨:哈尔滨工程大学出版社, 2016:1－2.

［2］张惠芳,陈红艳. 信息检索与利用［M］. 武汉:华中科技大学出版社, 2015:1.

［3］燕今伟,刘霞. 信息素质教程［M］. 武汉:武汉大学出版社,2008:3－23.

［4］何立芳,郑碧敏,彭丽文. 青年学者学术信息素养＝Academic Information Literacy of Young Scholars［M］. 杭州:浙江大学出版社,2015:22－36.

［6］韩丽风,王茜,李津等. 高等教育信息素养框架［J］. 大学图书馆学报, 2015(6):111－113.

［7］李贵成,张金刚. 信息素养与信息检索教程［M］. 武汉:华中科技大学出版社,2016:2.

［8］吴红光,艾莉,张溪. 信息检索与利用［M］. 武汉:武汉大学出版社, 2015:24.

［9］包平. 农业信息检索(第一版)［M］. 南京:东南大学出版社,2003:11.

［10］陈荣,霍丽萍. 信息检索与案例研究［M］. 上海:华东理工大学出版社, 2015:36.

［11］唐圣琴. 现代农业文献信息资源检索［M］. 贵阳:贵州大学出版社, 2008:54.

［12］刘三满,申兴山. 公安信息系统应用教程［M］. 群众出版社,2014:54.

［13］洪涛,马惠琳,卢元生. 做自己的设计师［M］. 华语教学出版社, 2016:239.

［14］吴慰慈. 图书馆学基础(第二版)［M］. 北京:高等教育出版社,2017: 185－190.

［15］周宁,吴佳鑫. 信息组织(第三版)［M］. 武汉:武汉大学出版社,2010:7－8.

［16］黄如花. 信息检索与利用实验教材［M］. 武汉:武汉大学出版社,2017.

［17］国家图书馆《中国图书馆分类法》编辑委员会．中国图书馆分类法(第五版)［M］．北京：国家图书馆出版社,2010:13-18.

［18］刘富霞．文献信息检索教程［M］．北京:机械工业出版社,2016.

［19］柯平．信息素养与信息检索概论［M］．天津:南开大学出版社,2005.

［20］中国社会科学院经济研究所图书馆编．经济学工具书指南(第一版)［M］．北京:经济科学出版社,1989:10.

［21］何灵巧．法律信息资源研究与实务．杭州:浙江大学出版社,2008:1-12,276-281.

［22］于丽英．法律文献检索(第二版)．北京:北京大学出版社,2013:84-109,196-222.

［23］刘莉,袁曦临．法学信息检索．南京:东南大学出版社,2006:106-135.

［24］童广远．人文社会科学概论［M］．北京:北京师范大学出版社,2015:76.

［25］李西民．关于核心期刊的定义及对完善核心期刊评价的建议［J］．河南科学,2009,27(12):1617-1620.

［26］陈岚,王凤翠．数字信息资源检索方法与实践［M］．武汉:华中科技大学出版社,2011:192.

［27］李美文,邹武．理工信息检索与利用［M］．北京:人民出版社,2011.

［28］柯平．信息素养与信息检索概论［M］．天津:南开大学出版社,2005.

［29］刘富霞．文献信息检索教程［M］．北京:机械工业出版社,2016.

［30］陈池瑜主编．艺术文献学论纲［M］．北京:清华大学出版社, 2006.05.

［31］潘树广主编．艺术文献检索与利用［M］．杭州:浙江美术学院出版社, 1989.08.

［32］房宝金主编．艺术信息资源发现与利用［M］．上海:上海科学技术文献出版社, 2016.07.

［33］中华人民共和国教育部．教育部关于印发《普通高等学校本科专业目录(2012 年)》《普通高等学校本科专业设置管理规定》等文件的通知:教高[2012]9号［A/OL］.(2012-09-18)[2018-04-15].http://www.moe.gov.cn/srcsite/A08/moe_1034/s3882/201209/t20120918_143152.html.

［34］Dominique Simone Rychen,Laura Hersh Salganik,滕梅荒等．勾勒关键能化打造优质生活 OECD 关键能力框架概述［J］．远程教育杂志,2007(5):24-32.

［35］ACRL. Framework for Information Literacy for Higher Education [EB/OL].(2016-01-11)[2018-07-12]. http://www.ala.org/acrl/standards/ilframe-work.

［36］European Commission. Key competences for lifelong learning：European Reference Framework. Luxembourg：Office for Official Publications of the European Communities,2007.

［37］BARACK OBAMA. National Information literacy awareness month, 2009 By The President of The United States of America a proclamation［J］. The International Information & Library Review,2009,41（4）:316.